스트레스 관리 가이드 ②

스트레스를 근원적으로 해결하며 사는 법
Optimal 스트레스 관리가 답이다!

| 전겸구 저 |

학지사

존경하는 어머님과 형님
사랑하는 나의 가족
그리고 우정으로 맺은 하원회 친구들에게

이 책을 바칩니다.

머리말

저자는 2001년도 초 갑작스럽게 미국행 비행기를 타게 되었다. 그리고 비행기 안에서 불현듯 한 가지 불편감이 떠올랐다. 그동안 준비했던 스트레스 관리 책을 마무리하지 못한 것이 마음에 걸렸다. 미국에서 스트레스에 관한 주제로 박사 학위를 취득한 후, 스트레스의 폐해를 누구보다도 잘 알고 있었던 저자는 스트레스 관리 책을 쓰기 위해서 300쪽 이상의 분량을 거의 마무리하던 참이었다. 그러다 덜컥 미국을 가게 되었다.

안식년을 위해 미국으로 출국했으나 미국의 두 곳 대학교에서 전임 교수(full-time faculty)로 재직하게 되면서 장기간 체류하게 되었다. 거의 10년 만에 귀국한 후에는 스트레스 관리와 분노 관리 강사 과정, 대학교 강의, 특강, 워크숍 등을 진행하다 보니 어느덧 20년 이상을 지체하게 되었다.

사실 스트레스 관리 책을 출간하지 못했던 또 다른 이유가 있다. 스트레스 관리에 관한 보다 효과 있는 원리와 기법 개발이 필요했다. 다행히 지난 35년 동안 씨름한 결과, 드디어 스트레스를 근원적으로 해결하면서 자유롭게 살 수 있는 원리와 기법을 정립할 수 있게 되었다. 이제 비로소 마음 한구석에 있던 짐을 내려놓을 수 있어서 홀가분하고 매우 기쁘다.

스트레스란 무엇일까? 자신이 원하던 것이 현실에서 이루어지지 않을 때 우리는 스트레스를 경험하게 된다. 그렇다면 '스트레스 관리'란 무엇일까? 자세한 이야기는 본문에서 소개하고 있지만, 각 기능의 '최적화'가 열쇠가 된다. 예를 들어, 쓸데없는 동기를 내려놓고(비우고) 적절한 동기를 추구하게 되면(채우면) 거의 대부분의 스트레스가 쉽게 사라진다. 마찬가지로, 자신의 고정적인 관점 대신 새로운 관점으로 보는 순간 스트레스가 사라진다. 또한 선택과 실행에서도 '최적화'의 관점으로 접근하면 스트레스가 쉽게 사라지게 된다.

이 한 권의 책으로 모든 스트레스 문제를 해결할 수 있을까? 물론 아니다. 이 책은 스트레스 관리에 관한 5부작 가운데 가장 핵심이 되는 책이지만, 또 다른 기초가 되는 책인 『3분 안에 스트레스에서 벗어나는 법』도 함께 보면 좋겠다. 아울러 이어서 출간되는 건강(스트레스에서 벗어나 '천수 건강'을 누리는 법), 행복(스트레스에서 벗어나 '매일 행복'하게 사는 법), 성공(스트레스에서 벗어나 '최고의 나'로 사는 법)도 살펴보기를 바란다. 하지만 이 책에서 소개하는 핵심 원리들을 터득하지 못하는 한 건강한 삶, 행복한 삶 그리고 성공적인 삶이 절대로 실현될 수 없다는 사실을 꼭 기억하면 좋겠다.

책에서 소개하고 있는 원리는 매우 간단하다. 그리고 매우 효과적이다. 그 결과, 현대인을 속박하는 스트레스를 근원적으로 해결하면서 자유롭게 살 수 있게 된다. 책의 앞부분에서 일부 내용이 까다로울 수 있으나, 이 책은 고등학생 이상이라면 누구나 볼 수 있도록 꾸며졌다. 청소년, 청년, 직장인, 주부, 교사, 경찰, 소방관, 군인, 노인 등을 비롯해 많은 분이 스트레스를 근원적으로 해결하면서 자유롭게 살 수 있으면 좋겠다.

이 책은 대한민국 국민은 물론, 미국을 비롯해서 전 세계에 거주하는 교민 그리고 지구촌 모두를 위해서 쓰였다. 이것이 건강심리학자로서 저자의 소명이다. 이 책을 기반으로 하는 'Optimal 스트레스 관리 클럽'이 전국 방방곡곡 그리고 전 세계 주요 도시에서 활성화되어서 많은 분이 스트레스에서 벗어나 자유롭게 살 수 있기를 진심으로 소망한다!

모쪼록 이번 기회에 불필요한 스트레스를 근원적으로 해결하면서 자유로운 삶을 살 수 있기를 진심으로 기원한다. 이러한 여정에 참여하는 모든 분을 환영하며, 응원하며, 축하한다.

2025년 4월
전겸구

감사의 글

먼저 책을 출판할 수 있도록 기회와 역량을 주신 하나님께 감사드린다. 지난 세월을 돌이켜 보면 모든 순간이 하나님의 은혜였으며, 특히 지난 10여 년 동안 경제적인 어려움을 잘 극복할 수 있도록 도움을 주신 하나님께 감사와 영광을 드린다.

이 책의 자매편에서 국내에 계신 분들께 감사를 드린 바 있으므로, 이 책에서는 외국분들께 감사를 드리는 것이 좋겠다.

우선, 저자가 미국에서 공부할 때 지혜와 조언 그리고 학문적 성숙에 큰 도움을 준 University of Massachusetts at Amherst 심리학과의 명예 교수인 Jim Averill 교수에게 진심으로 감사를 드린다.

다양한 외국 학자들 역시 이 책을 저술하는 데 큰 도움이 되었다. Hans Selye의 제자로서 American Institute of Stress를 설립하고 스트레스 분야에 큰 기여를 한 Paul Rauch 박사(뉴욕주 용커스에 위치했던 연구소를 직접 찾아가 환담을 나누었던 것이 어제처럼 느껴진다), 스트레스 분야에서 수많은 도서와 논문을 출판하고 검사를 개발한 University of Manchester의 석좌 교수였던 Sir Cary Cooper 교수(2000년 더블린에서 만난 후 최근에도 한국웰니스협회—국제스트레스관리협회의 전신—를 설립할 때 기꺼이 스트레스 연구소에 참여해서 고마움을 표하고 싶다), 비록 작고했지만 스트레스 및 대처와 관련해서 최고의 이론을 정립한 UC Berkely에 재직했던 Richard Lazarus 교수(앞에서 언급한 Jim과의 인연도 있지만 도쿄에서 개최되었던 국제건강심리학회, 국내 특강을 위한 방문 시 점심 식사, 연구실에 방문했던 기억이 생생하다. 사실 그의 이론은 이 책에서 소개하는 틀과 유사하며 그의 책에서 저자의 논문을 인용하곤 했다), 스트레스 관리 분야에서 실질적인 프로그램들을 개발 운영하고, 스트레스 상담에 관한 다수의 저서를 발간하고, 코칭 심리학 발전에 크게 기여한 Stephen Palmer 박사(런던을 방문했을 때 부부와 함께 인도 식당에서 식사하고, 그가 운영하는 스트레스 관리 센터를 방문한 추억이 새롭다), 1994년 마드리드에서 개최된 국제응용심리학회에서 만난 후 지속적으로 교류해 온 Rush University Medical Center에서 석좌 교수로 있었던 Stevan Hobfoll 교수(1998년에 공동으로 논문을 발표하고 국제학회에서 지속적으로 만난 바 있다. 공교롭게도 내가 있던 솔트레이크시티로 이주해서 상담소를 운영하고 있으나, 저자가 최근에 미국에 가지 않아서 전화로만 안부를 묻고 있다).

한편 스트레스 관리 분야는 아니지만 University of South

Florida 심리학과의 석좌교수였던 Charles Spielberger 교수(그가 개발한 세계적인 척도들을 국내에 표준화시키는 과정에서 국내와 외국의 여러 나라에서 만났던 감회가 새롭다), University of Utah 심리학과의 Tim Smith 교수(저자가 University of Utah 심리학과로 안식년을 가게 된 결정적인 인물이며, 늘 배울 것이 많은 친구이다), University of Texas at Austin 심리학과의 석좌 교수였던 Jamie Pennebaker 교수(포항, 영덕, 안동 지역을 함께 다니면서 대게를 비롯해 토속 음식을 먹었던 기억이 새로우며, 미국에서 연락할 때 나에게 정원 가꾸기를 권하던 조언이 생생하다), University of New Mexico 총장을 역임한 Robert Frank 총장(대구대학교 시절부터 알고 지내면서 아시아건강심리학회에서 기조 강연, 솔트레이크 시티에서 식사, 그 후 언제나 좋은 친구로 지내서 고맙다), Fuller Theological Seminary의 Newton Maloney 명예 교수(Azusa 시 냇가에 지어진 그의 통나무 집에서 Maloney 교수 부부 그리고 네덜란드에서 온 학자와 함께 식사를 하던 모습이 그립다).

    그 밖에도 국제학회를 비롯해 다양한 기회로 만났던 Jon Kabat-Zinn, Charles Carver, Hiroshi Motoaki, James Quick, Ralf Schwarzer, Johannes Siegrist, Redford Williams, Töres Theorell, Stan Maes, Linda Cameron을 비롯해 저명한 학자들과의 교류는 저자의 학문적 발전을 비롯해 여러 가지 측면에서 긍정적 영향을 주었으며 그들에게 이 자리를 빌려 감사를 표하고 싶다.

이 책 역시 그동안 스트레스 관리 강사 과정, 워크숍, 특강 등을 통해 만난 분들의 생생한 체험이 큰 도움이 되었다. 그분들에게 다시 한번 진심으로 감사를 표한다.

이번에도 이 책이 더 좋은 상태로 독자들을 만날 수 있도록 귀한 조언과 지혜 그리고 관심과 애정 및 전문가로서의 역량을 쏟아부은 박지아 대리에게 진심으로 고마움을 표하고 싶다. 무엇보다도 이 책 역시 김진환 대표의 결단 없이는 세상에 나올 수 없었다. 다시 한번 김진환 대표에게 진심으로 감사를 표하며, 앞으로도 더 좋은 책들이 학지사를 통해서 독자들을 만날 수 있기를 기원한다.

자매편과 마찬가지로 이 책을 읽게 될 독자분들에게 미리 감사를 표하고 싶다. 모쪼록 책에서 소개하고 있는 'Optimal 스트레스 관리'를 통해서 스트레스를 근원적으로 해결하면서 자유로운 삶을 살 수 있기를 바란다. 아울러 스트레스에서 벗어나 '자신이 진정으로 원하는 삶'을 살 수 있는 출발점이 되기를 진심으로 응원한다.

차례

○ 머리말 _ 5
○ 감사의 글 _ 9

프롤로그 'Optimal 스트레스 관리'로 접근하라 _ 17

제1부 (동기기)
적절한 동기를 추구하라

01 양(Quantity): 욕심을 버리고, 단순한 삶을 추구하라 _ 47

02 질(Quality): 사소한 것을 버리고, 중요한 것을 열망하라 _ 53

- **03** 수준(Level): 공황 지대와 안락 지대에서 벗어나 성장 지대를 추구하라 _ 69
- **04** 원천(Source): 외재적 동기보다 내재적 동기를 추구하라 _ 77
- **05** 시간적 조망(Time Perspective): 세 가지 조망을 잘 활용하라 _ 91

제2부(탐지기)
유용한 렌즈를 착용하라

- **06** 양(Quantity): 차단 렌즈로 보라 _ 107
- **07** 방향(Direction): 행복 렌즈로 보라 _ 117
- **08** 시간 여행(Time Travel): 초월 렌즈로 보라 _ 129
- **09** 관점(Perspective): 상대방 렌즈로 보라 _ 137
- **10** 고차원(Higher Dimension): 초인 렌즈로 보라 _ 149

제3부(조절기)
효율적인 선택을 하라

11 마음틀(Mindset): '노예 마음틀'에서 벗어나 '주인 마음틀'로 살라 _ 165

12 통제성(Controllability): '통제할 수 없는 것'과 '통제할 수 있는 것'을 구분하라 _ 175

13 초점(Focus): 경중완급 음치에서 벗어나라 _ 189

14 표적(Target): 장단기 목표를 수립하라 _ 199

15 전략(Strategy): 목표 실현을 위한 효율적인 전략을 세우라 _ 209

제4부 (실행기)
효과적으로 실행하라

16 모멘텀(Momentum): 오늘 당장 시작하라 _ 231

17 역량(Capacity): 집중, 집중, 집중하라 _ 241

18 과정(Process): 과정적으로 접근하라 _ 251

19 방법(Method): 매직 램프를 활용하라 _ 261

20 자원(Resource): 대처 자원을 확충하라 _ 271

에필로그 스트레스에서 벗어나 최상의 삶을 살라 _ 287

○ 부록 _ 297
○ 참고문헌 _ 313

프롤로그

Optimal 스트레스 관리로 접근하라

탁월함이란 결코 우연이 아니다.
그것은 언제나 높은 의도, 성실한 노력, 그리고 지적인 수행의 결과이다.
그것은 여러 선택지 가운데 현명한 선택을 나타낸다.
우연이 아닌 선택이 당신의 운명을 결정한다.
―아리스토텔레스 Aristoteles

너무도 많은 사람이 맹렬히 달음질치며(사실은 아무것도 하지 않으면서)
항상 바쁘다는 인상을 풍긴다.
―세네카 L. A. Seneca

저자는 건강심리학자로서 건강, 행복, 성공에 관심을 갖고 정진해 왔다. 그리고 건강, 행복, 성공에 가장 큰 장애물인 스트레스와 분노를 효과적으로 해결하는 원리와 기법 개발에 정진해 오고 있다. 그런데 이 모든 주제에 대한 답은 소크라테스가 강조했고, 이미 그 당시 델피 신전에 적혀 있던 "너 자신을 알라"에서 찾을 수 있다.

그렇다면 도대체 '나'는 누구인가?

이에 대한 해답은 인류 역사 이래 수많은 철학자, 사상가, 작가 그리고 최근에는 심리학자의 주된 관심사이다. 저자는 이 책에서 모든 답을 제시할 수 없다. 다만, 이곳에서는 우리 각자가 네 가지 핵심 기능을 갖고 있는 존재라는 점에 초점을 두어 살펴보고자 한다(프롤로그에서 이 책의 배경이 되는 주요 개념을 소개하게 된다. 하지만 까다롭게 느껴지거나 관심이 없다면 곧바로 제1부부터 보아도 괜찮다. 다만, 제1부 이하에서 제시되는 원리들이 잘 이해가 되지 않거나 보다 명확한 배경을 알고 싶다면 언제든지 돌아와 프롤로그를 읽기를 바란다. 물론 이상적으로는 100% 이해하지 못하더라도 순서대로 읽으면 더 바람직하다.)

인간은 다른 자동 기계와 마찬가지로 네 가지 핵심 기능을 부여받고 태어났다.[1] 이에 관해서는 부록 1과 다음 장부터 차차 소개하기로 하고 우선 일상생활에서 경험할 수 있는 두 가지 사례를 살펴보자. 자동차를 운전하면서 1단이나 2단 기어 상태에서 가속 페달을 밟게 되면 '우웅' 하는 소음이 발생한다. 자동차에게 스트레스가 발생한 셈이다. 왜 그럴까? 저속 기어에 맞지 않게 높은 속도를 추구했기 때문에 발생한 셈이다. 이 상태에서 해결책은 매우 간단하다. 원래 저속 기능에 맞추어서 가속 페달에서 발을 떼거나, 기어를 주행모드(D)로 바꾸면 된다. 그러면 곧 '소음'이 사라진다.

체온도 마찬가지다. 체온이 너무 낮거나 높게 되면 떨거나 땀이 난다. 신체적 수준에서 스트레스가 발생한 셈이다. 그리고 이 상황에서 해결책은 따뜻한 곳으로 가거나 서늘한 곳으로 가게 되면 더 이상 떨거나 땀이 나지 않는다. 최적의 온도인 36.5℃에 근접한 상태가 되었기 때문이다.

이 사례에서 볼 수 있듯이 '스트레스'란 부여된 기능이 제대로 작동하지 않을 때 발생한다. 반면에 스트레스 관리란 각 기능에 부합하도록 '최적화'를 추구하면 쉽게 해결된다. 이와 같이 '최적화'를 통한 스트레스 관리가 이 책의 주제가 된다. 하지만, 먼저 스트레스의 심각성을 간략하게 살펴보도록 하자.

스트레스가 우리를 옥죄고 있다

현대인은 불행하게도 스트레스에 짓눌려 살고 있다. 특히 스트레스는 1차 의료 병원에 방문하는 모든 질병의 90%와 연관이 있으며,[2] 흔히 "스트레스가 만병의 근원이다"라고 말하고 있다. 그뿐만이 아니다. 스트레스는 현대인에게 다양한 측면에서

어려움을 야기하고 있으며, 몇 가지 지표를 살펴보면 다음과 같다.[3]

- 미국심리학회APA는 2007년 이후 매년 스트레스에 관한 조사를 실시하고 있다. 예를 들어 2022년도 조사에 의하면 지난 2주 동안 전체 응답자의 84%가 최소한 한 가지 이상의 정서적 스트레스를 경험하고 있다. 분노(39%), 불안(47%), 슬픔(44%). 또한 응답자의 67%는 현재 당면하고 있는 스트레스가 자신의 삶을 압도하고 있다고 반응했다.
- 갤럽(Gallup) 연구에 의하면 미국 직장인 가운데 80% 이상이 스트레스를 경험하고 있는 것으로 나타났다. 또한 미국 국립안전및건강연구소National Institute for Occupational Safety and Health: NIOSH에 따르면 직장인의 40% 정도가 '매우' 또는 '심하게' 스트레스를 경험하고 있는 것으로 나타났다.
- 캐나다에서 2021년 4월에서 6월까지 실시된 조사에 의하면 참여자의 1/4 정도가 '높은 수준'의 스트레스를 거의 매일 경험하고 있다고 응답했으며, 거의 절반 정도가 최근에 더 증가되고 있다고 응답했다.
- 호주 고등학생 가운데 거의 절반(47%)이 '매우' 스트레스를 경험하고 있다고 반응했다.
- 한국에서 2010년에 발표된 연구에 의하면 대한민국 직장인의 스트레스 수준이 OECD 평균인 78%보다 높은 87%로

나타났으며, OECD 가맹국 가운데 1위로 나타났다. 또한 국립정신건강센터에서 실시한 '2024년 국민 정신건강 지식 및 태도 조사' 발표에 따르면 국민 가운데 74%가 최근 1년간 '정신건강 문제'를 경험하고 있는 것으로 나타났다. 특히 '심각한 스트레스'에 대한 반응이 2022년에 비해서 증가했다(2022년, 36.0%; 2024년, 46.3%).

- 이처럼 스트레스는 한국을 비롯해 전 세계적으로 어려움을 야기하고 있다. 실제로 UN은 이미 1992년에 스트레스가 20세기 질병이라고 발표한 바 있으며, WHO에서도 1998년에 스트레스가 전 세계의 역병이라고 진단한 바 있다.

- 그 결과 스트레스로 인한 폐해가 심각하게 나타나고 있다. 예를 들어, 결근율과 이직률의 증가, 생산성의 감소, 개인과 조직에서의 비용 증가, 의료 비용 증가, 우울과 자살의 증가 등이 스트레스와 밀접한 연관이 있다. 그리고 앞에서 언급했듯이 스트레스가 '만병의 근원'이 되고 있다.

- 그렇다면 스트레스 관리가 잘 이루어지고 있을까? 불행하게도 스트레스 관리에서 가장 앞선 미국에서도 스트레스 관리가 잘 이루어지고 있지 않는 안타까운 현실이다. 예를 들어, 미국 병원의 겨우 3% 정도만 스트레스 관리에 도움을 주고 있을 뿐이다. 반면에 영양 상담(16.8%), 운동(12.3%), 비만 관리(6.3%) 및 금연(3.7%)이 상대적으로 더 많이 이루어지고 있다.

요약하면, 스트레스가 개인, 조직, 국가 그리고 세계를 옥죄며 죽이고 있다. 예전에는 노예 상태와 빈곤 상태 그리고 제도적 억압 상태 등에서 벗어나는 것이 중요한 주제였다면, 현대에서는 스트레스에서 벗어나는 것이 가장 중요한 화두로 나타나고 있는 셈이다. 반면, 스트레스 관리가 제대로 이루어지고 않고 있어서 안타깝다.

그렇다면 스트레스를 어떻게 해결할 수 있을까? 저자가 이해하는 한 'Optimal 스트레스 관리'가 가장 효과적인 스트레스 관리법이 된다.

'Optimal 스트레스 관리'로 접근하라

앞에서 살펴보았듯이 스트레스의 심각성에 비해 스트레스 관리가 잘 이루어지지 않고 있다. 이러한 현상은 부분적으로 재원이나 인력 부족 등에 의한 결과이다. 하지만 더 근원적으로는 지금까지 사용해 온 스트레스 관리 접근법이 효과적이지 않기 때문이기도 하다.

반면에 이 책에서 소개하는 'Optimal 스트레스 관리'로 접근하면 누구나 쉽게 스트레스를 근원적으로 해결할 수 있다. 그리고 그 결과 스트레스에서 벗어나 자유롭게 살 수 있게 된다!

그렇다면 'Optimal 스트레스 관리'란 무엇일까?

Optimal 스트레스 관리: 전통적 접근

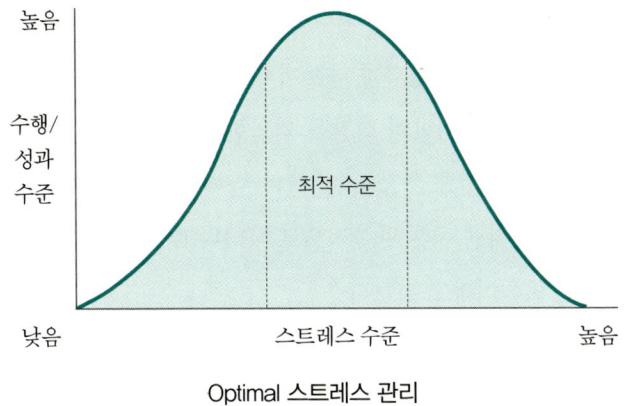

Optimal 스트레스 관리

전통적으로 Optimal 스트레스 관리는 위에 묘사된 그림으로 설명된다.

그림에서 보듯이 스트레스 수준과 수행 성과를 살펴보면 크게 세 가지 양상으로 나타나고 있다. 첫째, 스트레스가 너무 높으면(과부하 상태에서는) 수행 성과가 낮다. 둘째, 스트레스가 너무 낮은 상태에서도(과소부하 상태에서도) 수행 성과가 좋지 않다. 셋째, 스트레스가 중간 정도에서 가장 좋은 수행 성과가 나타난다. 이처럼 '최적'의 수준은 양극단이 아니라 중간 정도에서 나타나게 된다.

예를 들어, 시험을 앞두고 어느 정도 긴장하면서 시험을 준비하는 학생의 성적이 가장 좋다. 반면에 전혀 긴장하지 않으면서 준비하지 않거나, 또는 너무 과도하게 긴장하면 성적이 좋지 않을 가능성이 높다. 직장인의 경우도 마찬가지이다. 적절한 긴장 상태에서 가장 좋은 성과가 나타나는 반면, 긴장이 너무 없거나 너무 과도하면 성과가 나쁘게 나타날 가능성이 높다. 이러한 현상은 미국심리학회 회장을 역임한 바 있는 로버트 여키스 Robert M. Yerkes가 존 도슨 John D. Dodson과 함께 각성 수준과 수행 간의 관계를 밝혀낸 이후 반복적으로 나타나고 있으며, 흔히 여키스-도슨 법칙이라고 부른다.[4]

한편, 중간 정도 수준에서 부정적인 결과가 가장 적게 나타나는 현상도 반복적으로 나타나고 있다(여키스-도슨 법칙은 그림에서 보듯이 중간 부분에서 가장 높고, 양극단에서 가장 낮은 영어 U자의 반대 양상을 보이고 있다. 반면, 다음 현상들은 U자처럼 중간 부분이 가장 낮고, 양극단에서 높아지는 양상을 보이고 있다).[5]

① 수면과 사망률의 관계에서 7~8시간 정도 수면 집단에서 사망률이 가장 낮으며, 너무 많이 자거나(9시간 이상) 너무 적게 자는(5시간 이하) 집단의 사망률이 높다.
② 면역 기능의 저하와 관련해서도 중간 강도로 운동하는 집단의 면역 기능 저하가 가장 낮으며(따라서 가장 건강에 좋은 상태가 된다), 반면에 운동을 하지 않는 집단뿐 아니라 운동을 너무 과도하게 하는 집단의 면역 저하가 높다(따라서 건강에 나쁜 상태가 된다).

③ BMI(체질량 지수)와 사망률의 관계에서도 21에서 27 정도 집단에서 사망률이 가장 낮은 반면, 너무 높은 집단뿐 아니라 너무 낮은 집단 역시 사망률이 높게 나타나고 있다.

이와 같은 다양한 현상에 기초해 볼 때 '중간 정도' 수준에서 '최적 상태'가 나타나고 있으며, 따라서 Optimal 스트레스 관리의 지향점은 스트레스를 피하는 데 있지 않고, 도리어 '적절한 수준'의 스트레스를 추구하는 것이다!

한편, 대부분의 현대인은 과부하 상태에서 살다 보니 가능한 대로 스트레스에서 벗어나려는 경향이 있다. 물론 과부하에서 벗어나야 된다. 하지만 스트레스가 없거나 적은 과소부하 상태 역시 좋지 않다는 점을 꼭 기억할 필요가 있다. 그리고 가장 이상적인 접근은 '적절한 수준'의 스트레스를 추구하는 것이다!

이러한 접근이 왜 좋을까? 이 책의 자매편인 『3분 안에 스트레스에서 벗어나는 법』[6]에서도 소개하고 있지만 우리의 삶에서 스트레스를 피할 수 없다. 그런데 스트레스를 피하려 들면 들수록 스트레스 상황에 부딪칠 때 충격이 배가 된다. 따라서 'Optimal 스트레스 관리'란 과부하와 과소부하를 피하고, 적절한 정도의 스트레스를 적극적으로 추구하는 것이 답이다. 사실 적절한 정도의 스트레스를 추구하면 도전 의식과 함께 신이 난다. 그리고 성장을 통해서 과거의 스트레스가 더 이상 스트레스가 되지 않으면서 스트레스를 근원적으로 해결할 수 있게 된다.

Optimal 스트레스 관리: 종합적 접근

한편, 이 책에서는 앞에서 소개한 전통적인 Optimal 스트레스 관리의 한계를 넘어서 보다 체계적이고 종합적인 접근법을 소개한다. 이와 관련한 자세한 내용은 차차 소개되지만, 이 시점에서 세 가지를 간략하게 언급하는 것이 좋겠다.

첫째, '최적 상태'는 '중간'보다 높은 수준에서 나타날 수 있다. 예를 들어, 미하이 칙센트미하이(Mihaly Csikszentmihalyi)가 강조하는 '몰입(flow)' 상태는 하나의 '최적 상태'로 볼 수 있다. 그런데, '몰입'을 경험하려면 자신의 능력에 비추어서 '다소 어려운 목표'를 추구할 때 시간의 흐름을 잊을 정도의 몰입이 가능하다는 점을 밝혀낸 바 있다.[7]

둘째, '중간' 정도에서 최적 상태가 나타나기도 하지만(예: 원리 3), 대부분의 경우 해당 기능의 '극대화'에서 '최적 상태'가 발생하게 된다. 예를 들면, 음악가는 음악으로, 미술가는 미술로, 운동선수는 운동으로, 사업가는 사업으로, 학자는 학자로, 의사는 의사로……. 학생은 학생으로 '최적화'는 각 분야에서 요구하는 '극대화'로 방향이 설정되어 있다. 더 나아가 음악 가운데도 성악가라면 노래를 잘 부르는 것으로, 피아노 연주가라면 피아노를 잘 치는 것으로, 바이올린 연주가라면 바이올린을 잘 켜는 것으로 '최적 상태'가 된다. 다소 우스꽝스러운 비유가 되겠지만, 성악가, 피아노 연주가, 바이올린 연주가가 아무리 미모가 뛰어나고, 춤을 잘 추고, 인성이 좋더라도 자신의 분야에서 기능을 잘 발휘하지 못하면 '최적 상태'로 볼 수 없다(그리고 자신의 분야에서 '최적 상태'에 이르지 못할 때 스트레스를 경험하기 쉽다).

셋째, 우리가 경험하는 다양한 스트레스를 근원적으로 해결하기 위해서는 '정도'뿐만 아니라 다양한 측면을 종합적으로 살펴볼 필요가 있다. 스트레스의 '정도'만으로 모든 스트레스가 해결될 수 있다면 얼마나 좋겠는가? 하지만 우리의 인생은 책에서 소개하는 다양한 측면에 관한 '최적화'를 추구할 때 비로소 스트레스를 근원적으로 해결하며 살 수 있다. 예를 들어, 동기의 '적절성'과 관련해서 원리 1에서는 동기의 양$_{quantity}$을 다루게 되는데, 자신이 감당할 수 있는 수준보다 너무 많은 것을 추구하면 스트레스를 경험하게 될 수밖에 없다. 일상 용어로 이야기하면, 너무 과도한 '욕심'은 스트레스를 유발한다. 반면에 자신에게 중요한 것에 기초해서 동기의 양을 줄여 가는 것이 'Optimal 스트레스 관리'가 된다. 또한 동기의 '질' '수준' '원천' 등을 다루어야 일상생활에서 경험하는 스트레스를 근원적으로 다룰 수 있게 된다.

책에서는 4가지 핵심 기능(동기기, 탐지기, 조절기, 실행기)별로 5가지 측면을 살펴보면서 총 20가지 원리를 소개한다(실제로는 각 원리별로 2~3가지 정도의 세부적 주제를 다루고 있어서 50가지 이상의 '최적화'를 다룬다). 이처럼 체계적이고 종합적인 'Optimal 스트레스 관리'를 소개하는 것이 이 책의 목적이다.

강조할 점은 책에서 소개하는 원리들이 매우 상식적이고 이해하기가 쉽다는 사실이다. 그리고 매우 효과적이다. 왜냐하면 자동차 운전이나 체온의 사례에서 보듯이 '스트레스'란 원래 기능에 맞추어서 작동하지 않을 때 발생하는 것이며, 'Optimal 스트레스 관리'란 원래 기능에 합치하게 되면 쉽게 사라지도록 되어 있기 때문이다. 물론 하루아침에 모든 측면에서 최적화를 터득할 수 없을 것이다. 하지만 책에서 소개하는 원리들을 꾸준히 적용하다 보면 누구나 스트레스를 근원적으로 그리고 쉽게 해결하면서 살 수 있다.

이제 다음 주제를 다루기 전에 '자유'에 관해서 간략하게 다루는 것이 좋겠다. 자유는 크게 두 차원이 있다. 첫째, 소극적인 자유로서 '~로부터 자유$_{free\ from}$'이며, 우리를 옥죄고 있는 것으로부터 '해방'을 의미한다. 둘째, 적극적이고 궁극적인 자유로서 '~을(를) 향한 자유$_{free\ to}$'이며, 원래 기능에 '합치'할 때 경험할 수 있는 진정한 자유이다. 예를 들어, 물고기가 자유롭게 살기 위해서는 (1) 뭍에서 벗어날 뿐 아니라, (2) 물로 돌아가야 한다. 또한 노예가 (1) 속박에서 벗어나야 하지만, (2) 먹고 살 수 있는 환경이 마련되지 않다면 자유로운 삶은 힘들다. 마찬가지로 학생과 직장인이 (1) 현재 경험하는 속박에서 벗어날 뿐만 아니라, (2) 자신이 진정으로 원하는 것을 찾을 때 비로소 진정한 자유를 누릴 수 있다. 그리고 이러한 보다 완전한 자유는 'Optimal 스트레스 관리'를 통해서 실현될 수 있다. 모쪼록 이 책을 통해서 스트레스를 근원적으로 해결하면서 자유로운 삶을 살 수 있기를 기원한다.

스트레스 관리 공식을 이해하라

이제 Optimal 스트레스 관리를 제대로 이해하기 위해서 스트레스 관리의 마스터키가 되는 공식을 소개하는 것이 좋겠다(제어 이론에 기초하다 보니 영어로 쓰여 있지만, 알고 보면 어렵지 않다).[8]

다시 한번 자동차를 예를 들어 보자. 자동차를 매뉴얼대로 운행하면 '최적 상태'를 유지할 수 있다. 하지만 매뉴얼과 다르게 작동하면 자동차가 망가지기 쉽다(자동차에게 심각하게 스트레스를 주는 셈이다). 심지어 10억 원 이상의 비싼 자동차라도 매뉴얼대로 운행하지 않으면 자동차에 무리가 가고 심할 경우 망가질 수도 있다.

왜 자동차를 몇 번이나 언급하고 있는가? 부록 1에서 소개하고 있듯이 인간은 자동 기계와 마찬가지로 네 가지 핵심 기능으로 구성되어 있다. (1) 동기기, (2) 탐지기, (3) 조절기, (4) 실행기. 이에 관해서는 부록 1에 나와 있으므로 시간이 날 때 한 번 '쭉' 읽어 보기를 권유한다. 다만, 지금 단계에서 부록을 읽지 않고 넘어가도 좋으며, 네 가지 핵심 기능에 관해 잘 이해가 되지 않을 때 부록 1을 살펴보면 된다. 참고로 『3분 안에 스트레스에서 벗어나는 법』의 부록을 보신 분들도 시간이 날 때 부록을 읽어 보시기를 권유한다. 왜냐하면 자매편에서는 세 가지 핵심 요소에 초점을 두었으나, 이 책에서는 보다 완전한 네 가지 핵심 기능을 모두 소개하고 있기 때문이다.

책에서 소개하고 있는 네 가지 핵심 기능을 우리 주위에서 쉽게 볼 수 있는 자동온도조절기구를 예를 들면 다음과 같다. (1) 외부에서 적절한 온도(적절한 동기)를 설정하면(예: 20℃), (2) 탐지기(센서)에서 실내 온도를 측정하고(예: 5℃), (3) 조절기에서는 원하는 온도(20℃)와 실제 온도(5℃) 간에 차이가 클 경우 열을 가하라는 선택을 하게 되며, (4) 실행기(보일러, 히터)에서는 조절기의 명령에 기초해서 열을 발생하게 된다. 그 결과 쾌적하지 않은 낮은 온도 상태(스트레스)를 근원적으로 해결하게 된다.

사실 인간 역시 하나의 제어 시스템이다. 예를 들어 지금 책을 읽고 있는 상황도 역시 네 가지 핵심 기능에 의해 이루어지게 된다. (1) 이 책을 읽고 있는 것은(자발적이든 타의적이든) 책을 읽으려는 동기가 있기 때문이다(동기기). (2) 책을 읽으면서 책에 나와 있는 정보를 눈을 통해 입수하거나 또는 귀로 듣게 될 것이다(탐지기). (3) 지금 읽고 있는 페이지를 다 본 후에 계속해서 읽을지, 아니면 다른 활동(예: 식사)을 할지를 선택할 것이다(조절기). 마지막으로 (4) 다음 페이지도 읽기로 결정했다면 손을 사용해서 다음 페이지로 넘길 것이고, 그만 읽기로 선택했다면 책을 덮게 될 것이다(실행기).

이처럼 우리 모두는 네 가지 핵심 기능에 기초해서 살아가게 된다. 따라서 스트레스를 이해하고 스트레스 관리를 제대로 하기 위해서는 네 가지 핵심 기능에 대한 핵심 요소를 이해할 필요가 있다. 참고로『3분 안에 스트레스에서 벗어나는 법』에서는 앞서 제시한 공식 가운데 가장 핵심이 되는 DS와 AS 간의 관계에 초점을 두었으나, 이곳에서는 보다 완전한 스트레스 관리 공식으로서 4가지 핵심 요소를 모두 다루게 된다.

공식에서 첫 번째 요소는 **동기기**에서 '바라는 상태(Desired State: DS)'이다. 바라는 상태는 심리학적 개념으로 '동기$_{motivation}$'와 같으며, 우리는 다양한 동기를 갖고 살아간다. 그런데 '**부적절한**' 동기는 스트레스를 야기하며, 반면에 '**적절한**' 동기는 스트레스를 사라지게 한다(이 주제는 제1부에서 다루게 된다).

두 번째 요소는 탐지기에서 입수되는 '**실제 상태**(Actual State:

스트레스/관리 공식

$$S = f\{[DS \not\approx AS] \cdot S \cdot A\}$$

DS: 바라는 상태(Desired State)
AS: 실제 상태(Actual State)
S: 선택(Selection)
A: 실행(Action)

AS)'이다. 우리는 매 순간 엄청난 양의 정보를 입수하게 되는데, 나에게 '유용한' 정보도 있지만 그렇지 않은 정보도 있다. 일반적으로 나에게 '유해한' 정보(예: 부정적 정보)는 스트레스를 발생시키며, 반면에 '유용한' 정보(예: 긍정적 정보)에 주목하면 스트레스는 쉽게 사라지게 된다(이 주제는 제2부에서 다루게 된다).

이러한 두 가지 요소가 스트레스 발생에서 가장 기본적인 요소가 된다. 다시 말해서 스트레스란 내가 바라는 것(DS)이 현실(AS)에서 이루어지지 않을 때 발생하게 된다. 보다 정확하게 언급하면 스트레스란 바라던 것이 이루어지지 않았거나(과거), 이루어지지 않고 있거나(현재), 이루어지지 않을 것으로 예상될 때(미래) 경험된다. 지금 경험하고 있는 스트레스를 잠시 생각해 보라. 스트레스란 이 두 가지 요소가 **불합치**될 때 발생하고 있음을 쉽게 이해할 수 있을 것이다.

세 번째 요소인 조절기에서는 만약 DS와 AS가 합치하지 않아서 불편한 상황이 발생하면(스트레스가 발생하면), 발생한 문제를 해결하기 위해 무언가를 **선택**(Selection)하게 된다. 그런데 잘못된 선택(비효율적 선택)은 스트레스를 발생시키며, 반면에 '**효율적인**' 선택은 스트레스를 사라지게 한다(이 주제는 제3부에서 다루게 된다).

마지막 요소는 선택한 방안에 대한 실행기에서의 '**실행**(Action)'이다. 그런데 '비효과적'인 실행은 애만 쓸 뿐 스트레스가 지속되며, 반면에 '효과적'인 실행은 스트레스를 사라지게 한다(이 주제는 제4부에서 소개된다).

참고로 인용구에서 소개한 탁월함은 다음과 같이 해석할 수 있겠다.

탁월함[최상의 삶, 그리고 보다 좁게는 Optimal 스트레스 관리]이란 결코 우연이 아니다. 그것은 언제나 '높은 의도'[동기기], '성실한 노력'[실행기] 그리고 '지적인 수행'[탐지기?]의 결과이다. 그것은 여러 선택지 가운데 '현명한 선택'[조절기]을 나타낸다. 우연이 아닌 선택이 당신의 운명을 결정한다.

(이 해석이 지나치다고 생각할 분도 계시겠지만 이와 관련해서 에필로그에서 추가로 소개하게 된다. 특히 '지적인 수행'이 탐지기 기능에 국한하지 않을 수 있으나 자신과 주위를 알아차리는 것이 탐지기의 주요 기능이란 점에서 넓은 의미에서 연결 고리는 있다고 볼 수 있겠다.)

앞에서 음악가(성악가, 피아노 연주자, 바이올린 연주자)를 비롯해 다양한 분야를 언급한 바 있으나, 일반적으로 '높은 의도' '성실한 노력' '지적인 수행' '현명한 선택'이 어우러질 때 자신이 진정으로 원하는 삶이 실현되기 쉽다. 반면에 이러한 기능의 일부가 작동되지 않을수록 자신이 진정으로 원하는 삶을 살 수 없기 때문에 그에 상응해서 스트레스를 경험할 수밖에 없다.

결국 스트레스 관리를 제대로 하기 위해서는 이 네 가지 핵심 요소를 종합적으로 접근해야 스트레스를 근원적으로 해결할 수 있다. 불행하게도 국내는 물론 국외에서 출판된 스트레스 관리 책에서 이와 같은 네 가지 기능을 종합적으로 다루고 있는 책을 찾아볼 수 없었다(물론 저자가 지금까지 출간된 모든 스트레스 관리 책을 보았다는 이야기는 아니다. 하지만 주요 스트레스 관리 책을 살펴보면 안타깝게도 그것이 현실이다). 저자는 이러한 안타까운 현실을 목도하면서 이 책을 출간하게 되었으며, 이 책을 통해서 독자분들이 스트레스를 근원적으로 그리고 쉽게 해결하면서 자유롭게 살 수 있기를 기원한다.

'3분 스트레스 관리' vs. 'Optimal 스트레스 관리'

이 책은 『3분 안에 스트레스에서 벗어나는 법』의 자매편이며, 간략하게 두 책의 장단점을 비교해 보는 것이 좋겠다.

우선, 두 책의 차이를 비교하기 전에 공통적인 요소를 강조할 필요가 있겠다. 두 가지 접근 모두 '해소'가 아닌 '관리'에 초점을 두고 있다('스트레스 해소'와 '스트레스 관리'를 이해하는 것이 매우 중요하기 때문에 다시 한번 강조하고 있다).

현대인은 과도한 스트레스 상황에 살다 보니 스트레스에서 벗어나려고 애쓴다. 그 과정을 보통 '스트레스 해소'라고 표현한다(심지어 자칭 스트레스 관리 전문가라는 분들도 이렇게 표현한다). 불행하게도 일시적인 해소는 답이 아니다. 스트레스 상황에서 담배를 피우고, 과음하고, 소리 지르고, 싸우고, 뒷담화하고, 쓸데없는 홈 쇼핑을 하고, 나쁜 음식 섭취를 통해 스트레스에서 벗어나려고 한다. 이러한 모든 행동은 나름대로 스트레스에서 벗어나기 위한 하나의 '해소' 방법이다.

문제는 이와 같은 방법이 **일시적으로는** 도움이 될 수 있으나, 장기적으로는 더 나쁜 상황을 초래하기 쉽다는 점이다. 건강을 잃으면서, 다른 사람들과 갈등하면서, 쓸데없는 돈을 소비하면서……. 그렇다면 어떤 방법을 선택해야 할까? 일시적일 뿐 아니라 장기적으로도 효과적인 방법을 선택해야 한다. 예를 들어, 『3분 안에 스트레스에서 벗어나는 법』에서 소개하고 있는 22가지 원리와 30가지 기법, 그리고 이 책에서 소개하는 20가지 원리들은 일시적으로도 그리고 장기적으로도 효과 있는 방법들이다. 다시 한번 강조하지만 '스트레스 해소'는 답이 아니며, '스트레스 관리'로 접근해야 한다.

이제 '3분 스트레스 관리'와 'Optimal 스트레스 관리'를 비교하면 다음과 같다.

첫째, '3분 스트레스 관리'의 장점은 스트레스에서 '**빠르게**' 벗어 날 수 있다는 점이다. 이 과정을 통해 급성 스트레스가 만성 스트레스로 진행되는 것을 차단하면, 스트레스로 인한 대부분의 문제를 방지할 수 있다. 반면에 'Optimal 스트레스 관리'의 장점은 스트레스 문제를 '**근원적**'으로 해결할 수 있다는 점이다. 사실 자매편을 읽은 독자라면 스트레스에서 빠르게 벗어 났지만 다시 스트레스에 빠질 수 있는 한계에 대하여 아쉬운 경험을 할 수 있겠다(하지만 다시 한번 강조하면 '3분 스트레스 관리'만 터득하더라도 '인생의 양념' 정도로 스트레스를 경험하면서 '죽음의 키스'에 이르지 않으므로 매우 효과적이고 필요한 스트레스 관리를 터득하는 셈이다).

둘째, '3분 스트레스 관리'에서는 인간의 속성 가운데 '전인적' 접근을 소개하고 있다. 다시 말하면, 네 가지 차원(신체적, 심리적, 사회적, 영적) 및 네 차원에 모두 영향을 주는 전반적 수준(예: 호흡법)을 종합적으로 소개하고 있다. 반면에 'Optimal 스트레스 관리'에서는 인간의 속성 가운데 '기능적' 접근을 소개하고 있다. 앞에서 소개한 바 있듯이 인간은 자동 기계와 마찬가지로 네 가지 핵심 기능(동기기, 탐지기, 조절기, 실행기)으로 작동되며 이와 관련된 20가지 원리를 소개하고 있다.

관련해서 한 가지 언급할 점은 이 책의 일부 내용은 자매편과 동일한 주제를 다루게 된다. 그 이유는 마치 한국이 경도 124도에서 132도, 그리고 위도 북위 33도에서 44도에 위치하므로 한국에 대한 설명을 하려면 공통적인 요소가 있게 마련이다. 사실 두 책에서 공통적으로 소개되는 주제는 중요한 주제이므로 특히 관심을 갖고 해당 원리를 터득하고 삶에 적용할 수 있으면 좋겠다.

요점은 스트레스 관리에 관심이 있는 독자라면, 최소한 이 두 책을 모두 읽고 삶에서 터득하는 것이 필요하다. 그래야만 비로소 (1) 3분 안에 스트레스에서 벗어날 뿐 아니라, (2) 스트레스를 근원적으로 해결하면서 자유롭게 살 수 있게 된다.

한 가지 고백할 점은 이 책으로 모든 스트레스를 해결할 수 없다. 사실 이 책을 기획할 당시 각 기능별로 일곱 가지 원리를 소개하기 위해 준비했다. 그리고 분량의 과다함에서 오는 문제를 해결하기 위해 여섯 가지 원리로 줄였다. 그러나 1차 교정 단계에서 다시 각 원리를 다섯 가지로 국한했다. 동일한 맥락에서 각 원리별로 실습을 제시하는 대신, 부록에서 각 기능별로 한 가지씩 실습을 제시하기로 결정했다. 아울러 모든 주제를 다루는 대신, 개인 수준에서 효과적으로 적용할 수 있는 핵심 원리들에 초점을 맞추었다. 이러한 결정 역시 '최적화'를 위한 선택이었음을 양해 바란다.

한편 이에 대한 보완은 차후 출판되는 『스트레스에서 벗어나 '천수 건강'을 누리는 법』, 『스트레스에서 벗어나 '매일 행복'하게 사는 법』, 『스트레스에서 벗어나 '최고의 나'로 사는 법』 등에서 소개할 예정이다. 다만 책에서 소개하는 20가지 원리들을 이해하고 실생활에 적용하면 핵심적인 스트레스 문제가 해결되면서 새로운 차원의 삶을 살 수 있다는 점은 자신 있게 강조할 수 있다. 다시 말하면, 이 책을 읽고, 이해하고, 삶에 적용하면 자신이 진정으로 원하는 건강한 삶, 행복한 삶, 성공적인 삶이 실현되기 시작한다(반면에 책에서 소개하는 원리와 주제를 터득하지 못하면 건강, 행복, 성공의 삶이 불가능하다는 점 꼭 기억하면 좋겠다).

자, 까다로운 주제들을 인내심을 갖고 따라와 준 모든 독자에게 감사를 드린다. 이제 프롤로그의 마지막 주제인 '책을 효과적으로 보는 법'을 살펴보도록 하자.

책을 효과적으로 보는 법

제1부에서는 적절한 욕구를 추구함으로써 스트레스를 해결할 수 있는 법을 소개한다. 그리고 제2부에서는 다양한 렌즈를 통해 스트레스에서 쉽게 벗어나는 법을 소개한다. 제3부에서는 효율적인 선택을 통해서, 그리고 제4부에서는 선택된 결정을 효과적으로 실행함으로써 스트레스를 근원적으로 해결할 수 있는 법을 소개한다.

개인마다 관심이 다르고 장점과 취약점이 있게 마련이다. 그 결과, 책에서 소개하는 20가지 원리들에 대해 선호도와 효과가 다를 수 있다. 특정한 주제가 더 마음에 와닿을 수 있으며, 어떤 주제는 이미 알고 있거나 이미 실천하고 있는 주제일 수도 있다. 일부 원리(특히 제2부에서 소개하는 원리)를 적용하면 순식간에 스트레스 문제를 해결할 수도 있다. 하지만 궁극적으로는 책에서 소개하는 네 가지 핵심 기능과 20가지 원리들을 충분히 이해하고 터득할 때 비로소 스트레스를 근원적으로 그리고 쉽게 해결할 수 있다.

일부 주제가 너무 딱딱하거나 고차적이라고 느껴지면 너무 심각하게 받아들이지 말고 다음 주제로 편하게 넘어가면 된다. 흥미로운 현상은 처음 읽을 때는 특별한 느낌이 없지만 나중에 다시 읽게 되면 매우 중요한 깨달음을 체험할 수 있다. 따라서 가능하면 한 번 읽고 멀리하는 대신, 두 번 이상 읽으면서 실제적인 변화를 체험할 수 있으면 좋겠다. 특히 스트레스 관리는 머리로 이해하는 것은 시작일 뿐이다. 마치 지구상에서 최고의 수영 교본을 다 읽었다고 수영을 잘하는 것이 아니고, 최고의 바이올린 교본을 다 읽고 이해했다고 바이올린을 잘 연주할 수 없는 것과 같다. 이처럼 'Optimal 스트레스 관리'를 몸에 체득하기 위해서는 책에서 소개하는 원리를 이해한 후 당분간은 벗 삼아 반복적으로 실습해야 비로소 효과가 나타나기 시작한다. 그래야 비로소 스트레스 문제를 근원적으로 해결하면서 살 수 있게 된다. 그런 의미에서 마치 상비약을 가까이 준비하고 있듯이 이 책을 가까이 놓고 수시로 살펴보면 좋겠다.

아쉬운 점은 책에서 소개하는 원리를 지면 제약상 구체적으로 소개할 수 없어서 매우 안타깝다. 추가적인 기법 등에 관심이 있는 분들은 국제스트레스관리협회(http://aceful.co.kr) 등에서 진행하는 'Optimal 스트레스 관리 클럽' 과정과 'Optimal 스트레스 관리 자격 과정' 그리고 '스트레스 상담' 등을 통해 도움을 받을 수 있으면 좋겠다.

프롤로그를 마치기 전에 한 가지 중요한 점을 언급하는 것이 좋겠다. UCLA 대학교 농구부 감독으로서 전무후무한 승리를 기록한 존 우든John Wooden 감독은 이렇게 강조한 바 있다. "최상의 길로 나아간 사람에게 최상의 결과가 돌아온다."[9] 그렇다. 책에서 소개하는 원리들의 효과를 보다 빠르게 체험하기 위해서는 무엇보다 '최상의 삶'을 살겠다는 결단이 필요하다. 이처럼 '최상의 삶'을 결단할 때 자연스럽게 스트레스를 해결하려는 노력을 더욱 추구하게 된다. 이러한 결단이 어려운 것을 요구하는 것이 아니다. '최상의 삶'을 지향하면서 스트레스를 해결하며 살겠다는 마음가짐이면 된다. 물론 결단한다고 하루아침에 'Optimal 스트레스 관리'가 이루어지지 않는다. 하지만 결단한 후 책에서 소개하는 원리들을 꾸준히 실습하다 보면, 어느새 스트레스를 '근원적'으로 해결하면서 보다 '자유로운 삶'을 살 수 있게 된다. 그리고 '최상의 삶'을 살기 시작한다.

이제 이 책의 목적을 보다 명확하게 언급하는 것이 좋겠다. 책의 제목에서 볼 수 있듯이 1차적 목적은 '스트레스를 근원적으로 해결하며 사는 법'이다. 그 결과 스트레스에서 벗어나 자유롭게 살 수 있게 된다. 한편, 책에서 소개하는 일부 원리를 적용하면 스트레스를 해결하는 데 그치지 않고 '최상의 삶'을 살 수 있게 된다. 사실 저자가 강조하는 'Optimal 스트레스 관리'의 궁극적 목적은 단순히 스트레스에서 벗어나는 데 있지 않고, 자신이 진정으로 원하는 '건강한 삶' '행복한 삶' '성공적인 삶'에 있다. 하지만 책의 분량을 고려할 때, 이 책의 일차적 목적은 스트레스를 '근원적으로 해결'하며 사는 데 있다. 그리고 책의 궁극적 지향점은 스트레스에서 벗어나 '최상의 삶'을 사는 데 있다. 다만, 다시 한번 강조하면 스트레스를 제대로 관리하지 못하는 한 절대로 '건강' '행복' '성공'이 불가능하다는 점을 꼭 기억하면 좋겠다. 따라서 이 책을 통해서 스트레스를 근원적으로 해결하며 자유로운 삶을 누리면서, 더 나아가 최상의 삶을 살 수 있는 출발점이 되기를 진심으로 소원한다.

자, 준비되셨는가? 'Optimal 스트레스 관리'로 여러분을 초대한다. 이제 스트레스를 근원적으로 해결하면서 보다 자유롭고, 보다 즐겁고 흥미로운 여정을 떠나 보기로 하자.

제 01 부(동기기)
적절한 동기를 추구하라

인생에 중요한 목표가 없는 사람은 사소한 걱정거리와 두려움, 고난, 자기 연민 같은 나약함에서 비롯된 징후들에 빠져들기 쉽다.

―제임스 알렌 James Allen―

우리가 태어났을 때 우리는 울었고 세상은 기뻤다. 우리가 죽을 때는 세상이 울고 우리는 기뻐할 수 있는 그런 삶을 살아야 한다.

―화이트 엘크 White Elk―

인간의 삶은 가장 최상의 열망을 고려하지 않고는 절대로 이해될 수 없다.

―애브라함 매슬로우 Abraham H. Maslow―

01 양(Quantity): 욕심을 버리고, 단순한 삶을 추구하라

02 질(Quality): 사소한 것을 버리고, 중요한 것을 열망하라

03 수준(Level): 공황 지대와 안락 지대에서 벗어나 성장 지대를 추구하라

04 원천(Source): 외재적 동기보다 내재적 동기를 추구하라

05 시간 조망(Time Perspective): 세 가지 조망을 잘 활용하라

 제1부에서는 스트레스 관리 공식 가운데 '바라는 상태'를 다룬다. 우리는 무언가를 바라며 산다. 심리학에서는 이것을 '동기$_{motivation}$'라는 주제로 다룬다.
 사실 동기를 지칭하는 개념은 욕구, 욕망, 갈망, 소망, 야망, 기대, 규범, 계율을 비롯해 다양하다. 그 가운데 'Optimal 스트레스 관리'에서는 '열망$_{Aspiration}$'을 강조한다. 왜 열망인가?
 '열망'이란 매우 강렬한 동기이다. 따라서 '열망'을 추구하면 웬만한 스트레스 상황을 너끈히 이겨 낼 수 있다. 반대로, 열망이 없는 삶은 어려운 상황을 이겨 낼 힘이 없다. 대부분의 사람들은 '건강하게 살고 싶다' '행복하게 살고 싶다' '풍족하게 살고 싶다' 등의 소망$_{wish}$을 갖고 있다. 하지만 단순한 소망만으로는 스트레스를 이겨 내기 힘들다. 반면에 열망이 있는 사람은 스트레스를 너끈히 이겨 낸다.
 또한 열망이란 자신이 '선택'한 동기이다. 체온, 수분, 혈당 등은 인간으로 태어날 때 부여받은 것이다. 하지만 최소한 청소년기부터는 자신의 '열망'을 선택할 수 있다. 스트레스란 결국 자신이 어떤 열망을 선택하느냐에 달려 있다.
 아울러 'Optimal 스트레스 관리'에서는 동기의 '**적절성**$_{appropriateness}$'을 강조한다. 일반적으로 적절하지 않은 동기는 스트레스를 야기할 가능성이 높으며, 반면에 '적절한' 동기를 추구할 때 스트레스를 해결하면서 자유로운 삶을 살 수 있게 된다.
 왜 '적절한' 동기를 추구해야 할까? 우리 모두 '제한적인' 삶을 살고 있다. 사실 우리 모두 어느 순간이라도 마지막이 될 수 있는 삶을 살고 있다. 마틴 루터 킹Martin Luther King Jr.은 겨우 서른아홉 살에 테네시주Tennessee 멤피스Memphis에서 암살당했다. 그는 암살당하기 전날 밤, 동료들에게 몇 년 전에 칼을 맞고 죽음의 문턱까지 갔던 경험을 다음과 같이 말한 바 있다.

다들 그렇듯 저도 오래 살고 싶습니다. 장수하길 바라죠. 하지만 이제 상관없습니다. 저는 그저 하나님의 뜻을 따르고 싶을 뿐입니다. 그분이 저를 산에 오르게 하셨습니다. 그리고 저는 산 너머로 약속의 땅을 봤습니다. 저는 여러분과 함께 그곳에 갈 수 없을지도 모릅니다. 하지만 오늘 밤 이 자리에 모인 여러분께 알립니다. 언젠가 우리는 약속의 땅에 이를 겁니다![1]

우리 모두 언젠가는 지구에서의 삶을 마치게 된다. 슬프게도 지금 이 순간에도 핵전쟁이 발발하면 우리의 삶은 언제든지 마감될 수 있다. 하지만 모든 죽음이 동일하지 않다. 마틴 루터 킹처럼 오늘 죽어도 여한이 없는 충만한 삶을 살 수도 있고, 그렇지 않을 수도 있다.

이제 제1부를 시작하기 전에 당면하고 있는 스트레스 주제 한 가지를 생각해 보라. 책을 빨리 보려는 마음을 잠시 접고, 구체적인 스트레스 주제를 한 가지 떠올린 후(그리고 그 주제를 적은 후) 책을 읽어 보기 바란다. 그리고 제1부에서 소개하는 다섯 가지 원리를 적용하면서 어떤 변화가 있는지 실제로 체험해 보면 좋겠다.

양(Quantity):
욕심을 버리고, 단순한 삶을 추구하라

> 저자가 스트레스 관리 특강이나 워크숍에서 "스트레스란 무엇일까요?"라고 질문하면 "욕심이지요"라는 반응이 자주 나온다. 맞다. 욕심은 스트레스를 유발한다. 이곳에서는 동기의 '적절성'에 관한 첫 번째 주제로서 동기의 양$_{quantity}$을 다루어 보도록 하자.

이번 주제는 길게 설명하지 않아도 충분히 공감이 갈 것이다. 성격적으로 욕심이 없는 사람이라도 현대인은 온갖 자극과 유혹 속에 살게 된다. 그 결과 불필요한 욕심을 내며 다양한 스트레스를 경험하기 쉽다. 결국 이 주제의 답은 "단순하게 살라"가 된다. 이번 기회에 자신이 사용할 수 있는 시간과 자원을 고려하면서 과도한 '양'을 줄여 가는 지혜가 필요하겠다.

🌱 욕심을 버리라

욕심이 많을수록 스트레스가 많다. 앞에서 소개했듯이 스트레스란 자신이 원하는 것이 현실에서 어긋날 때 발생한다. 그런데 우리가 원하는 것$_{DS}$이 많을수록 현실$_{AS}$에서 실현되지 않을 가능성이 높아지며, 그에 따라 스트레스도 많아진다.

욕심은 일반적으로 물건, 돈 등을 많이 소유하는 것으로 이야기된다. 하지만 현대인의 스트레스는 상당 부분 자신의 역할 증가와 연관되어 있다.

현대인의 삶을 200년 전과 비교하면 어떤 차이가 있을까? 이전에는 몇 가지 단순한 역할(아들/딸, 누나/형/동생, 아빠/엄마/할아버지/할머니, 마을 주민, 농부/상인/장인/사대부 등)로 살았을 것이다. 하지만 현대인들은 이에 덧붙여 수많은 역할을 수행하며 살게 된다. 동호회, 교회/성당/절, 학부모회, 직급에 따른 역할, 고객/주인……. 어떤 분들은 동호회만 하더라도 여러 가지에 참여하느라 일주일 내내 바쁘다.

역할이 늘어나게 되면 왜 스트레스가 늘어날까? 인본주의 심리학자인 칼 로저스Carl R. Rogers나 애브라함 매슬로우Abraham H. Maslow는 '자기 실현 동기'를 강조한다.[2] 인간은 현재보다 더 성장하려는 근원적인 동기가 있다. 그 결과 사람들은 자신이 맡은 역할에서 더 잘하기를 원한다. 회장이면 회장, 간사면 간사로서 자신이 맡은 역할을 잘하려는 마음이 있다. 문제는 제한된 시간, 제한된 자원, 제한된 몸을 갖고 있기 때문에 자신의 역할을 모두 잘할 수 없다는 사실이다. 그 결과 역할이 많을수록 스트레스가 증가하게 마련이다.

욕심을 유발하는 환경을 멀리하라

독자분 가운데는 '나는 욕심이 없기 때문에 문제가 없어'라고 생각할지 모른다. 하지만 현대 사회는 개인적인 '욕심'보다 '주위 환경'이 더 문제다. 이와 관련해 마크 챔벌레인 Mark D. Chamberlain 은 『Wanting More』에서 현대인이 당면하고 있는 상황을 잘 묘사하고 있다.[3]

우리 주위는 온갖 유혹이 넘쳐난다. 새로운 핸드폰이 출시되면 핸드폰을 구입하라고 이곳저곳에서 우리를 유혹한다. 마치 새로운 기기를 구입하지 않으면 '바보' 같다는 생각이 들 정도이다. 그 결과, 우리는 늘 마음속에 무언가를 원하기 쉽다. 문제는 그 모든 것을 구입할 수 없다는 점이다. 그리고 그 '멋진' 물건들을 손에 넣지 못할 때 무언가 모자란 듯한 느낌을 받으며 스트레스를 경험하기 쉽다.

우리를 유혹하는 정보는 온갖 광고를 통해 전달된다. 평소 '라면'이 건강에 좋지 않다고 생각하지만, 자신이 좋아하는 운동선수가 라면 광고를 하게 되면, 자신도 모르게 '한 번은 사 먹어야겠다'고 생각하게 된다.

사실 광고가 아니더라도 대형 매장에 들어가게 되면 유사한 유혹을 경험하게 된다. 자신에게 필요한 품목을 사러 가지만, 매장을 돌아다니다 보면 온갖 물건이 눈에 띄면서 더 많은 물건을 구매하게 된다. 그뿐인가? 시식을 하다 보면 맛도 있지만 공짜로 음식을 먹었으니 미안해서 사게 되기도 한다. 사실 마트는 이러한 심리를 이용하고 있는 셈이다. 그래서 가능하면 배가 고픈 상태에서는 마트에 가지 않는 것이 좋다.

빵집에서 나오는 냄새는 어떠한가? 냄새만 맡아도 발길은 거의 무의식적으로 빵집 안으로 빨려 들어간다. 이처럼 최근에는 소비자를 유혹하기 위해 뉴로마케팅 neuromarketing이 활발하게 이루어져서, 자신도 모르는 사이에 과소비를 하는 경향이 있다.

흥미롭게도 마크 챔벌레인은 지인 덕분에 금산을 다녀간 적이 있다. 지인의 할머니가 밥을 차려 주자, 마크는 고맙다는 인사를 한다. 그러자 할머니는 한국식으로 "시장이 반찬이지요"라고 말씀하신다.

이 장면은 단순한 겸양 이상의 의미를 암시하고 있다. 예전에는 모든 것이 부족했다. 그러다 보니 '맨밥'만 먹어도 맛이 있었다. 하지만 요즘에는 보통 음식으로는 맛을 느끼지 못하고 더

달고 더 고소하고 더 자극적인 음식을 찾는 경향이 있다.

이처럼 현대인은 광고를 비롯한 다양한 유혹 속에서 자신도 모르게 욕심이 발동하기 쉽다. 그 결과, 원하는 것이 증가할수록 스트레스도 증가한다.

단순하게 살라

이번 주제의 해결책은 "단순하게 살라"에 있다.

저자는 이 주제와 관련해 다양한 서적을 본 바 있지만, 가장 현실적인 내용은 사사키 후미오佐佐木典士가 쓴 『나는 단순하게 살기로 했다』[4]에서 찾아볼 수 있다.

사사키 후미오는 책을 좋아하다 보니 집에 책이 쌓이게 되었다. 음악도 좋아하다 보니 음악과 관련된 음향기기, CD, 기타 등이 늘어 갔다. 그 밖에도 옷, 그릇, 카메라 용품, 자전거 용구 등으로 인해 집이 비좁고 난장판이 되어 갔다.

이 상황에서 우연히 최소주의minimalism를 실천하는 삶의 장점을 보게 된 후, 자신도 물건을 처분하기로 결심한다. 자신의 삶에서 필요 이상으로 많은 물건이 시간과 에너지, 그리고 결국에는 모든 것을 빼앗아 가고 있다는 사실을 알게 되었기 때문이다. 책은 도서관과 지인들에게 나누어 주고, 음향기기도 가장 중요한 레코드판을 제외하고는 처분한다. 그러자 집 공간이 확

늘어나면서 관리할 필요가 없게 되었다.

    그는 최소주의 장점으로 다음과 같은 예를 들고 있다. 올빼미 장식품이 있을 때는 청소하기 위해 세 단계가 필요했다. (1) 올빼미 장식품을 치운다, (2) 그 공간을 청소한다, (3) 다시 올빼미 장식품을 원래 자리로 이동시킨다. 하지만 올빼미 장식품이 사라지면서 한 단계로 청소가 끝났다.

    사사키 후미오는 물건을 버리는 팁을 제공한다. 정리의 달인 곤도 마리에近藤麻理恵의 조언에 따라 물건을 버리기 전에 가슴에 손을 얹고 그 물건을 느껴 본 후 설레는 물건이 아니라면 과감하게 처분하라고 제안한다. 그 밖에도 여러 가지 흥미로운 점을 소개하고 있지만, 이 정도로 해 두자.

    기억할 점은 사사키 후미오가 강조하듯이 '최소주의'를 실천하기 위해서는 먼저 자신에게 중요한 것이 결정되어야 한다. 다시 말해, 소중한 것에 집중하기 위해 나머지를 줄여 가는 것이 최소주의의 핵심이 된다. 무소유를 강조했던 법정 스님도 "무소유는 아무것도 갖지 않는 것이 아니라 불필요한 것을 갖지 않는 것"이라고 설파한 바 있다.[5]

    요약하면, (1) 너무 많은 것을 바라는 욕심에서 벗어나고, (2) 특히 욕심을 유발하는 주위 환경의 유혹을 주의하며, (3) 자신에게 중요한 일에 초점을 두면서 '단순하게 사는' 지혜가 필요하겠다. 그래야 스트레스의 양과 관련된 문제가 줄어들면서 자유로운 삶을 살 수 있게 된다.

질(Quality):
사소한 것을 버리고, 중요한 것을 열망하라

> 우리는 다양한 꿈과 목표를 갖고 산다. 그 가운데는 우리에게 중요한 것도 있고, 그렇지 않은 것도 있다. 스트레스를 근원적으로 해결하며 자유롭게 살기 위해서는 자신에게 '중요한' 동기를 추구하는 것이 좋다.

왜 '중요한 것'을 열망하며 살아야 할까? 앞에서도 강조했듯이 우리 모두 유한한 시간 속에서 살아가는 존재이기 때문이다. '불편한 진실'은 우리 모두 '오늘이 마지막 날'이 될 수 있기 때문에 더욱 중요한 것에 열망하는 후회 없는 삶을 살 필요가 있다.

더 나아가 자신이 진정으로 원하는 삶을 살게 되면 주위 상황이 힘들어도 너끈히 이겨 낼 수 있다. 반면에 진부하고 '시시한 삶'을 살면 그 자체가 스트레스가 될 수 있다. 사실 자신이 진정으로 원하는 삶을 살면 스트레스에서 벗어날 뿐 아니라 '건강한 삶' '행복한 삶' '성공한 삶'을 살 수 있게 된다.

사소한 것에 목숨 걸지 말라

1997년에 한 심리학자가 쓴 책이 미국은 물론 전 세계에서 베스트셀러가 된다. 미국에서는 2년(정확하게는 101주) 동안 뉴욕타임스에서 1위에 등극한 바 있으며, 우리나라를 비롯해 135개국에서 출판되었다. 바로 리처드 칼슨Richard Carlson이 쓴 『사소한 것에 목숨 걸지 말라』이다.[6] 이 책의 원제는 다음과 같다. 『Don't Sweat the Small Stuff… and It's All Small Stuff』. 번역하면, '우리가 경험하는 모든 것이 사소한 것인데, 우리는 사소한 것에 땀을 빼고 있다/목숨을 걸고 있다'라는 책이다.

저자도 이 책을 보며 한편으로 웃음이 나고, 한편으로는 한심한 내 모습을 알게 되었다.

한 가지 고백하는 것이 좋겠다. 대구대학교 교수로 재직하던 당시, 대구와 서울을 자주 오갔던 시절이 있었다. 한 번은 밤에 서울로 올라가던 중, 대전을 지난 지점에서 뒤에 있던 차가 하이빔(상향등)을 켜는 게 아닌가. 당시 경부고속도로는 2차선이었고, 대전을 지나면서 차량 통행이 매우 혼잡한 구간이었다.

순간적으로 시야가 잘 보이지 않아서 매우 위험한 상황이 되었다. 나는 화가 났다. '아니, 하이빔을 켜서 위험에 빠뜨리다니!' 이런 생각이 들자 하이빔의 '위험성'을 가르쳐 줘야겠다고 생각했다(대학교에 있다 보면 다른 사람을 가르치려고 별짓을 다한다). 그래서 일단 상대 차를 지나가도록 했다. 그런 후, 내가 뒤에서 하이빔을 켰다. 그러자 이번에는 상대 차가 나를 먼저 보낸 후, 다시 뒤에서 하이빔을 켰다. 이런 시소게임을 몇 차례 반복하면서 주행했다. 지금 생각하면 매우 한심한 짓을 한 셈이다. 그 당시 자동차 사고가 났다면, 이 책이 세상에 나올 수 없을 뿐 아니라, 나는 이미 천국(아니면 지옥)에 가 있을지도 모르는 상황을 초래한 셈이다.

혹시 당시 상대방 운전자가 이 책을 본다면 진심으로 사과하고 싶다(오해하지 말기를, 나는 딱 한 번 그런 경험을 했다). 어쨌든 우리는 살다 보면 별일이 아님에도 목숨 거는 경우가 상당히 많다.

사실 이 주제는 일찍이 마르쿠스 아우렐리우스 Marcus Aurelius A. 황제가 설파한 바 있다. 로마 전성기에 다섯 명의 현명한 황제 중 한 사람인 그는 『명상록』에서 시대를 뛰어넘는 지혜를 제시하고 있는데, 두 구절만 소개하면 다음과 같다.[7]

> 우리들이 하는 말과 행동의 대부분이 불필요하기 때문에, 만일 인간이 그 부분을 제거해 버린다면, 그는 더 많은 여유가 생

기고 불안감을 덜 느낄 것이다. 따라서 모든 경우에 인간은 자신에게 이런 질문을 해야 한다—이것도 불필요한 일들 가운데 하나가 아닐까?

그대가 무슨 행동을 하든지 그때마다 잠깐 멈추고 자신에게 물어보라—그대에게서 이 행위를 박탈해 가기 때문에 죽음이 무서운 것인지를.

이 구절들을 좀 쉽게 의역하면 다음과 같이 바꿀 수 있을 것 같다.

이 일이 충족되지 않으면 나는 죽는가?

잠시 생각해 보자. 지금 경험하고 있는 스트레스가 해결되지 않으면 내가 죽는가? 우리가 경험하는 거의 대부분의 스트레스는 우리를 죽이지 않는다. 스트레스 자체는 나를 죽이지 않는데, 내가 스트레스에 함몰되다 보니, 그로 인해 병이 들고, 내 목숨을 앗아 가도록 내가 만들고 있지 않은지 한 번 생각해 볼 필요가 있다.

꿈이 있는 사람은 스트레스 상황이 힘들지 않다

내가 아는 사람 가운데 한 분은 매주 복권을 샀다. 그분이 복권을 사는 이유는 간단하다. 설사 복권이 당첨되지 않아도 최소한 일주일 동안 복권에 당첨될 꿈이 있어서 좋다고 했다(물론 저자가 복권을 사라는 이야기는 아니다. 나중에 『스트레스에서 벗어나 매일 행복하게 사는 법』에서 소개하겠지만, 복권 당첨은 행복보다는 불행을 가져올 확률이 높다).

꿈은 단순히 희망을 줄 뿐만 아니라 스트레스를 이겨 낼 수 있는 힘이 된다. 심지어 말기 암 환자가 죽음을 앞두고 고통을 이겨 낼 수 있는 힘도 생긴다. 3개월 시한부 인생을 살고 있던 담도암 말기 환자의 이야기이다. 독실한 천주교 신자였던 이분은 아들이 신부가 되기를 오랫동안 기도했다. 다행히 아들이 가톨릭대학교 신학교에 입학해서 기뻤으나 중퇴했다. 하지만 그녀의 눈물과 기도 덕분인지 결국 다시 신학교에 복학했고, 아들은 외국 선교의 뜻을 품게 된다. 보통 부모라면 선뜻 반길 수 없는 상황이지만 어머니는 이 소식을 듣고 무척 기뻐했다.

그런데 아뿔사! 이 상황에서 3개월 시한부 선고를 받게 된다. 아들은 쉽지 않은 결정이었지만 예정대로 선교와 봉사를 위해 캄보디아로 떠난다. 시간이 지나 드디어 어머니의 간절한 꿈이 이루어지게 되었다. 다만, 한국이 아닌 캄보디아에서. 담당 의

사는 당연히 캄보디아 여행을 반대한다. 진통제를 맞으며 겨우 하루하루를 연명하고 있는 환자에게 비행기 탑승 자체가 불가능한 상황이었기 때문이다. 하지만 그녀의 '간절한 꿈'을 잘 알고 있었던 의사는 결국 어머니의 뜻을 수용하여 여러 가지 의학적, 법적 위험을 무릅쓰고 만반의 준비 속에 환자와 동행하게 된다. 그리고 그렇게 간절히 보고 싶어 하던 아들의 부제 서품식을 보게 된다. 그날 저녁 환자는 의사에게 평안한 모습으로 이렇게 이야기한다. "죽어도 여한이 없습니다." 결국 이 환자는 얼마 지나지 않아 하늘나라로 가지만, 3개월 시한부 진단을 받고도 3년 이상의 고통과 어려움을 이겨 낸 후였다.

이 이야기는 2,000명의 죽음을 지켜본 염창환 박사가 쓴 『한국인, 죽기 전에 꼭 해야 할 17가지』의 첫 번째 장에 나온 이야기다. 그리고 그 장의 제목은 '꿈은 그들이 살아가는 이유였습니다'이다.[8]

어떻게 말기 암 환자로서 거동조차 어려운 상태에서 캄보디아까지 날아갔을까? 그 힘은 도대체 어디서 나올까? 이 사례에서 볼 수 있듯이 확고한 꿈은 심각한 어려움을 너끈히 이겨 낼 수 있다. 심지어 죽음마저도.

외국 예도 한 가지 살펴보자. 1818년에 미국에서 한 여자 노예가 태어난다. 그녀의 이름은 엘리자베스 케클리(Elizabeth H. Keckley)이다. 짐작할 수 있듯이 그녀는 자라면서 수많은 고난을 경험하게 된다. 예를 들어, 어린 나이에 다른 노예 아이들의 보모로 지낸다. 다섯 살 때 하루는 한 아이를 울렸다고 죽도록 맞게 된다. 나중에는 강간당하기도 하고, 수많은 어려움을 경험하며 살아가게 된다. 하지만 그녀가 어려움을 이겨 낼 수 있었던 것은 여섯 살 때 배운 재봉 기술 덕분이었다. 그녀는 재봉 일이 너무 재미있어서 옷을 잘 만드는 꿈을 꾸게 된다. 그녀의 일생을 압축하여 소개하면, 그녀가 속한 주인집 가정이 경제적으로 어려웠을 때 그녀가 만든 옷 덕분에 수십 명의 가족이 연명할 수 있었다. 재정적으로 형편이 나아지자 돈을 주고 자유인이 되었고, 뉴욕에 진출하고 나중에는 워싱턴 D.C.에 옷 가게를 내게 된다. 그리고 그녀가 만든 옷은 유명 인사들에게 팔리게 된다. 심지어 링컨 대통령이 저격당했을 때 링컨 대통령의 부인이 가장 먼저 그녀를 찾았을 정도로 그곳 사교계에서 유명 인사가 되었다.[9]

흑인 노예로 태어난 그녀가 어떻게 수많은 어려움을 극복하고 온갖 스트레스에서 벗어나 자유로운 삶을 살았을까?

이 역시 여섯 살 때 재봉을 배운 후 옷을 잘 만들겠다는 꿈 덕분이었다.

이곳에서 두 가지 예만 소개했지만 한 가지 분명한 사실이 있다. 학생이건, 직장인이건, 주부이건, 사업가이건, 군인이건, 노인이건, 장애인이건 구체적인 꿈을 꿀수록 스트레스를 쉽게 이겨 낼 수 있다.

그런데 꿈의 효과를 체험하려면 『Dream』의 저자 마르시아

위더(Marcia Wieder)가 지적하듯이 먼저 "꿈을 꿔야 한다."[10]

이 책을 읽는 독자들도 오늘이 가기 전에, 아니 지금 당장, 책을 잠시 내려놓고 '꿈'을 꿔 보시기를 권유한다. 이때 막연한 꿈이 아닌 '구체적'일수록 좋으며, 가능하면 그 꿈을 적어 보시기 바란다.

버킷 리스트를 작성해 보라

저자가 강사 과정 또는 워크숍을 진행하면서 '꿈이 있는가?'를 묻게 되면 성인의 경우 10명 가운데 겨우 한두 명만이 꿈을 갖고 있다. 사람들은 왜 꿈을 꾸지 못하고 살까? 여러 가지 이유가 있겠지만 자신이 원하는 꿈을 이룰 수 없다고 생각하기 때문이다.

만약 그렇다면 버킷 리스트라도 써 보라고 권하고 싶다. 지금 당장 이룰 수 없으나 죽기 전까지 이룰 수 있는 꿈이야 꾸어 볼 수 있지 않겠는가?

국내에서 버킷 리스트와 관련해서 잘 알려진 사람은 김수영이다. 그녀는 자라면서 가난과 가정불화로 가출하기도 하고 중학교를 그만두게 된다. 하지만 꿈을 찾자 〈KBS 도전 골든벨〉의 우승자가 된다(그녀는 실업계 고등학교 출신 최초의 우승자이다). 또한 독학으로 연세대학교에 합격하고, 졸업 후 '골드만삭스'에 입사하게 된다. 이렇게 그녀의 인생이 술술 풀리는 것 같았으나 젊은 나이에 그만 암에 걸리게 된다. 이 상황에서 그녀는 매우 중요한 결단을 내린다. 언제 죽을지 모르겠지만 죽기 전에 해보고 싶은 73개의 꿈 목록을 써내려 간다. 그리고 무작정 영국으로 떠나 런던대학교에서 석사를 마친 후, 세계적인 회사인 '로열 더치 셸Royal Dutch Shell' 영국 본사 근무를 하게 된다.

이후 『멈추지 마, 다시 꿈부터 써 봐』를 통해 자신의 버킷 리스트가 어떻게 실현되었는지를 세상에 알리면서 일약 베스트셀러 저자로 탄생하게 된다. 그녀의 꿈 목록은 늘어나고 있다. 80개 국가 이상에서 70개 이상의 꿈에 도전해 왔으며, 30만 명 이상의 삶을 바꾸어 오고 있다. 그녀는 『당신의 꿈은 무엇입니까』를 비롯해 7권의 책을 저술했고 유튜브 채널 〈김수영 TV〉와 〈언니 TV〉를 운영하며 노래와 동화책을 쓰며, 자신의 출판사도 경영하고 있다.[11]

사실 버킷 리스트와 관련해서 가장 잘 알려진 사람은 존 고다드John Goddard이다. 그는 열다섯 살이 되었을 때 아버지의 친구로부터 지난날을 후회하는 이야기를 듣게 된다. 그리고 그는 결심한다. 죽기 전에 하고 싶은 것들을 해 보아야 하겠다. 그리고 127가지 꿈을 적는다.[12]

과연 그 꿈들이 이루어졌을까?

모든 꿈을 실현하지는 못했으나 109가지 꿈이 이루어졌으며 일부를 소개하면 다음과 같다.

- 높은 산 등정하기(킬리만자로, 그랜드 티톤, 맥킨리 등)
- 세계적인 강 탐험하기(나일, 아마존, 콜로라도 등)
- 오지 국가 탐험하기(콩고, 뉴기니, 보르네오 등)
- 기타(잠수함에서 다이빙하기, 글라이더 타기, 낙하산 점프 등)

실현하지 못한 버킷 리스트는 주로 '달에 가기' 등 자신의 힘으로 달성하기 어려운 주제들이다. 일부 버킷 리스트 목록을 실현하지 못했지만 그가 이룬 꿈들은 대단하지 않는가? 사실 그가 살았던 시절을 생각해 보면, 그가 이루어 낸 결과는 더욱 대단하다(첫 번째 리스트였던 나일강 탐험은 9개월이 소요되었다). 사실 그는 버킷 리스트를 추가로 늘려 가면서 500가지 이상의 목표를 달성한 바 있다. 이러한 놀랄만한 성과는 그가 버킷 리스트를 작성했기 때문에 이루어진 것이다.

다시 한번 강조하고 싶다. 아직 '버킷 리스트'가 없는 분이라면 잠시 책을 덮어 놓고 죽기 전에 하고 싶은 목록을 적어 보기를 권유한다. 왜냐하면 버킷 리스트만 생각하더라도 스트레스가 쉽게 사라질 수 있기 때문이다.

🌱 '삶의 목적'을 확립하며 살라

앞에서 보았듯이 구체적인 꿈을 갖고 있으면 스트레스를 쉽게 이겨 낼 수 있다. 하지만 동기와 관련해서 가장 최상의 접근법은 '삶의 목적'을 확립하는 것이다. 다시 말해, '삶의 목적'은 인생에서 가장 '최상의 동기'가 된다.

'삶의 목적'과 관련하여 자주 소개되는 사례는 빅토 프랑클 Viktor E. Frankl 이다. 그는 오스트리아의 정신과 의사로 나치 시대에 폴란드에 있는 아우슈비츠 수용소를 비롯해 여러 곳의 수용소를 전전하며 참혹한 삶을 살게 된다. 결혼한 지 얼마 되지 않아 사랑하는 부인과 생이별하고, 다른 가족들의 생사도 모른 채 지내게 된다. 학회 참석을 위해 폴란드에 가본 적이 있지만, 그곳은 겨울에 매우 추운 곳이다. 이 추운 곳에서 발이 늘 젖어 있고, 신발 안에 눈이 차 있어서, 동상 때문에 살을 찢는 듯한 통증 속에서도 눈 덮은 길을 걸어가야 한다. 그리고 작업 중 잘못해서 쓰러지면 언제라도 마지막이 될 수 있기 때문에 버텨야 한다. 식사로 나오는 음식이 극히 적어서 간에 기별도 가지 않지만, 그래도 먹어야 한다. 소량의 음식마저 먹지 않다가 쓰러지게 되면 곧바로 가스실로 가서 생을 마감해야 하기 때문이다. 함께 들어온 사람의 90퍼센트가 곧바로 화장터로 직행하던 수용소, 9명에게 단 두 장의 담요가 제공되던 곳, 잦은 구타와 돼지 취급 받던 곳, 득실거리는 이 때문에 만성 수면 부족 상태로 살던 곳……

그는 이러한 처참한 환경에서도 살아남았다. 그리고 자신을 비롯해 수용소에서 살아남은 사람과 그렇지 못한 사람들 사이

의 가장 큰 차이는 '삶의 목적'을 갖고 있느냐의 여부였다.[13]

잠깐 생각해 보자. 우리가 일상생활에서 경험하는 스트레스와 빅토 프랑클이 경험했던 처참한 스트레스를 비교한다면 천지 차이로 볼 수 있다. 그는 그러한 상황에서도 살아남았다.

이 주제와 관련해 또 다른 사례는 일본 의사였던 히노하라 시게아키日野原重明 박사다. 그는 100세가 넘어서도 현역 의사로 활동하며, 일 년에 200차례 정도 강연을 하고, 큰 병원을 운영하는 등 매우 활발한 활동을 한 바 있으며, 106세까지 장수했다.

흥미로운 점은 그가 삶의 목적을 갖게 된 결정적 계기가 김포공항에서 발생하게 된다. 그는 1970년 3월 31일, 일본 내에서 열리는 의학 모임에 참석하기 위해 비행기를 타게 된다. 그런데 적군파에 의해 비행기가 납치된 후 북한으로 기수를 돌리라는 명령을 받게 된다. 천만다행으로 북한으로 향하는 대신 김포공항에 착륙하게 되며, 4일 동안 피를 말리는 긴장 속에 놓이게 된다. 다행스럽게도 당시 일본 운수성 정무 차관이 한국으로 날아와 적군파와 협상을 통해 자신을 인질로 삼는 대신 다른 승객들을 풀어 줄 것을 제안하게 된다.

구사일생으로 목숨을 건진 그는 비행기 트랩을 내리면서 마음속으로 결심한다. 내 인생은 덤이다. 그러니 "이제부터는 나를 위해서뿐만 아니라, 좀 더 많은 사람을 위해 나의 이 생명을 쓰면서 살아가자."[14]

세계적으로 위대한 위인들— 예수, 석가, 공자, 소크라테스,

미켈란젤로, 간디, 마틴 루터 킹 등—은 하나같이 엄청난 시련을 겪었다. 하지만 그들은 모두 시련을 이겨냈다. 어떻게? 바로 '삶의 목적'이 뚜렷했기 때문이다.

　오해하지 말기를. '삶의 목적'은 위인들에게만 적용되는 것이 아니다. 우리 같은 평범한 사람들 역시 누구나 '삶의 목적'을 갖고 살 수 있다. 예를 들어, 학생이 좋은 대학에 입학하려는 목적이 단지 잘 먹고 잘 살려는 목적이 아니라 사회나 국가에 기여하기 위한 것이라면 삶의 목적에 부합된다고 볼 수 있다. 마찬가지로 자동차 회사의 근로자가 자신이 만든 자동차가 국내외 사용자들에게 편리하고 안전한 제품이 되기를 바라며 작업한다면 '삶의 목적'에 가깝다고 볼 수 있다. 또한 부모나 할아버지/할머니가 자식이나 손주가 단순히 돈을 잘 버는 사람이 아닌, 사회에서 귀한 인물이 되도록 뒷바라지한다면 삶의 목적을 갖고 있다고 볼 수 있다.

　이 사례에서 보듯이 '삶의 목적'과 앞에서 소개한 '꿈/목표'의 가장 큰 차이는 궁극적인 목적의 크기이다. 일반적으로 '삶의 목적'은 자신과 가족을 넘어 사회나 국가, 더 나아가 인류를 위한 것으로 볼 수 있다. 흥미로운 점은 목적의 크기에 상응하여 스트레스를 이겨 내는 힘도 커진다는 것이다. 그 결과, 아무리 어려운 상황이라도 너끈히 이겨 낼 힘이 발생한다.

🌱 '한 달 목표'를 세우라

'삶의 목적'을 확립하며 살면 얼마나 좋겠는가? 하지만 '삶의 목적'을 하루아침에 확립하기 어렵다는 점이 문제다. 많은 사람은 마음 한구석에 이런 생각을 갖고 산다. "나도 삶의 목적을 확립하면 좋겠는데……. 답답하다."

'삶의 목적'이 벅차게 느껴진다면, 일단 '한 달 목표'를 추구하는 것이 좋다. 사실 '한 달'이라는 기간이 짧게 느껴질 수 있지만, 자신에게 중요한 프로젝트를 완성할 수 있다. 저자가 좋아하는 책 가운데 하나인 『딥 워크』에는 이런 이야기가 나온다. 소셜미디어 개척자이자 기업가인 피터 쉥크먼 Peter Shankman 은 비행기를 많이 타다 보니 고도 3만 피트에서 집중이 잘된다는 것을 알게 된다. 한 번은 2주 만에 원고를 마쳐야 하는 상황이 발생하자 도쿄행 왕복 비행기 표를 끊었다. 도쿄로 가는 동안 글을 쓰고, 공항에 내려서 비즈니스 클래스 라운지에서 글을 쓰고, 다시 돌아오는 비행기에서 나머지 글을 썼다. 결과적으로 30시간 안에 원고를 완성했다.[15]

그렇다면 한 달 목표를 정할 때 어떤 주제를 선택하는 것이 좋을까? 자신이 원하는 어떤 주제도 좋다. 다만, (1) 자신에게 '중요한 주제'를 선택하는 것이 좋고, (2) '구체적인 주제'가 좋다. 그리고 무엇보다도 (3) 한 달 목표를 성취했을 때 '신나는 목표'를 정해야 한다. 신나지 않은 목표라면 굳이 추구하지 않는 것이 좋다.

만약 '한 달 목표'가 버겁다면 '한 주 목표'도 좋다. 더 나아가 '하루 목표'도 좋다. 다만, 자신에게 가장 중요한 목표를 추구해야 한다.

이 주제를 마무리하면서 자신에게 '중요한 동기'를 추구하는 것이 왜 좋은지 정리해 보자. 첫째, 자신에게 중요한 것이 확립되는 순간 나머지 스트레스 주제가 매우 작게 보인다. 시시하게 느껴진다. 바꾸어 이야기하면, 스트레스가 많다는 것은 내가 아직 확고한 '삶의 목적'이나 '목표'가 없다는 사실을 보여 주는 방증일 수 있다. 앞에서도 언급했듯이, 역사상 위대한 인물들은 확고한 '삶의 목적'이 있었기 때문에 수많은 역경을 이겨 낼 수 있었다. 이처럼 스트레스 상황에서 자신에게 중요한 것에 초점을 두는 순간 웬만한 스트레스 상황이 곧 사라지게 된다. 그것이 '삶의 목적'이든, '한 달 목표'든, 심지어 '하루 목표'든 효과는 비슷하다.

둘째, 만약 '목표'가 당면하고 있는 스트레스와 관련된다면 '목표'가 성취되는 만큼 해당 스트레스가 줄거나 때로는 완전히 사라지게 될 것이다. 인생을 살다 보면 여러 가지 문제를 경험하게 된다. 학업, 재정, 건강, 관계……. 이러한 문제들을 하나씩 해결하며 사는 분도 있고, 계속 미루면서 스트레스가 삶을 짓누르도록 두며 사는 분도 있다. 이 책을 읽는 독자분들은 자신이 당면하고 있는 스트레스 문제를 하나씩 해결하면서 스트레스에서 벗어나 자신이 진정으로 원하는 최상의 삶을 살 수 있기를 진심으로 기원한다.

셋째, 가능하면 매일 '삶의 목적' 또는 '한 달 목표'가 지금 당장 성취되었다고 상상해 보라. 고등학생이라면 자신이 원하는 대학교에 입학하여 주위 사람들로부터 축하받는 모습을 그려 보라. 직장인이라면 회사의 대표가 되어 놀라운 매출액을 달성했을 때의 모습을 그려 보라. 이때 머리로만 상상하지 말고 시각적·청각적·촉각적 느낌을 생생하게 체험해 보라. 그러면 상상만으로도 신나게 된다. 한 분은 저자에게 이렇게 말했다. "기분이 째집니다." 그렇다. 자신의 '삶의 목적' 또는 '한 달 목표'가 성취되는 모습만 상상해도 무척 신이 난다. 물론 신나는 순간 스트레스는 곧 사라져 버린다.

수준(Level): 공황 지대와 안락 지대에서 벗어나 성장 지대를 추구하라

앞에서 동기의 '양'과 '질'을 다루었다. 이번에는 동기가 나의 현재 수준에 비해서 얼마나 '차이'가 나는가에 관한 '수준level'을 살펴보기로 하자.

성취 동기 분야에서 괄목할 만한 업적을 남긴 존 앳킨슨John W. Atkinson에 따르면 목표의 난이도가 너무 높거나 너무 낮을 경우 동기부여가 잘되지 않는다. 반면에 적절한 수준의 난이도가 주어졌을 때 동기부여가 잘 된다.[16]

이처럼 우리가 추구하는 동기는 자신의 수준에 비해 크게 세 가지 수준의 '지대'로 구분할 수 있다. 안락 지대, 성장 지대, 공황 지대.[17] (세 가지 지대는 전통적인 Optimal 스트레스 관리와 유사

▲ 세 가지 지대

한 양상으로 나타나게 된다. 다만 여키스-도슨 법칙에서는 '긴장/각성' 수준에 초점을 둔 반면, 이번 원리에서는 자신의 '수준'과의 차이에 초점을 두고 있다.)

공황 지대를 피하라

추구하고 있는 목표가 자신의 수준에 비해 너무 높다면 우리는 공황 상태에 빠지게 된다. 만약 처음으로 수영장에 간 청소년이 10m를 목표로 세운다면? 아마 하기도 전에 두려움을 경험하거나, 실제로 행동으로 옮기게 될 때 허우적거리며 물을 먹게 될 것이다(현실에서 이러한 목표를 세우는 경우는 없겠지만, 지구 어느 구석에서 악독한 선배나 깡패에 의해서, 또는 치기 어린 청소년이 친구와의 내기를 위해 이런 무리한 목표를 세울 수도 있겠지).

쉽게 짐작할 수 있듯이, 목표가 너무 높으면 스트레스를 발생시키기 쉽다. 몇 년 전에 울산에 있는 현대중공업에서 '스트레스 관리' 특강을 할 때이다. 당시 약 70명 정도가 참석했는데, 이 주제를 소개하면서 자신이 어느 지대에 속하는지를 물어본 적이 있다. 그때 한 분이 '공황 지대'에 손을 들었다. 나이가 많지 않아 보였는데, 머리가 희게 세어 있었다. 공황 지대를 추구하다 보니 나이에 비해 많이 늙은 것으로 보여 매우 마음이 아팠다.

이 주제는 길게 설명하지 않아도 독자들이 쉽게 이해할 수 있으므로 다음 주제를 살펴보도록 하자.

안락 지대에서 벗어나라

초보 수영자도 3~5m 정도의 거리는 쉽게 갈 수 있다. 잠시 숨을 멈추고 몇 번 가다 보면 된다. 따라서 이 정도의 거리는 초심자에게도 안락 지대라고 볼 수 있다.

한 가지 질문을 해 보자. 안락 지대는 스트레스인가? 대부분은 그렇지 않다고 답한다. 사실 '안락 지대'는 스트레스라기보다는 '편안한 상태'를 의미한다. 하지만 안락 지대는 몇 가지 측면에서 스트레스를 유발할 수 있다.

첫째, 안락 지대를 추구하면 외적 보상이 적다. 직장인의 경우 편하게 생활할수록 상사로부터 인정받을 가능성이 낮거나, 다른 동료보다 성과급을 적게 받거나, 승진이 늦어질 가능성이 높다. 그 결과 직장 생활에서 스트레스를 받을 가능성이 높아진다. 학생의 경우에도 공부하지 않고 편하게 지낼수록 성적이 좋지 않거나, 부모님이나 선생님으로부터 인정받지 못하고 꾸중을 들을 수 있다.

둘째, 더 중요한 점은 '내적 보상'이 적다는 사실이다. 무언가 어려운 목표를 이루면 남이 알아 주지 않더라도 성취했다는 뿌듯한 보람과 만족감을 경험하게 된다. 사실 내적 보상이 외적 보상보다 더 중요하다. 왜냐하면 우리가 사는 삶에서 외적 보상은 제한적일 수밖에 없다. 아무리 좋은 성과를 내더라도 매번 인정, 칭찬, 봉급 인상, 승진 등이 이루어지지 않는다. 그런데 안락 지대를 추구하게 되면 '외적 보상'뿐만 아니라 '내적 보상'을 체험하기 힘들다.

셋째, 가장 큰 문제는 시간이 지나면서 스트레스를 경험할 가능성이 높아진다는 점이다. 독자 중에는 예전에 별 볼 일 없던 친구를 오랜만에 만났을 때 상당히 발전된 모습을 보고 내심 놀란 적이 있을 것이다. 앞서 언급했던 수영의 예로 이야기해 보면, 수영을 같이 시작했으나 자신은 그저 그런 정도의 실력인데, 친구가 꾸준히 연습한 결과 25m 거리 수영장을 수십 차례 왕복하는 것을 보았다고 가정해 보자. 이 상황에서 대부분의 사람은 무언가 불편함을 느끼며 스트레스를 경험할 가능성이 높다. 여기서 수영의 예를 들었지만 다른 주제(부, 승진, 어학 능력)에서도 마찬가지 현상을 경험하기 쉽다.

요점은 안락 지대는 한편으로는 편하지만, 다른 측면에서 보면 다양한 스트레스를 경험할 가능성이 높아진다.

성장 지대를 추구하라

성장 지대를 추구하는 것이 좋은 점은 안락 지대에서 소개한 주제들의 반대적 측면을 고려하면 쉽게 이해할 수 있다. 첫째, 성장 지대를 추구할수록 '외적 보상'을 받을 가능성이 높다. 둘째, 설사 외적 보상이 없더라도 '내적 보상'을 경험하면서 보람과 만족감을 느낄 수 있게 된다. 셋째, 성장할수록 해당 주제에 관한 스트레스가 사라질 수 있다. 예를 들어, 영어로 인한 스트레스가 있다고 가정해 보자. 그런데 영어 실력이 늘게 되면 이와 관련된 스트레스가 줄거나 더 이상 스트레스가 되지 않을 수 있다. 마찬가지로 해당 업무를 잘하게 되면 더 이상 그 업무와 관련된 스트레스가 사라지게 된다. 맷집이 커지면서 해당 스트레스를 너끈히 이겨 낼 수 있는 힘이 생기는 셈이다.

저자가 스트레스 관리 참가자들에게 어떤 유형에 속하는지를 물어보면 많은 참가자가 자신이 '성장 지대' 유형이라고 대답한다. 그런데 대화를 나누다 보면 실제로는 '안락 지대'에 머

물러 있는 모습을 자주 본다. 예를 들어, 건강을 위해 몸에 좋지 않은 과자, 빵, 기름기 있는 음식을 먹지 않겠다고 다짐하지만, 막상 눈앞에 있으면 '오늘은 먹고 내일부터 먹지 않겠다'며 일단 먹는 사람이 많다. 운동하겠다고 마음을 먹지만, 막상 피곤해지면 '오늘만 날인가? 오늘은 편히 쉬고 내일부터 운동해야겠다'며 그날을 넘기는 사람도 많다.

그렇다면 도대체 어느 정도가 '적절한' 수준이 될까? '버거운 목표'를 추구하는 것이 좋다. 만약 목표 수준이 자신에게 버겁지 않다면, 안전 지대에 속한다고 볼 수 있다.

사실 성장 지대는 다시 세 수준으로 세분화해서 접근할 수 있다. (1) 안전 지대를 벗어난 '조금' 버거운 수준, (2) 안전 지대를 꽤 벗어난 '상당히' 버거운 수준 그리고 (3) 공황 지대는 아니지만 '매우' 버거운 수준.

이 가운데 어떤 수준을 추구할지는 각자가 선택하면 된다. 다만 흥미롭게도 목표 설정 이론에 따르면 높은 목표를 추구할수록 결과가 그에 따라 나타난다. 사실 놀랄 만한 업적을 성취한 사람들은 일반인이 보기에는 도저히 이룰 수 없는 목표를 세우고, 결국 그것을 해낸 사람들이다.[18]

다만 이 책에서는 '성장 지대'로서 '버거운 목표'를 추구하라는 정도로 해 두는 것이 좋겠다. 앞에서 강조했듯이 이 책의 일차적 목표는 '스트레스를 해결하며 자유롭게 사는 법'이기 때문이다. 따라서 '조금 버거운 수준'을 우선 추구해 보기를 권유한다.

반면, 독자 가운데 스트레스에서 벗어나 '최상의 삶'을 사는 데 초점을 두고자 한다면 '매우 버거운 수준'을 추구해 보아도 좋다 (이 주제는 『스트레스에서 벗어나 최고의 나로 사는 법』에서 보다 자세히 다룰 예정이다).

무엇보다 중요한 점은 **목표를 꾸준히 실천하는 것이다**. 이와 관련해 흥미로운 결과가 게리 켈러Gary Keller와 제이 패파산Jay Papasan이 저술한 『The One Thing』에서 제시되어 있다. 이 책은 우리나라에서도 베스트셀러이지만, 혹시 책을 읽지 못한 독자들을 위해 간략히 소개하면 다음과 같다. 물리학자 론 화이트헤드Lorne Whitehead 박사에 기초하여 도미노의 길이가 어느 정도 커질지 산출해 보았다. 이때 조건은 이렇다. 첫 번째 도미노의 길이는 5cm이다. 그리고 그다음 도미노는 이전 도미노에 비해 1.5배가 증가한다. 따라서 두 번째 도미노는 7.5cm가 된다. 그럼 23번째 도미노의 길이는 어느 정도가 될까? 계산에 따르면 자그마치 에펠탑 정도의 높이가 된다. 그리고 31번째는 에베레스트산 정도의 높이가 되며, 57번째는 지구에서 달까지의 거리 정도가 된다.[19]

이처럼 자신에게 '버거운 목표'를 추구하면서 꾸준히 성장하면 놀랄 만한 결과가 나타날 수 있다. 물론 인간이 기계가 아니므로 매번 성장할 수는 없다. 하지만 꾸준히 성장하면 놀라운 결과로 나타나는 것은 분명하다.

요약하면, 오늘부터 (1) '공황 지대'에서 벗어나고, (2) '안전 지대'에서도 벗어나서, (3) '성장 지대'를 꾸준히 추구하면 해당 스트레스를 해결하며 자유롭게 살 수 있게 된다. 물론 그 목표는 '중요한 목표'여야 하고, '설레는 목표'여야 한다. 그리고 더 나아가 '최상의 삶'을 이루기 위해서는 자신이 감당할 수 있는 범위에서 더욱 '버거운 목표'를 추구하면 된다.

원천(Source):
외재적 동기보다 내재적 동기를 추구하라

지금까지 동기의 '양' '질' '수준'을 살펴보았다. 이번에는 동기의 '적절성'에 관한 '원천source'을 살펴보도록 하자. 앞에서 '버거운 목표'가 '중요한 목표'와 '설레는 목표'가 되어야 함을 언급했다. 이 가운데 '중요한 목표'는 이미 동기의 '질'에서 다룬 바 있다. 이곳에서는 '설레는 목표'와 관련해 조금 더 살펴보도록 하자.

동기는 크게 내재적 동기intrinsic motivation와 외재적 동기extrinsic motivation로 구분할 수 있다.[20] '내재적 동기'란 내면에서 우러나오는 동기를 일컬으며, '외재적 동기'란 다른 사람으로부터 칭찬, 인정, 돈, 승진 등 외적인 보상을 받기 위해 추구하는 동기로 보면 된다.

책을 보는 이유가 재미있어서 또는 자신의 성장을 위해서 읽는다면 '내재적 동기'로 볼 수 있다. 반면에 주위 사람들로부터 인정받고 칭찬받기 위해, 또는 성적을 잘 받기 위해서 읽는다면 '외재적 동기'로 볼 수 있다.

이번 주제는 일반 독자들에게 비교적 생소할 수 있어서 보다 자세히 이야기를 전개해 보겠다.

클레어 루스 vs. 제인 구달

먼저, 클레어 루스Clare B. Luce를 이야기하는 것이 좋겠다. 그녀는 1942년에 코네티컷주 연방 하원의원으로 당선되었다. 당시 미국에서 여성 연방 의원은 드물었으며, 실제로 그녀가 연방 하원의원으로 재임할 당시 유일한 여성 의원이었다(미국에는 연방 하원의원과 각 주별 하원의원이 있으며, 연방 하원의원이 더 어렵고 명망 있는 직책이다). 뿐만 아니라 클레어 루스는 나중에 이탈리아 대사로도 임명되었다. 미국이 맺고 있는 수많은 국가 중 이탈리아 대사는 나름대로 비중 있는 인물이 맡게 된다. 더욱이 그녀는 케네디 대통령의 부친과도 가까이 지냈으며, 케네디 대통령 선거에도 조언을 줄 정도로 정치계와 사교계에서 활발한 영향력을 발휘한 바 있다.

이 정도면 성공한 여성으로 볼 수 있지 않을까? 하지만 정작 그녀는 이렇게 말했다. 만약 내가 자서전을 쓰게 된다면 '어느 낙오자의 자서전'이 될 것이다.[21]

왜 이런 말을 했을까? 클레어 루스는 연방 하원의원이 되기 전에 극작가로 유명했다. 그녀가 쓴 『여자들 The Women』(1936)은 브로드웨이에서 연극으로 상연되었을 뿐만 아니라, 나중에는 영화로도 만들어졌다. 그 외에도 그녀는 몇 편의 희곡 등을 출간했으며, 그녀가 진정으로 원했던 것은 극작가의 삶이었다. 하지만 어찌하다 보니 정치인이 되었고, 대사로 임명된 셈이다(이러한 배경에는 부분적으로 그녀의 남편이었던 헨리 루스 Henry R. Luce가 『타임즈 Times』과 『라이프 Life』 등의 잡지를 발간했던 유명 출판인이었던 점도 영향을 미친 것으로 보인다).

이 사례에서 볼 수 있듯이 겉으로 화려하게 보일지라도 자신이 진정으로 원하는 삶을 살지 않는다면 결코 성공했다고 볼 수 없다. 물론 행복하지도 않다. 그리고 그에 따라 스트레스가 많아진다.

클레어 루스가 태어난 후 약 30년 후 대서양을 건너 영국에서 또 다른 여자아이가 태어난다. 그녀의 이름은 제인 구달 D. Jane M. Goodall. 그녀는 어려서부터 특이했다. 18개월이 지났을 무렵 지렁이를 잡아서 자기 침대 옆에 놓았다. 언젠가는 바다 달팽이들을 집에 데리고 들어와서 침실 바닥과 벽 그리고 옷장 등 사방에서 기어다니게 했다. 한 번은 할머니 농장에 놀러 가서 이런 일도 있었다. 독자들은 이미 아는 사실이지만, 4세 어린아이로서는 달걀이 어떻게 닭에서 나올 수 있는지 이해할 수 없었다. 그래서 암탉을 쫓아갔으나, 암탉이 가만 있겠는가? 당연히 암탉이 도망갔다. 그러자 나름 꾀를 내어 알을 낳는 곳으로 몰래 숨어 들어갔다. 드디어 암탉이 그녀의 눈앞에서 알을 낳는 장면을 보게 되었다. 그녀의 의문이 풀렸다. 기뻐서 닭장을 뛰쳐나왔으나 문제는 그녀의 의문이 풀리기까지 4시간 정도가 걸렸다.[22]

이 상황에서 부모들은 비상이 걸렸다. 아이를 찾기 위해 백방으로 돌아다녔으며, 심지어 경찰에 신고까지 하게 되었다. 당시 휴대폰이 없었다는 점을 감안해 보면 부모님의 심정을 충분히 이해할 수 있을 것이다.

이 시점에서 한 가지 질문을 드리겠다. 만약 제인 구달의 부모님이었다면 4시간 만에 닭장에서 나온 아이에게 어떤 반응을 보였을까? 걱정 끝에 찾게 되었으니 기쁠 것이다. 하지만 꾸지람도 하지 않았을까? 다음에는 절대 그러지 말라고. 그러나 제인 구달의 어머니는 아이의 눈이 반짝거리는 모습을 보았다. 그리고 전혀 꾸짖지 않았다. 대신, 자리에 앉아서 암탉이 알을 낳았던 장면 이야기를 들어주었다.

이렇게 성장한 제인 구달은 자연과 동물에 대해 호기심과 사랑을 느끼며 자라게 된다. 그리고 성장한 후 탄자니아로 가서 침팬지 연구를 하게 된다. 그녀가 자서전 『희망의 이유 The Reason for Hope』에서 밝히고 있듯이 어머니는 언제나 든든한 지원군이였다. 심지어 제인 구달이 탄자니아에서 침팬지를 연구할 때 온갖 집안일을 도와주기도 했다.

앞에서 클레어 루스가 자신의 삶을 '낙오자'로 규정하고 있는 것과는 달리, 제인 구달은 탄자니아에 도착한 다음 날 다음과 같이 느꼈다.

> 올두바이에 도착한 첫날 나는 정확히 어떤 것을 느꼈을까? 약 14년 동안, 여덟 아홉 살 때부터 나는 아프리카에 있는 것과 오지의 야생동물 사이에서 사는 것을 꿈꿔 왔다. 그런데 갑자기 아침에 깨어났을 때 내가 나의 꿈속에서 실제로 살고 있다는 것을 깨달았다. 꿈이 현실이 된 것이었다. 동물이 바로 우리의 작은 캠프 사방에 있었다.[23]

어려서부터의 꿈을 실현하며 가슴 뛰는 삶을 살고 있는 제인 구달은 91세인 지금도 침팬지를 비롯한 동물 보호 운동 등에 앞장서며 열정적으로 활동하고 있다.

앞에서 소개한 두 사람의 궤적을 살펴보면 클레어 루스가 다분히 외재적 동기를 추구한 반면, 제인 구달은 내재적 동기를 추구하며 살았다고 볼 수 있다.

🌱 스트레스와의 연관성

일반적으로 외재적 동기를 추구할수록 스트레스가 높고, 반면에 내재적 동기를 추구할수록 스트레스가 낮다. 더 나아가 내재적 동기를 추구할수록 더 건강하고, 더 행복하며, 더 성공적인 삶을 사는 경향이 있다. 내재적 동기/외재적 동기는 로체스터대학교 University of Rochester 심리학과의 에드워드 데시 Edward L. Deci 와 리처드 라이언 Richard M. Ryan 교수에 의해 제안되었다. 그 후 수많은 연구가 이루어졌지만, 여기서는 리처드 라이언의 제자인 팀 캐서 Tim Kasser 의 연구를 중심으로 소개하겠다. 흥미롭게도 팀 캐서는 이 개념을 구체적으로 측정하기 위해 열망 척도 Aspiration Index 를 개발한 바 있다(이 척도는 한국어 버전도 있으므로 관심이 있는 분은 검색해 보길 바란다).

팀 캐서가 316명의 대학생을 대상으로 연구를 수행한 결과, 물질주의적 삶(재물을 늘리고, 보다 높은 지위를 추구하는 삶)에 초점을 둔 학생일수록 불안과 우울 수준이 더 높게 나타났다.

또 다른 연구에서 192명의 대학생에게 일기를 적게 했다. 이때 하루 두 번에 걸쳐 아홉 가지 정서(분노, 행복 등)와 아홉 가지 신체적 증상(요통 등)을 구체적으로 적도록 요청했다. 그 결과, 이번에도 물질적인 삶을 추구하는 학생일수록 분노와 우울 수준이 더 높게 나타났으며, 즐거움을 덜 경험했다. 더 나아가 물

질주의적 삶을 추구하는 학생일수록 신체적 증상을 더 많이 경험했다.[24]

팀 캐서는 내재적 동기와 외재적 동기의 차이를 다음과 같이 지적하고 있다.[25]

첫째, 내재적 동기를 추구하게 되면 자신이 진정으로 원하는 것을 추구하기 때문에 즐거움을 경험하게 된다. 심지어 몰입 상태를 경험할 수 있게 된다. 하지만 외재적 동기를 추구하면 그와 같은 즐거움을 경험하기 어렵다. 그 결과 애만 쓰면서 재미를 느끼기 어렵게 된다.

둘째, 외재적 동기를 추구하면 진정한 관계를 형성하기 어렵다. 실제로 또 다른 연구에서 200명을 대상으로 연구를 수행한 결과, 외재적 동기를 추구하는 경우 대인 관계가 상대적으로 짧은 기간 유지되고, 대인 관계의 질이 좋지 않은 것으로 나타났다.

셋째, 외재적 동기를 추구할 경우 주위의 평판과 의견에 초점을 맞추다 보니, 남들과 비교하는 삶을 살게 된다. 그 결과 늘 자신보다 더 좋은 옷, 집, 차, 돈을 가진 사람과 비교하면서 자존감이 떨어지게 된다.

마지막으로, 외재적 동기를 추구할수록 자신이 진정으로 추구하는 동기에서 멀어질 가능성이 높다. 그 결과, 행복에서 멀어지게 된다.

이러한 연구 결과에서 보듯이 내재적 동기를 추구할수록 스트레스가 적고, 반면에 외재적 동기를 추구할수록 스트레스가 많다. 더 나아가 내재적 동기를 추구할수록 자신이 원하는 '최상의 삶'을 살 수 있게 된다.

🌿 '내재적 동기' 또는 '외재적 동기'를 어떻게 알 수 있을까

내재적 동기와 외재적 동기가 무를 자르듯이 확연하게 구분되는 것은 아니다. 대부분의 동기에는 내재적 동기와 외재적 동기가 상존하는 경우가 많다. 예를 들어, 학생이 공부하는 이유는 좋은 성적이나 인정 이외에도 새로운 것을 배우면서 만족과 즐거움을 경험하기 때문이다. 직장인들이 일하는 이유도 봉급과 인정 이외에도 업무를 수행하면서 성장과 보람을 느끼기 때문이다.

이러한 전제 아래 '내재적 동기'를 알기 위한 몇 가지 방법을 소개하면 다음과 같다.

첫째, 과거에 즐거웠던 경험을 기억해 보라. 특히 즐거움의 정도를 숫자(1~10)로 표시해 보면 더 좋다. 이때 누구나 즐거운 경험(예: 여행, 맛있는 음식, 게임 등)이 아닌, 어떤 특정한 활동을 했을 때 경험되는 즐거움에 초점을 두라. 가능하면 다섯 가지에서 열 가지 정도를 적어 보라.

둘째, 시간이 가는 줄 모르고 몰입했던 경험을 살펴보라. 일반적으로 우리는 자신이 좋아하는 활동에 참여할수록 몰입하는 경향이 있다. 따라서 몰입하는 활동일수록 내재적 동기가 발현되고 있다고 볼 수 있다. 역시 게임 등이 아닌 활동에 초점을 두라.

셋째, 자신이 추구하는 동기가 외부(부모님, 선생님, 사회)로부터 자주 강조되고 있는 주제인가를 생각해 보라. 만약 외부에서 자주 강조하는 주제라면 외재적 동기일 가능성이 높다(다만 다음에서 소개하듯이, 어렸을 때 외적인 요구로 시작했지만, 나중에 시간이 흐르면서 내적으로 좋아하게 될 수도 있다).

마지막으로, 자신이 추구하는 동기가 성취될 때(또는 성취되었다고 가정할 때) 느껴지는 정서를 살펴보라. 만약 기쁨의 정도가 크다면 내재적 동기일 가능성이 높다. 아울러 자신이 추구하는 동기가 성취되지 않을 때 느껴지는 정서도 살펴보라. 만약 좌절감이 크다면 역시 내재적 동기일 가능성이 높다. 왜냐하면 좌절감이 크다는 것은 그만큼 간절히 원하는 주제일 가능성이 높기 때문이다. 하지만 외재적 동기에 대해서도 기쁨과 슬픔을 느낄 수 있으므로, 앞에서 언급한 질문들을 종합적으로 살펴보는 것이 좋다.

🌿 '점진적' 접근 vs. '몰빵적' 접근

만약 자신에게 적절한 내재적 동기를 찾았다면 어떻게 접근하는 것이 좋을까? 크게 두 가지로 구분해 접근할 수 있다.

첫째, 점진적 접근이다. 존 그리샴John R. Grisham Jr.은 변호사로 사회에 발을 디뎠다. 하지만 작가의 꿈을 갖고 있어서 아침 5시에 일어나 법정에서 발생하는 주제에 관해 이야기를 쓰곤 했다. 그리고 처음 3년 동안 그의 작품은 출판사로부터 여러 번 퇴짜를 맞았다. 하지만 결국 그의 작품이 출판되고, 명성이 쌓여 갔다. 뿐만 아니라 그가 쓴 다수의 책은 소설로 출판된 후 영화로도 만들어졌다. 『타임 투 킬A Time to Kill』, 『펠리칸 브리프The Pelican Brief』, 『의뢰인The Client』, 『레인 메이커The Rainmaker』, 『런어웨이The Runaway』, 『사라진 배심원Jury』 등.

결국 그는 나중에 변호사의 일을 접고 오로지 작가로서 집중하게 된다. 이 사례에서 볼 수 있듯이 자신이 진정으로 원하는 것을 알게 되더라도 일정 기간 외적인 요구를 수행하면서 점진적으로 내재적 동기에 집중할 수 있다.[26]

둘째, 몰빵적all-in 접근이다. 이와 관련해 흥미로운 인물은 존 디마티니John DeMartini다. 그는 텍사스에서 성장했는데, 난독증으로 인해 공부하는 데 어려움을 겪었다. 특히 초등학교 1학년 때 선생님이 그가 공부에 소질이 없다는 이야기를 부모에게 하는 것을 엿듣고는 공부와 담을 쌓고 살게 된다. 결국 14살 때 학교를 중퇴하고, 캘리포니아에서 가구를 만드는 일을 하다가 하와이로 가서 히피로 살게 된다. 서핑과 마약을 하며 살던 중, 17세에 건강에 적신호를 경험하면서 인생의 전환점을 맞게 된다. 그리고 난생 처음으로 책 한 권을 다 읽고 감격해 눈물을 흘린다. 재미가 있어서 새로운 책을 샀지만 어휘력이 부족해 어려움에 봉착하게 된다. 결국 텍사스로 돌아가 어머니에게 단어를 배우며 독서에 집중하게 된다. 그 결과 보통 사람들이 100년 이상 걸려야 이룰 수 있는 3만 권의 독서량을 달성하며, 독서, 연구, 강연, 여행에 오로지 집중하게 된다.[27]

점진적 접근 대 몰빵적 접근 중 어떤 방식이 좋을까? 고등학생이 게임에 소질이 있다고 느껴서 대학에 가지 않고 오직 게임에만 몰두하는 것이 좋을까? 직장인이 그동안 몸담아 온 직장을 떠나 오로지 자신이 하고 싶은 일에 올인하는 것이 좋을까?

다른 주제와 마찬가지로 균형 있는 추구가 필요하다. 존 그리샴의 사례에서 볼 수 있듯이 '작가의 길'이란 것이 자신의 뜻대로 전개될지 보장되지 않는다. 또한 법정에서의 경험은 변호사로 일하면서 얻은 것이 큰 자산이 될 수 있다. 마찬가지로 학생이 흥미를 느끼는 특정한 주제가 있더라도 일반적으로는 대학에 가서 친구와 교수를 만나고 다양한 직접 또는 간접 경험을 쌓는 것이 좋다. 또한 직장인으로서 진정으로 원하는 주제를 발견했더라도 자금을 마련하고 인맥을 확충하며 다양한 경험을 쌓아 가는 것이 추후 목표 달성에 도움이 될 수 있다.

 반면에 현실적인 상황에 얽매여 외적인 요구만을 좇는 것은 적절치 않다. 존 디마티니의 삶에서 보듯이 무미건조하고 의미 없는 삶을 살고 있다면 보다 나은 삶에 대한 '질문'을 해야 한다. 왜냐하면 앞에서 강조했듯이 자신이 진정으로 원하는 것을 추구하는 것이 스트레스에서 벗어나 자유롭게 살 수 있는 비결이기 때문이다. 반면에 외적인 요구에 따라 살면 무미건조하고 단지 '생존'할 뿐이다. 이에 관해 오스카 와일드$_{\text{Oscar F. O. W. Wilde}}$는 다음과 같이 설파한 바 있다.

<blockquote>
살아 있는 것은 세상에서 가장 드문 일이다.
대부분의 사람은 그저 존재할 뿐이다.
</blockquote>

 불행하게도 많은 사람이 '생존'하며 산다고 볼 수 있다. 단지 '연명'하며 살고 있는 셈이다. 잠시 생각해 보라. 지금 경험하는 스트레스는 어디서 오는가? 대부분 외적 요구에서 올 가능성이 높다. 외적인 요구가 나를 구속하고 있는 셈이다. 하지만 자신이 진정으로 원하는 것을 추구하면 어려움도 쉽게 이겨 낼 수 있다. 신이 난다.

내재적 동기를 추구하며 살라.

이 주제를 마무리하기 전에 한 가지 흥미로운 개념을 추가로 언급하는 것이 좋겠다. 성격심리학을 창시했다고 지칭되는 하버드대학교 심리학자였던 고든 앨포트Gordon W. Allport는 '기능적 자율성functional autonomy'이라는 흥미로운 개념을 제안한 바 있다.[28] 기능적 자율성이란 외적인 자극에 의해 시작하지만, 나중에는 내적으로 흥미를 느껴서 지속적으로 하게 되는 경우를 의미한다. 예를 들어, 처음에는 부모의 권유 또는 강요에 의해 피아노를 시작했지만, 나중에는 피아노 치는 것이 좋아서 하는 경우가 이에 해당된다. 마찬가지로 재봉이건, 운동이건, 미술이건 외적인 힘에 의해 시작했으나 나중에 내적인 재미를 느껴서 저절로 하게 되는 경우가 있다. 이러한 현상을 고려해 볼 때 내재적 동기를 알기 위해서는 다양한 체험의 기회가 중요하다. 따라서 부모나 선생과 같은 어른들은 가능한 한 자녀와 학생들에게 다양한 체험의 기회를 주는 것이 좋다.

이번 원리는 다음과 같이 정리할 수 있겠다. (1) 사례 분석과 실제 연구에 기초해 보면 '외재적 동기'를 추구할수록 스트레스를 많이 경험하며, 반면에 '내재적 동기'를 추구할수록 스트레스에서 벗어나 건강하고 행복한 삶을 사는 것으로 나타나고 있다. (2) 내재적 동기를 알기 위해서는 과거에 '즐거웠던' 경험이나 '몰입'했던 경험 등을 살펴보는 것이 도움이 된다. (3) 내재적 동기를 찾게 될 경우 상황에 알맞게 '점진적' 접근과 '몰빵적' 접근의 균형 있는 추구가 적절하겠다. 강조하자면, 외재적 요구에 부응하며 단순히 '생존'하며 살 것인가? 아니면 내재적 동기를 추구하며 스트레스에서 벗어나 '자유로운 삶'을 살 것인가? 더 나아가 '최상의 삶'을 살 것인가?

지금까지 동기의 '적절성'과 관련해 '양' '질' '수준' '원천'을 살펴보았다. 이러한 동기에 관한 4가지 '적절성'이 'Optimal 스트레스 관리'에서 핵심적인 주제가 된다.

이 네 가지가 만족되면 'Optimal 스트레스 관리'가 이루어질까? 물론 아니다. 이제 한 가지 주제를 부가적으로 살펴보기로 하자.

시간적 조망(Time Perspective): 세 가지 조망을 적절하게 추구하라

> 동기기에서 마지막으로 다룰 원리는 시간적 조망이다. 인간은 다른 종과 달리 과거, 현재, 미래를 자유자재로 조망할 수 있는 유일한 존재이다. 물론 일부 동물의 경우 일정한 범위 내에서 과거와 미래를 조망할 수 있다. 예를 들어, 침팬지의 경우에도 짧은 기간의 미래를 예견할 수 있다. 하지만 인간처럼 수십 년 앞을 내다보는 동물은 오직 인간밖에 없다.

이번 주제에서도 인간의 특성과 기능을 잘 살리는 것이 'Optimal 스트레스 관리'가 된다. 다시 말해, 시간적 조망을 잘못 활용할 때 스트레스가 유발되고, 반면에 적절히 활용하면 스트레스를 해결하면서 자유롭게 살 수 있다.

이번 원리는 각 조망별로 순기능 vs. 역기능을 살펴본 후, 세 가지 조망의 종합적 접근을 살펴보겠다.

과거: 반추인가 vs. 성찰인가

사람들은 과거에 좋지 않았던 사건에 대해 생각하고, 또 생각하면서 반복하는 경향이 있다. 만약 상사로부터 부당한 질책을 받았을 경우 어떤 일이 벌어질까? 아마도 많은 사람은 불쾌한 사건을 한 번 이상 생각할 가능성이 높다. 심지어 식사하면서 그 생각을 하다 보니 밥맛이 없다. 이때 드는 생각, '밥맛 없는 놈(?)'. 이 상황을 잠시 논리적으로 생각해 보자. 설사 상사의 부당한 질책 때문에 스트레스를 경험했다 치더라도, 지금 그 생각은 누가 하고 있는가? 자신이 생각하기 때문에 또 한 번 스트레스를 경험하는 셈이다. 다시 말해 내가 스트레스를 자초하다 보니 밥맛이 없는 셈이다.

부처는 다음과 같이 강조한다.[29]

> 두 번째 화살을 조심하라.

동일한 사건에 대해 두 번 이상 생각하면 내가 스트레스를 자초하는 셈이다. 심리학에서는 이러한 경향성을 '반추$_{\text{rumination}}$'라고 부른다. 우리가 경험하는 '분노' '후회' 등은 반추로 인해 내가 나를 죽이는 경향성을 보이고 있다(저자는 이러한 현상을 '자가 발생적 스트레스'라고 부른다).

그렇다면 지난 과거는 '싹' 잊는 것이 좋은가? 그렇지 않다. 우리 모두는 실수할 수 있는 존재다. 그리고 실수했을 때 '성찰'이 매우 중요하다. 왜냐하면 성찰을 통해 반복적인 실수를 줄일 수 있기 때문이다. 또한, 과거의 실수는 성찰을 통해 성장의 밑거름이 된다.

이처럼 '반추'와 '성찰'의 효과는 전혀 다르다. '성찰'을 통해 스트레스가 점차로 사라지는 반면, '반추'를 통해 나쁜 사건을 반복해서 생각하면서 스트레스를 자초하게 된다.

미래: '걱정'을 추구할 것인가 vs. '미래의 나'를 추구할 것인가

미래를 조망할 수 있는 인간의 특성은 때로 스트레스를 유발하기도 한다. 특히 발생하지도 않을 사건들을 지레 걱정하는 경향이 있다. 캐나다 심리학자인 어니 젤린스키 Ernie J. Zelinski는 사람들의 걱정을 분석해 본 적이 있다. 그 결과, 40%는 일어나지 않을 것에 대해 걱정하고, 30%는 이미 일어났으나 어쩔 수 없는 것에 대해 걱정하며, 22%는 사소한 것이므로 걱정할 필요가 없는 것이고, 4%는 설사 일어나더라도 자신이 통제할 수 없는 것으로 나타났다. 결과적으로 전체 걱정 가운데 96%는 쓸데없는 걱정인 셈이다.[30]

코넬대학교Cornell University에서 수행된 연구 결과도 유사한 양상을 보여 주고 있다.[31] 연구 참여자들에게 앞으로 2주 동안 발생할 수 있는 걱정을 적도록 했다. 그런 후 2주 동안 실제로 일어난 일을 살펴보도록 했다. 그 결과, 85%는 결코 발생하지 않았다. 나머지 15%를 분석한 결과, 그 가운데 79%는 자신이 생각했던 것보다 문제를 잘 해결했다. 따라서 전체 걱정 가운데 97% 정도는 불필요한 걱정임을 다시 한번 보여 주고 있었다.

이러한 두 연구 결과를 종합해 보면, 쓸데없는 걱정만 줄여도 전체 걱정이 5% 이하로 줄 수 있다는 점을 보여 주고 있다. 그러니 오늘부터 불필요한 걱정으로 골머리를 싸매지 말자. 물론 쓸데없는 걱정을 원하는 사람은 없으리라. 그렇다면 어떻게 하면 되는가? 여러 가지 방법이 있겠으나, 『3분 안에 스트레스에서 벗어나는 법』에서 소개하는 '3분 Worry Time'을 활용해 보는 것도 좋다.[32] 걱정하는 시간을 '3분'으로 한정하고 3분이 지나면 자신에게 중요한 것에 집중하는 연습을 해 보라.

미래에 대한 순기능은 '미래의 나'에 초점을 두는 접근법이다. 이 접근법을 활용하려면 평소 자신의 미래에 관한 구체적인 '미래의 나'를 확립해 두어야 한다. 이에 관해서도 『3분 안에 스트레스에서 벗어나는 법』에서 자세하게 소개하고 있지만, 간략하게 언급하면 다음과 같다. 현재 전 세계 1위 유튜버는 지미 도날드슨James S. Donaldson이 운영하는 MrBeast이며, 한 해 수입이 거의 1조 원에 이른다. 그는 2015년 고등학교 2학년 때 자신의 미래(6개월 후, 1년 후, 5년 후, 10년 후)에 관한 구체적인 미래상을 촬영했으며, 그 결과 자신이 꿈꾸었던 미래보다 놀랄 만한 구독자를 얻었다. 그는 오징어 게임을 실제로 실시했으며, 다양한 자선 사업을 하고 있다. 이처럼 '미래의 나'에 초점을 맞추게 되면 스트레스에서 벗어날 뿐만 아니라, 놀랄 만한 성공을 경험할 수 있게 된다.

요약하면, 미래에 대한 '걱정'은 스트레스를 자초할 수 있으나, '미래의 나'에 초점을 두면 스트레스에서 손쉽게 벗어날 수 있다. 뿐만 아니라 더 나아가 자신이 진정으로 원하는 '최상의 삶'을 보다 빨리 경험할 수도 있다.

현재: '개미'인가 vs. '베짱이'인가

이솝 우화 가운데 '개미와 베짱이'는 잘 알려져 있다. 문학세계사에서 출간한 『성인을 위한 이솝 우화』에는 베짱이 대신 매미로 다음과 같이 기술되어 있다.

겨울이 되었다. 곡식이 눅눅해지자, 개미가 그것을 말리고 있었다. 이때 배고픈 매미가 먹을 것을 달라고 찾아왔다. 개미는 이렇게 말했다. "여름에 먹을 양식을 미리 준비해 놓지 그랬니?" "멋들어지게 노래를 부르느라고 그럴 시간이 없었다." 매미가 대답했다. 그러자 개미가 매미를 놀리며 말했다. "아, 그래? 여름에 노래를 불렀으니까 겨울에는 춤을 춰야 하겠구나."[33]

결국 이 주제도 순기능 vs. 역기능의 관점에서 보면 어떤 접근이 적절한지를 쉽게 알 수 있다. 다시 말해 일만 하면서 행복을 경험하지 못하거나(개미의 역기능), 현재 상황에 탐닉하면서 미래를 대비하지 못하면(베짱이의 역기능), 스트레스가 초래될 가능성이 높아진다. 반면에 미래를 대비하거나(개미의 순기능), 현재 행복을 느끼며 살게 되면(베짱이의 순기능) 스트레스에서 벗어날 가능성이 높아진다.

그렇다면, 이러한 세 가지 조망을 어떻게 종합적으로 접근할 수 있을까? 이 주제를 다루기에 앞서 이솝 우화에는 과거에 함몰된 악어에 관한 이야기도 나온다.

여우와 악어가 누가 더 고상한가를 놓고 서로 경쟁을 벌이고 있었다. 악어는 자신의 몸을 있는 대로 늘어뜨려 보이면서 자신의 선조는 만능 체조 선수였다고 자랑했다.

"자네가 꼭 말하지 않아도 알겠네" 하고 여우가 말했다. "자네의 쩍쩍 갈라진 피부만 봐도 자네가 체조 연습을 너무 오랫동안 했다는 것을 금방 알 수 있으니까 말이야."[34]

사실 우리 주위를 살펴보면 주로 과거에 초점을 두는 '과거 지향형' 분들이 있다. 그리고 '미래 지향형'과 '현재 지향형'인 분들도 있다.

하지만 인간은 개미도 아니고, 베짱이도 아니고, 악어도 아니고 인간이다.

다시 말해, 조물주가 인간에게 부여한 세 가지 조망을 적절하게 추구하는 것이 좋다. 특히 인간의 목적 지향적 특성을 고려하면 다음과 같이 요약할 수 있겠다.

먼저 확고한 목표를 수립한 후(미래)
매일 목표를 실현하면서 행복을 체험하며 산다(현재).
그리고 문제가 발생하면 그에 대한 성찰을 도모한다(과거).

참고로 이와 같은 저자의 관점은 다른 사람들에 의해서도 유사하게 표명된 바 있다. 1995년 노벨상 수상자인 크리스티아네 뉘슬라인-폴하르트 Christiane Nüsslein-Volhard 는 이렇게 말했다. "나는 어떤 사람으로 발전하고 싶은가? 이 질문에 답할 수 있는 사람만이 뭔가를 해낼 수 있다."[35] 또한 코비 브라이언트 Kobe B. Bryant 는 이렇게 말했다. "나는 오로지 앞으로 가는 법을 배우는 차원에서만 반성한다."[36] 농구계의 전설인 마이클 조던 Michael J. Jordan 역시 다음과 같이 말한 바 있다. "나는 내가 어디에 서고 싶고 어떤 선수가 되고 싶은지를 구체적으로 떠올렸고 어디까지 나를 발전시킬지 정확히 알았으며, 그것을 실현하는 데 집중했다."[37] 참고로 마이클 조던은 고등학교 시절까지 그리 뛰어난

선수가 아니었다.[38] 하지만 앞에서 인용한 글에서 볼 수 있듯이 적절한 시간적 조망을 추구한 결과 세계 최고의 농구 선수가 되었다.

이 책을 읽고 있는 독자분들도 시간적 조망의 최적화를 통해 불필요한 스트레스에서 벗어나 자유롭게 살고, 더 나아가 자신의 영역에서 크리스티아네 뉘슬라인-폴하르트, 코비 브라이언트 그리고 마이클 조던처럼 '최상의 삶'을 살 수 있기를 진심으로 기원한다.

이제 동기기에서 다룬 원리와 주제를 정리해 보면 다음과 같다.

첫째, 우선 구체적인 꿈과 목표(이상적으로는 '삶의 목적')가 있어야 한다. 바꾸어 말하면 구체적인 꿈과 목표가 없을수록 스트레스로 고생할 가능성이 높으며, 반면에 꿈과 목표(더 나아가서 삶의 목적)가 확립되어 있으면 스트레스에서 쉽게 벗어날 수 있다. 독자 가운데는 자신이 특별한 꿈과 목표가 없지만 잘 살고 있다고 생각할 수도 있다. 하지만 꿈과 목표가 없을 경우 마음 한구석이 공허하며, 책에서 강조하고 있는 '최적 상태'를 경험할 수 없다. 그 결과, 표면적으로 나타나고 있지 않지만, 스트레스가 내재해 있으며, 언젠가는 돌출될 가능성이 높다. 이와 관련해서 미국의 대법원 판사였던 올리버 웬델 홈즈Oliver Wendell

Holmes Jr.는 다음과 같이 지적하고 있다. "사람들은 대부분 자신의 노래를 자기 안에 간직한 채 무덤으로 간다." 다시 말해서, 대부분의 사람이 '자신의 노래'를 부르지 못하고 죽어가는 안타까운 현실이 목도되고 있다.

참고로 '적절한 동기' 수립을 위한 실습이 부록 2에 소개되어 있다. 이 책에서 가장 중요한 실습이므로 꼭 실시해 보면 좋겠다.

둘째, 꿈과 목표가 있다면, (1) 소수에 집중할수록(양), (2) 정말로 중요한 것을 추구할수록(질), (3) 성장 지대를 추구할수록(수준), 그리고 (4) 내재적으로 우러난 목표일수록(원천) 스트레스에서 쉽게 벗어날 수 있다. 반면에, (1) 너무 많은 것을 추구할수록, (2) 사소한 일을 추구할수록, (3) 공황 지대나 안락 지대를 추구할수록, 그리고 (4) 외부에서 부여된 꿈이나 목표를 추구할수록 스트레스를 경험할 가능성이 높다. 사실 대부분의 스트레스는 이곳에서 소개한 네 가지 주제와 매우 밀접하게 나타날 가능성이 높다. 따라서 다른 무엇보다 자신이 추구하는 동기가 이 네 가지 주제와 어떻게 연관되어 있으며 장차 어떻게 접근할 것인가를 지혜롭게 추구할 수 있으면 좋겠다.

셋째, 'Optimal 스트레스 관리'를 위해서는 부가적으로 한 가지 주제를 추가로 고려할 필요가 있다. 세 가지 시간적 조망에서 순기능적으로 적절하게 추구할수록 좋다. 반면에 세 가지 시간적 조망에서 역기능적으로 접근할수록 스트레스를 경험하기 쉽다.

제1부를 시작할 때 현재 당면하고 있는 스트레스 주제를 생각해 보기를 요청한 바 있다. 아마 동기기에서 소개한 다섯 가지 원리들을 적용하게 되면 상당한 정도의 스트레스가 해결될 수 있을 것으로 생각된다. 어떤 분들은 수십 년 동안 고생한 스트레스가 순간적으로 사라졌다고 말씀한다. 그러한 경험을 하신 독자분들께 진심으로 축하한다!

또는 스트레스 문제가 완전히 해결되지 않더라도 다섯 가지 원리를 적용하게 되면 스트레스의 정도가 상당 수준 줄어들 가능성이 높다. 흥미롭게도 고전을 새로 읽을 때마다 새로운 체험을 하듯, 이곳에서 소개한 다섯 가지 원리들을 다시 적용해 보면 또 다른 해결 경험을 하게 된다. 따라서 언제든지 돌아와서 동기기에서 소개한 다섯 가지 원리들을 다시 한번 살펴보면 좋겠다.

한편 아직 다섯 가지 원리를 제대로 적용해 보지 못한 분은 제2부를 시작하기 전에 실제로 적용해 보기를 간절히 바란다. 스트레스 관리는 머리로 이해하는 것은 시작일 뿐이고, 오직 실습을 통해서 효과가 나타난다.

비록 동기기에서 소개한 다섯 가지 원리가 중요하지만 모든 스트레스 문제를 해결할 수 없다. 이제 제2부에서는 탐지기와 관련한 또 다른 원리들을 살펴보기로 하자.

제 02 부 (탐지기)

유용한 렌즈를 착용하라

사람은 사건들에 의해서 동요되는 것이 아니라, 사건들을 어떻게 해석하는가에 따라 혼란이 발생한다

—에픽테토스 Epictetus—

진정한 여행이란 (동일한 눈으로) 수많은 다른 지역을 보는 것이 아니라, 동일한 곳을 수많은 다른 눈으로 보는 것이다.

—마르셀 프루스트 V. L. G. E. Marcel Proust—

마음먹기에 따라 지옥을 천국으로, 천국을 지옥으로 만들 수 있다.

—존 밀턴 John Milton—

06 양(Quantity): 차단 렌즈로 보라

07 방향(Direction): 행복 렌즈로 보라

08 시간 여행(Time Travel): 초월 렌즈로 보라

09 관점(Perspective): 상대방 렌즈로 보라

10 고차원(Higher Dimension): 초인 렌즈로 보라

제2부에서는 스트레스 관리 공식 가운데 두 번째 요소인 현실에서 일어난 '**실제 상태**'를 다루게 된다. 우리는 **탐지기**를 통해서 무언가를 보고, 듣고, 알게 되면서 스트레스를 경험하게 된다. 이번에도 탐지기와 관련해서 2가지 핵심 개념을 살펴보도록 하자.

첫째, 'Optimal 스트레스 관리'를 위해서는 **탐지기**에서 '**알아차림**Awareness' 기능이 잘 작동되어야 한다. 잠시 생각해 보자. 눈이 잘 보이지 않거나 귀가 잘 들리지 않으면? 우리는 스트레스를 경험하기 쉽다.

특히 21세기에 살고 있는 현대인은 '**불확실**'한 상황과 '**정보의 홍수**'로 인한 '**과부하**', 그리고 '**부정적**'인 정보가 난무하는 상황 속에서 살고 있다. 그 결과 스트레스가 증가하고 있으며, 따라서 더욱더 알아차림 기능이 매우 중요한 시대를 살고 있다.

둘째, 탐지기와 관련해서는 정보의 '**유용성**usefulness'이 매우 중요하다. 곧 보게 되겠지만, 자신에게 유용한 정보(예: 긍정적 정보)에 초점을 맞추면 스트레스는 손쉽게 사라진다. 반면에 자신에게 유해한 정보(예: 부정적 정보)에 초점을 맞추면 스트레스가 저절로 발생한다.

참고로, 스트레스 유발 자극이나 상황 자체를 바꾸는 것은 쉽지 않다. 하지만 인간에게 부여된 특성을 활용해서 고정된 시각 대신 다양한 렌즈로 보게 되면 스트레스는 손쉽게 사라진다. 사실 제2부에서 소개하는 다양한 렌즈들을 모두 착용할 필요는 없다. 다만 자신에게 '유용한' 렌즈를 착용함으로써 스트레스에서 벗어나 자유롭게 살 수 있으면 된다.

이제 제2부를 살펴보기 전에도 당면하고 있는 스트레스 주제 한 가지를 생각해 보라. 아마 제1부를 시작할 때 선택했던 주제는 이미 해결되었거나 상당한 수준으로 감소했을 것으로 짐작된다. 어떤 분들은 수십 년 동안 고생한 스트레스가 순간적으로 사라졌다고 말씀한다. 그러한 경험을 하신 독자분들께 진심으로 축하한다!

만약 제1부에서 소개한 원리를 통해 스트레스가 사라진 분들은 이제 새로운 스트레스 주제를 떠올려 보길 바란다. 그리고 제2부에서 소개하는 원리들을 적용해 보길 바란다. 한편, 아직 당면하고 있는 스트레스가 사라지지 않은 분들은 제1부에 이어서 제2부에서 소개하는 원리들을 추가로 적용해 보길 바란다.

이제 제2부를 본격적으로 다루기 전에 탐지기의 기능과 관련해서 한 가지 살펴보도록 하자. 앞서 인용구에서 소개하고 있는 에픽테토스의 지혜는 스트레스 또는 스트레스 관리 책에서 자주 인용되고 있다. 쉽게 표현하면 '스트레스는 보기 나름이다'라는 점을 지적하고 있는 셈이다.

영어에서 '스트레스를 받고 있다'는 'stressed'로 표현된다(심하게 받으면 'stressed out'으로 표현되기도 한다). 그런데 이 철자를 거꾸로 하게 되면 무엇이 될까? 맞다. 'desserts(디저트)'가 된다. 사실 자매편에서 소개하였듯이 우리가 살면서 경험하는 '급성' 스트레스는 '인생의 양념$_{spice\ of\ life}$'일 뿐이다. 그리고 '만성' 스트레스가 우리를 죽이는 '죽음의 키스$_{kiss\ of\ death}$'가 된다. 그렇기 때문에 '3분 스트레스 관리'가 매우 중요하다. 요점은 우리의 관점에 따라 '스트레스'가 되기도 하고, 맛있는 '디저트'가 될 수도 있다는 사실이다. 마치 동일한 상황을 '위기'라고 볼 수도 있고, '기회'라고 볼 수 있듯이 말이다.

이제 마르셀 프루스트가 강조하듯이 평소에 착용하고 있는 관습적이고 고착된 렌즈를 벗어 버리고 다양한 렌즈를 착용하면서 흥미로운 여행을 떠나 보도록 하자.

양(Quantity): 차단 렌즈로 보라

현대인은 '정보의 홍수' 속에 살고 있다. 실제로 우리에게 쏟아지는 엄청난 양의 정보는 인간의 정보 처리 능력을 벗어나 과부하를 유발한다. 그 결과 '정보의 과부하'는 그 자체로 스트레스를 유발한다. 따라서 무엇보다도 불필요한 정보를 차단할 수 있는 '차단 렌즈 blocked lens'로 보는 것이 스트레스 관리에서 매우 중요하다.

이번 원리를 시작하기 전에 한 가지 중요한 주제를 다루는 것이 좋겠다(원래 이에 관한 독립된 원리를 소개할 계획이었으나, 이곳에서 핵심적인 내용만이라도 간략하게 소개하는 것이 좋겠다). 우리는 무엇을 통해서 스트레스를 경험하게 될까? 무언가를 보고 듣게 되면서 시작된다. 그런데 오감을 통해 입수되는 정보는 왜곡되게 마련이어서, 결과적으로 우리 모두는 오류적 존재임을 인식할 필요가 있다.

이에 관해 간단한 실험을 해 보아도 좋다. 비슷한 크기의 2개의 물건(예: 볼펜)을 집은 후, 눈 앞에서 'ㅗ'자 모양으로 수직과 수평으로 놓아 보아라. 그러면 수직으로 놓인 물건이 수평으로 놓인 물건보다 더 길게 보인다. 그 밖에도 심리학에서는 다양한 착시 현상이 밝혀진 바 있다.

그뿐 아니다. 우리는 다양한 편향 속에 사는 경향이 있다. 예를 들어, 우리는 자신이 보고 싶고 듣고 싶은 정보는 쉽게 받아들이고 반대의 정보는 무시하는 경향이 있다. 소위 확증 편향 confirmational bias 현상이다.[1]

더 나아가 부주의맹 inattentional blindness 도 있다.[2] 유튜브 검색창에서 'awareness test Simons Chabris' 또는 'selective attention test'를 치면 매우 흥미로운 현상을 보게 된다. 혹시 바쁘신 분들을 위해 간략히 요약하면 이렇다. 흰색 옷을 입은 농구팀과 검은색 옷을 입은 농구팀이 공을 패스하고 있다. 이제 여러분에게 주어진 과제는 흰색 농구팀이 몇 번이나 공을 패스하는가를 세어 보는 것이다. 매우 짧은 동안(20초 정도) 패스가 이루어지는데 흥미로운 점은 이 과정에서 커다란 고릴라가 지나갔음에도 불구하고 연구에 참여한 4분의 3 정도가 전혀 고릴라를 보지 못한다는 사실이다. 왜냐하면 하얀색 팀이 몇 번이나 패스하는가에 주의를 집중하기 때문이다. 이렇듯 우리가 한곳에 집중하면 뻔히 보이는 정보도 눈에 들어오지 않는다(이 글을 읽은 후에는 고릴라가 보이지만, 모르는 분에게 이 동영상을 보여 주면 부주의맹 현상이 나타난다).

서로 다른 기억 때문에 언쟁한 적이 있는가? 동일한 상황도 서로 다르게 정보 처리되었기 때문이다. 오늘부터 불필요한 스트레스를 줄이려면 나에게 입수되는 정보가 왜곡될 수밖에 없다는 점을 겸허하게 받아들이는 태도가 중요하다. 다시 말해서 우리 모두는 **왜곡된 정보**를 처리하며, 우리 모두는 **오류적 존재**임을 받아들여야 한다.

이 메시지가 제2부에서 가장 중요하다. 왜냐하면 우리 자신의 속성을 잘 알아야 스트레스에서 벗어날 수 있기 때문이다.

아울러 어차피 왜곡된 정보라면 나에게 '유용한' 정보에 초점을 맞추는 것이 스트레스 관리의 비결이 된다. 반대로 나에게 유용하지 않거나 '유해한' 정보에 초점을 맞추면 스트레스가 저절로 발생하게 된다.

이와 같은 두 가지 전제를 유념하면서 본격적으로 이번 원리를 다루어 보도록 하자.

현대인은 '정보의 홍수' 속에 살고 있으며, '정보 과부하'는 그 자체로 스트레스를 유발한다. 실제로 우리에게 쏟아지는 엄청난 양의 정보는 인간의 정보 처리 능력을 벗어나 과부하 상태를 만든다. 예를 들어, 『뉴욕타임즈』 주말판은 17세기에 보통 사람들이 평생 동안 접하는 양보다 더 많은 정보를 담고 있다. 또한 2018년에 실시된 한 조사에 따르면 1960년대에 비해 3배 더 많은 정보를 소비하고 있다.[3]

대부분의 현대인들은 카카오톡, 문자 알림, 휴대전화, 이메일, 인스타그램, 페이스북, 유튜브, 넷플릭스 등을 통한 엄청난 양의 정보에 무차별적으로 노출되어 있다. 이러한 상황에 대해 작가인 콜린 스토리Colleen Story는 다음과 같이 재치 있게 표현한 바 있다.

만약 두뇌에도 코가 있다면, 코가 막혀서 숨을 쉬지 못할 것이다.[4]

그렇다면 이러한 상태에서 어떻게 벗어날 수 있을까? 무엇보다 불필요한 정보를 차단할 수 있는 '차단 렌즈blocked lens'로 보는 것이 스트레스 관리에서 매우 중요하다.

🌿 차단 렌즈를 적극적으로 활용하라

저자의 안경은 낮에 밖으로 나가면 검은색 안경으로 변한다. 자외선을 차단하기 위해서 변색하는 차단 렌즈인 셈이다. 또한 대부분의 자동차는 자외선 차단을 위해 선팅을 하고 있으며, 많은 사람은 피부를 보호하기 위해 자외선 차단제를 사용한다.

마찬가지로 '정보의 홍수'에서 벗어나려면 우선적으로 차단 렌즈를 활용해야 한다. 사실 우리의 뇌는 유입되는 감각 자료 가운데 일부만 선택하고 나머지는 무시하는 차단 능력을 기본적으로 구비하고 있다. 그럼에도 불구하고 현대인은 정보의 홍수 속에서 더욱 적극적으로 차단 렌즈를 작동할 필요가 있다.

저명한 신경학자이자 존스홉킨스대학교Johns Hopkins University의 교수였던 페르난도 미란다Fernando Miranda 박사는 정보의 홍수를 이렇게 설명하고 있다. 우리의 뇌는 초당 40만 비트를 처리할 수 있는데 1,100만 비트의 정보가 유입된다고 한다.[5]

그렇다면 어떻게 해야 할까? 하버드대학교 의과대학 교수이자 집중력 분야에서 세계적인 전문가인 에드워드 할로웰Edward M. Hallowell 교수는 다음과 같은 조언을 제공한다.

- 날마다 전자기기를 사용하면서 보내는 시간이 얼마나 되는지 솔직하게 평가해 보라.
- 자신의 실제 또는 추정 시간을 바탕으로 전자기기 사용 시간을 줄일 수 있는 부분을 찾아내라.
- 하루 중 화면을 들여다보는 시간을 따로 마련하라. 예를 들어, 아침에 30분, 오후에 30분처럼 자신에게 알맞은 시간을 정하고 그 외에는 전자기기를 꺼 두라.
- 심심하거나 따분할 때 좀 더 생산적인 일을 해 보라. 읽고

싶던 기사를 읽거나 연락해야 하는 동료에게 전화를 걸거나 미뤄 두었던 메모를 작성하는 것도 좋은 방법이다. 이를 위해 무료할 때 화면을 들여다보는 것 대신 해야 할 일의 목록을 미리 적어 둔다.

- 중독성이 있는 웹사이트 방문과 게임을 피하라.
- 자신의 진척 상황을 측정하고 계속 관찰하라. 진척되는 모습이 보일수록 화면을 들여다보는 시간을 줄여야겠다는 의욕이 솟을 것이다. 단순히 시간을 절약할 뿐만 아니라 이를 통해 늘어나는 업무량과 성과를 확인하면 보다 확실한 동기 부여가 될 수 있다.[6]

참고로 저자 역시 이메일은 하루에 한 번 정도 확인하고 있다. 예전에는 동방예의지국의 한 사람으로서 하루에도 몇 번 확인하며 곧바로 답신하고자 노력했다. 하지만 최근에는 국내외에서 쏟아져 들어오는 이메일로 인해 그 정도 기간으로 처리하고 있다.

휴대전화의 경우 특별한 상황이 아니면 오전에는 아예 꺼 놓는다(저자의 형님은 저자보다 몇 배 더 바쁜 분인데 아예 휴대전화를 사용하지 않으신다).

첫 번째 주제는 이 정도로 해 두고, 다음 주제로 넘어가도록 하자.

좋은 정보와 나쁜 정보를 필터링하라

우리가 차단 렌즈를 사용하더라도 모든 정보를 차단할 수는 없다. 이렇게 흘러 들어온 정보 가운데는 '유용한' 정보도 있지만 '유해한' 정보도 있다. 따라서 스트레스에서 벗어나기 위해서는 입수되는 정보를 잘 필터링해야 한다. 마치 정수기 필터를 통해 나쁜 물질을 걸러 내듯이 말이다.

사실 유익한 정보와 유해한 정보의 필터링은 나 자신에게만 필요한 것이 아니다. 대인 관계에서도 상대방에게 '해야 할 말'과 '삼가야 할 말'을 잘 구분해야 한다. 그래야 내가 경험하는 스트레스의 총합이 줄어들게 된다.

이와 관련해서 랍비 조셉 텔루슈킨 Joseph Telushkin 은 19세기의 설화를 다음과 같이 전하고 있다.[7]

한 청년이 랍비에 대해 험담을 하고 다녔다. 어느 날 자신의 잘못을 깨닫고 랍비를 찾아가 용서를 빌었다. 그러자 랍비는 청년에게 이야기한다. 우선 집에 돌아가 깃털 베개를 갈라서 그 깃털들을 바람에 날려 보내라고. 그래서 청년은 깃털들을 바람에 다 날려 보냈다. 그리고 랍비를 찾아가 묻는다. "이제 저를 용서하신 거지요?" 그러자 랍비가 대답한다. "한 가지 더 있습니다. 돌아가 그 깃털들을 다시 다 끌어모으세요." 청년이 당황해서 말한다. "그건 불가능합니다. 이미 바람에 다 날아갔으니

까요."

그러자 랍비는 이렇게 대답한다. "바로 그렇습니다. 당신은 험담에 대해 진심으로 뉘우치고 있지만, 한 번 날려 보낸 깃털들을 다시 모을 수 없습니다. 이렇듯 이미 입 밖으로 내뱉은 험담을 없던 일로 하는 것도 불가능한 일이지요."

우리가 경험하는 대부분의 스트레스는 대인 관계에서 발생한다. 그리고 내가 전하는 나쁜 말은 상대방은 물론 가정과 사회, 그리고 궁극적으로는 나의 삶에 영향을 미칠 수밖에 없다. 따라서 자신에게 유입되는 정보뿐 아니라, 다른 사람에게 전하는 정보 역시 잘 구분해서 전달함으로써 궁극적으로 스트레스에서 벗어나 자유롭게 살 수 있는 지혜를 터득하면 좋겠다.

🌿 다른 것에 집중하라, 그러면 스트레스가 사라질 것이다

차단 렌즈에서 더 적극적인 방법은 다른 것에 집중하는 것이다. 마치 '최고의 수비는 공격'이듯이 말이다.

이 책의 자매편인 『3분 안에 스트레스에서 벗어나는 법』에서 소개하는 30가지 기법 가운데 하나는 다음과 같다. 저자가 도보 여행 중에 신발이 작아서 양발에 극심한 통증이 발생했다. 일정 시점이 지난 후에는 스틱에 의존한 채 한 걸음, 또 한 걸음을 걷게 되었다. 그런데 이 상태에서 노래를 부르자 (믿기 어렵겠지만) 통증이 순식간에 사라졌다. 이러한 경험은 비단 저자 개인에게만 국한된 것이 아니다. 운동선수가 경기 중 부상을 입어도 경기에 집중하게 되면 경기가 끝나기 전까지 통증을 느끼지 못할 수 있다. 마찬가지로 전쟁 중에 극심한 상처를 입은 군인도 당시에는 통증을 느끼지 못할 수도 있다. 이처럼 다른 것에 집중하면 부상과 같은 극심한 스트레스마저도 사라질 수 있다.

특히 제1부에서 소개했듯이 스트레스 상황에서 재빨리 '한 달 목표'에 집중해 보라. 그러면 스트레스가 순간적으로 사라지게 될 것이다. 물론 그러려면 미리 '한 달 목표'를 수립해 두어야 한다. 믿기지 않을 수 있으나 실제로 실험해 보라.

'3분' 스트레스 관리에서 지속적으로 강조하고 있는 주제는 스트레스 상황에서 '주의 전환'해 다른 것에 '집중'하면 스트레스가 곧 사라지게 된다는 점이다. 한편 'Optimal 스트레스 관리'는 한 단계 더 나아간다. 자신에게 중요한 것(예: 삶의 목적, 한 달 목표)에 집중하면 스트레스에서 쉽게 벗어날 수 있을 뿐 아니라, 자신이 진정으로 원하는 '최상의 삶'을 살 수 있는 비결이 된다.

이번 원리는 정보의 과부하로 인한 현상을 다루었다. 요약하면, 일차적으로 (1) 불필요한 정보를 차단해야 한다. 하지만 모든 정보를 차단할 수 없기 때문에 입수된 정보 가운데 (2) 유용한 정보와 유해한 정보를 구분해 다른 사람에게 유해한 정보는 필터링하여 전해야 한다. 더 나아가 (3) 자신에게 중요한 것(예: 삶의 목적, 한 달 목표)에 집중하면 스트레스에서 쉽게 벗어날 수 있을 뿐 아니라 '최상의 삶'을 살 수 있는 시작점이 된다.

방향(Direction): 행복 렌즈로 보라

'스트레스 렌즈stress lens'로 보면 스트레스가 보이고, '행복 렌즈happiness lens'로 보면 행복이 보인다. 다시 말해서 동일한 상황에서도 부정적인 측면에 초점을 맞추면 스트레스를 경험하게 되지만, 긍정적인 측면에 초점을 맞추면 스트레스에서 쉽게 벗어날 수 있게 된다(그리고 보너스로 행복도 경험할 수 있게 된다).

우리가 익히 잘 알고 있는 현상을 살펴보자. 만약 우리가 빨간색 안경을 쓰고 보면 사물이 어떻게 보일까? 온 세상이 빨갛게 보인다. 파란색 안경을 쓰고 보면 파랗게 보이고, 검은색 안경을 쓰고 보면 검게 보인다. 이처럼 동일한 사물이나 상황이

쓰고 있는 안경에 따라 달라 보인다.

앞의 인용구에서 소개했듯이 "사람은 사건들에 의해서 동요되는 것이 아니라, 사건들을 어떻게 해석하는가에 따라 혼란이 발생한다." 여기서 '동요'나 '혼란'은 스트레스와 같은 개념이며 결국 스트레스란 우리가 사물을 어떻게 바라보는가에 달려 있다.

이렇듯 렌즈만 바꾸어도 스트레스가 사라진다는 점을 꼭 유념할 필요가 있다. 이 주제를 다루기 전에 먼저 우리가 왜 부정적으로 보게 되는지를 잠시 살펴보도록 하자.

현대인은 사물을 부정적으로 보는 경향이 있다

우리가 살고 있는 현실이 부정적으로 변해 가고 있다. 다행히(?) 이 자료는 미국에서 나온 것이지만 우리에게 시사하는 바가 크다.

- 영화에서 폭력적인 장면이 1986년에 비해 3배가 증가했다.
- 초등학교를 졸업할 무렵 약 8,000건의 살인 장면을 보게 된다.
- 18세가 되기 전에 약 20만 건 정도의 폭력적인 장면을 보게 된다.[8]

그 밖에도 기후 변화(폭염, 폭우, 폭설), 고용 불안, 경제적 불안정, 코로나19와 같은 전 세계적 역병, 전쟁 등이 도처에서 일어나고 있다. 이 글을 쓰고 있는 현재 우크라이나와 러시아 간의 전쟁이 지속되고 있고, 이스라엘과 하마스의 전쟁도 진행되고 있다. 이러한 상황에서 우리는 부정적인 상황에 민감하게 반응하게 된다.

하지만 우리가 부정적으로 사물을 보는 이유는 부정적 상황 때문만이 아니다. 로이 바우마이스터(Roy F. Baumeister)와 동료들의 연구에 따르면 우리는 부적 편향(negativity bias)을 갖고 있다.[9]

부적 편향이란 긍정적인 정보보다 부정적인 정보에 더 예민한 경향성을 의미한다. 왜 이러한 편향을 갖게 될까? 일상생활의 예를 들어 설명해 보면 다음과 같다.

대부분의 부모는 아이가 학교에 갈 때 "조심해라……. 조심해라" 하고 신신당부한다. 성적과 관련해서도 좋은 성적을 받았을 때는 간혹 칭찬하지만, 성적이 떨어지면 지속적으로 걱정한다. "얘, 성적이 그렇게 나빠서 좋은 대학교에 갈 수 있겠니?" 부모들은 왜 자녀들에 대해 걱정이 많을까? 일반적으로 조부모님들에게 그렇게 배웠기 때문이다.

200년 전에 대관령을 넘어가고 있다고 가정해 보자. 우리 선조들은 마음 편하게 산길을 갈까? 아니면 도둑이나 짐승이 나타나지 않을지 예민하게 신경을 쓰면서 넘어갈까? 일반적으로 후자일 것이다.

이러한 현상이 누적되면서 우리는 부정적인 정보에 더 예민한 편향을 갖게 된다. 이처럼 우리는 사물을 부정적인 렌즈로 보는 경향이 있다. 그리고 부정적인 렌즈로 보는 순간, 우리는 스트레스를 경험하게 마련이다.

긍정 렌즈로 보라

유리컵에 반 정도 물(술이나 주스로 바꾸어서 생각해도 좋다)이 들어 있을 때, 어떤 사람은 '누가 반이나 먹었어? 반밖에 못 마시잖아!'라고 생각한다. 반면에 또 다른 사람은 '와우! 아직 반이나 남았네'라고 생각하기도 한다.

이처럼 동일한 상황에서 부정적인 측면을 바라볼 수도 있고, 긍정적인 측면을 바라볼 수도 있다. 그리고 스트레스란 우리가 무언가 부정적인 측면을 바라볼 때 경험하게 된다.

부정 렌즈로 보면 스트레스가 보이고,
긍정 렌즈로 보면 행복이 보인다.

몇 년 전에 모교인 성균관대학교에서 건강심리학을 강의할 때 스트레스 관리를 간략하게 소개한 적이 있다. 스트레스 경험을 이야기해 보라고 하자 한 학생이 이렇게 말했다. "지하철을 타고 등교하는 것이 스트레스입니다." 비교적 먼 곳에서 등교하던 학생인데 러시아워 때 '만원 지하철'을 타기가 힘들다는 것이었다. 그래서 그 학생에게 물어보았다. 이 상황에서 긍정적인 측면이 있을지? 학생이 답변을 못 하자 다른 학생들에게 기회를 주었다(저자가 자주 경험하는 바는 이렇다. 스트레스를 경험하는 분에게 기회를 드려도 대개는 부정적인 측면만 볼 뿐, 긍정적인 측면을 잘 발견하지 못한다. 하지만 다른 참석자들에게 기회를 주면 제3자의 입장에서 긍정적인 측면을 쉽게 찾아낸다).

그러자 여러 가지 반응이 나왔다.

"그래도 지하철을 이용하기 때문에 학교에 빠르게 올 수 있다." "교통비가 적게 든다." 여러 가지 다양한 긍정적인 측면이 제시되었는데, 그 가운데는 이런 반응도 있었다.

"만원 지하철에서는 사람이 많다 보니 힘쓰지 않아도 쓰러지지 않고 편하게 올 수 있다."

이 예에서 볼 수 있듯이 모든 사물에는 긍정적인 측면과 부정적인 측면이 상존한다. 이와 관련해서 '미자하' 이야기를 저자의 다른 저서인 『화, 참을 수 없다면 똑똑하게』에 소개한 바 있다.[10] 요약해서 소개하면 미자하를 사랑했던 왕은 미자하에 대해 늘 긍정적이었으나, 미자하에 대한 사랑이 식자 동일한 사건에 대해 부정적으로 말하기 시작했다.

일부 독자들은 심각하지 않은 상황에서는 긍정 렌즈로 볼 수 있으나, 심각한 상황에서는 긍정 렌즈로 보기가 어려울 것이라고 생각할 수 있다. 하지만 저자가 진행하는 강사 과정이나 워크숍에서는 심각한 상황에 대해서도 다음과 같은 동일한 결론에 이르게 된다.

모든 사물에는 긍정과 부정이 상존한다.

그렇다! 모든 사물에는 긍정과 부정이 상존한다. 따라서 오늘부터 스트레스 상황에서 어떤 긍정적 측면이 있는가를 살펴보길 바란다. 저자의 경험으로는 처음에는 긍정적인 측면이 잘 떠오르지 않는다. 그리고 떠오르는 시간이 오래 걸린다. 하지만 지속적으로 연습하다 보면 모든 스트레스 상황에서 재빨리 긍정적인 측면을 찾아낼 수 있게 된다. 그 결과 스트레스에서 순간적으로 벗어날 수 있게 된다.

이제 이 원리를 보다 잘 이해하기 위해서 다음과 같은 전제를 기억할 필요가 있겠다.

스트레스와 행복은 양립할 수 없다.

우리의 마음은 긍정 상태와 부정 상태가 공존할 수 없다. 따라서 스트레스 관리에서 가장 효과적인 방법 가운데 하나는 '행복 상태'를 경험하는 것이다. 사실 이런 이유에서 많은 분이 스트레스 상황에서 맛있는 것(특히 단 것)을 먹는다. 왜냐하면 그 순간 일단 스트레스에서 벗어날 수 있기 때문이다. 주의할 점은 일시적으로는 효과가 있지만 건강에 나쁜 음식은 가급적 멀리하는 것이 좋겠다(이 책의 자매편인 『3분 안에 스트레스에서 벗어나는 법』에서는 일시적으로도 도움이 되고 장기적으로도 도움이 되는 30가지 방법들을 소개하고 있다).

중요한 점은 우리 모두 부정 렌즈를 착용할지, 아니면 긍정 렌즈를 착용할지 선택할 수 있다는 점이다. 이에 관해 인지치료의 대가 중 한 명인 아론 백Aron T. Beck은 "우리는 긍정에 초점을 둘지 아니면 부정에 초점을 둘지 선택할 수 있다."고 강조하고 있다.[11]

긍정 렌즈 가운데 가장 적용하기 쉽고 효과적인 접근은 '감사'이다. 이에 관해 러시아의 단편 소설가이자 의사였던 안톤 체호프Anton P. Chekhov는 『인생은 아름답다』에서 이렇게 말하고 있다.

> 만약 호주머니에 있는 성냥에 불이 붙었다면 불이 붙은 곳이 화약고가 아니라 호주머니 속이었음을 다행이라 생각해 기쁜 마음으로 하느님께 감사드려야 한다. 가난한 친척이 찾아오면 새하얗게 질리지 말고 웃으면서 이렇게 외쳐라. "경찰이 아니라서 얼마나 다행인가. 정말 좋다!" 가시에 손가락이 찔렸다면 눈이 찔리지 않아 다행이라고 생각해야 한다. 이가 아파 오면 당신은 치아 전부가 상하지 않은 것에 감사하며 기뻐해야 한다.[12]

이번 주제가 몸에 체득되려면 시간이 걸린다. 이에 대해 체호프는 이처럼 덧붙인다.

> 이렇게 계속하다 보면……. 친구여, 나의 권고대로 하라, 그러면 당신의 생활은 즐거움으로 가득할 것이다.[13]

독자분들도 오늘부터 '부정 렌즈' 대신에 '긍정 렌즈'를 착용하면서 행복하게 살면 좋겠다.

성장 렌즈로 보라

앞에서 현재 상황에 대하여 부정 렌즈 대신 긍정 렌즈로 보는 법을 이야기했다. 하지만 때로는 (특히 연습이 충분치 않을 경우) 긍정적인 측면을 찾기 어려울 때가 있다. 이런 경우 현재의 스트레스가 장래 성장의 밑거름이 될 수 있다는 '성장 렌즈'로 보는 것이 도움이 된다.

지금까지 삶을 한 번 돌아보라. 어느 조건에서 주로 성장해 왔는가? 어려울 때였는가? 아니면 편할 때였는가? 아마 어려움을 통해 성장한 경우가 많을 것이다. 사실 '성장 렌즈'로 보면 현재 경험하고 있는 어려움은 성장을 위한 '축복의 기회'이다. 그러므로 오늘부터 어려움을 겪게 될 때 '성장'의 기회, '축복'의 기회로 바라보라. 그러면 어려움 속에서도 희망과 함께 힘이 불끈 솟아오르면서 스트레스에서 쉽게 벗어날 수 있게 된다.

미국 여성으로 오랫동안 티베트 불교에 정진하고 있는 페마 초드론Pema Chödrön은 8세기에 인도 학승이었던 샨티데바Shantideva의 지혜를 현대인에게 쉽게 설명해 주고 있다. 예를 들면 이렇다.

> 사람들은 맨발로 걸으면서 돌조각, 나무뿌리, 유리 조각으로 인해 피가 나고 고통을 경험하게 된다. 그리고 외적인 상황에 대해 불평한다. '왜 이리 돌조각, 나무뿌리, 유리 조각이 많은가?'[14]

하지만 이 상황에서 외부 환경을 탓한다고 문제가 해결되지 않는다. 대신 군화와 같은 튼튼한 신발을 신으면 된다. 다시 말하면 내적 성장을 통해 맷집과 실력을 키우면 현재의 어려움을 너끈히 감당할 수 있게 된다.

당면하고 있는 스트레스가 무엇인가? 업무 능력인가? 대인관계인가? 경제적 어려움인가? 해답은 외적 환경에 대해 불평하는 데 있지 않다. 내적 성장을 통해 맷집과 실력을 키우는 것이 답이다.

성장 렌즈로 접근하기 위해서는 '모든 사람이 선생이다'라는 태도를 갖는 것이 도움이 된다. 그렇다. 모든 사람이 선생이다.

이러한 태도는 대부분의 스트레스가 대인 관계에서 발생한다는 점에서 매우 중요하다. 사실 우리 주위에는 좋은 사람도 있지만, 우리를 괴롭히는 사람도 있다. 그런데 "모든 사람이 선생이다"라는 태도를 견지하게 되면 스트레스를 쉽게 이겨 낼 수 있게 된다.

공자는 이렇게 말한다. "삼인행 필유아사언 三人行 必有我師焉." 훌륭한 사람에게서 좋은 점을 배우고, 나쁜 사람을 반면교사로 배우면 된다.[15] 이 주제와 관련해서 더욱 흥미로운 견해는 불교에서 찾아볼 수 있다. 달라이 라마 Dalai Lama 는 12세기 티베트의 승려였던 게쉐 랑리 탕파 Geshe Langli Tangpa 가 지은 8개의 게송(시)을 소개한다. 그 가운데 6번째는 이렇다. "내가 도움을 주었거나 큰 기대를 걸었던 사람이 부당하게 나에게 상처를 입힐지라도 나는 그를 거룩한 영혼의 친구로 여기게 하소서." 이와 같이 나를 괴롭히는 사람을 영적인 스승으로 여기라. 왜? 그가 나에게 상처를 줌으로써 내가 영적으로 성장할 수 있는 기회를 주기 때문이다.[16]

이 이야기를 일상생활로 바꾸어 보면 이렇게 생각해 볼 수 있겠다. 만약 부당한 일을 자주 시키고 성질이 더러운 상사가 있다면 어떻게 바라볼 수 있을까? 바로 이런 사람이야 말로 나를 강훈련시키는 고마운 사람일 수 있다. 왜냐하면 강훈련을 받게 되면 나중에 어떤 상사를 만나더라도 편하게 지낼 수 있기 때문이다. 그런데 그 못된 상사는 나에게 돈도 받지 않고 강훈련시켜 주고, 더욱이 그로 인해 내가 성장할 기회를 주니, 고마워해야 할 존재이다.

끝으로 게리 주커브 Gary Zukav 는 이 주제를 다음과 같이 소개하고 있다.[17]

우리는 인생 학교를 살게 되는데, 인생 학교의 특징은 우리가 그 주제를 배우게 될 때 비로소 졸업할 수 있다. 만약 인생 경험 속에서 그 주제를 배우지 못하면 비슷한 유형을 반복해서 경험하게 된다. 다시 말하면 어려움을 통해 성장하게 되면 더 이상 유사한 경험을 겪지 않지만, 배우지 못하면 반복적으로 어려움을 겪을 수 있게 된다.

이에 관해 프리드리히 니체 Friedrich W. Nietzsche 도 이렇게 지적한 바 있다. "삶이라는 사관학교에서 나를 죽이지 못하는 것은 나를 더욱 강하게 만든다."[18] 맞는 말이다. 삶이란 근본적으로 성장하는 과정이며, 살면서 경험하는 장애물, 좌절, 고통을 극복하면서 성장하게 된다. 중요한 점은 성장 렌즈로 접근하면 아무리 어렵고 나쁜 상황도 쉽게 벗어나면서, 성장하며 살 수 있게 된다.

요약하면, (1) 비록 우리가 살고 있는 환경이 점차로 부정적으로 변해 가고 있지만, (2) 부정 렌즈로 사물을 보는 대신 긍정 렌즈로 보면 스트레스는 곧 사라지게 된다. 왜냐하면 스트레스 렌즈(부정 렌즈)로 보면 스트레스를 경험하지만, 동일한 상황을 행복 렌즈(긍정 렌즈)로 보면 행복을 경험할 수 있기 때문이다.

또한 (3) 현재의 어려움을 통해 성장할 수 있다는 성장 렌즈로 보면 점차로 성장하면서 현재의 스트레스가 사라지게 된다.

시간 여행(Time Travel): 초월 렌즈로 보라

인간은 다른 동물과 달리 과거, 현재, 미래를 자유롭게 초월할 수 있는 능력이 있다. 바로 지금이 그 능력을 발휘할 때이다. 스트레스 상황에 함몰되는 대신 과거, 현재, 미래의 좋은 일에 초점을 맞추는 '초월 렌즈$_{transcendence\ lens}$'로 보면, 스트레스는 순간적으로 사라지게 된다.

앞에서 행복 렌즈로 보는 법을 소개했다. 하지만 훈련이 되지 않은 상태에서 다음과 같은 상황에서는 행복 렌즈로 보기 쉽지 않을 수도 있다.

- 평생 모았던 돈을 주식 폭락으로 다 날리게 되었다.

- 사랑하던 사람이 나를 버리고 다른 사람에게 갔다.
- 매우 중요한 시험에서 실패했다.
- 열심히 회사에 기여했지만 승진에서 탈락했다.

이와 같은 상황에서 행복 렌즈로 보기 어렵다면, 초월 렌즈를 활용하는 것이 좋다.

과거: 즐거웠던 추억을 회상하라

지금까지 살면서 좋았던 일들을 회상해 보라. 누구나 과거를 돌아보면 좋았던 때가 있다.

자, 책을 잠시 내려놓고, 눈을 감아 보아라. 그리고 지금까지 살면서 좋았던 때를 생각해 보라. 생각이 쉽게 나지 않는다면, 심호흡을 세 번에서 다섯 번 실시해 보라(심호흡을 통해 이완 상태가 되면 심상이 더 쉽게 떠오른다). 자, 이제 어느 정도 이완이 이루어지면, 지금까지 살면서 좋았던 상황을 생각해 보라. 그리고 그 상황을 적어 보라.

- 가족이나 친구들과 여행했던 장면
- 어렸을 때 선생님이나 부모로부터 칭찬을 들었던 장면
- 자신이 간절히 바라던 것을 성취했던 장면
- 사랑하는 가족에게 좋은 일이 생겼던 장면

이 책의 자매편인 『3분 안에 스트레스에서 벗어나는 법』에서 소개하고 있듯이, 저자는 도보 여행을 즐기기 때문에 스트레스 상황에서 도보 여행 갔던 추억만 생각하더라도 3초 안에 스트레스에서 벗어나곤 한다. 사실 이러한 심상법은 시간이 많이 걸리지도 않고, 돈도 들지 않는다. 그리고 매우 효과적이다. 이 책을 읽는 모든 분도 즐거웠던 추억을 다시 회상하면서 언제든지 스트레스에서 순간적으로 벗어날 수 있으면 좋겠다.

그런데 이 방법을 활용하기 위해서는 가장 즐거웠던 추억 리스트를 미리 적어 놓아야 한다. 왜냐하면 우리의 심리 상태는 스트레스 상황에서는 긍정적인 사고보다는 부정적인 사고가 주로 떠오르기 때문이다. 그 결과 스트레스 상황에서는 즐거웠던 장면이 잘 생각나지 않을 가능성이 높다.

자, 오늘부터 스트레스 상황이 되면 즐거웠던 추억을 회상하면서 스트레스에서 순식간에 벗어날 수 있기를 기원한다.

현재: 스트레스 상황에서 다른 주제에 초점을 두라

앞에서 소개했듯이 스트레스란 근본적으로 내가 바라는 것$_{DS}$이 현실$_{AS}$에서 이루어지지 않을 때 발생한다. 이때 기억할 점은 스트레스 상황에서도 내가 바라는 다른 주제가 많다는 점이다. 그리고 다른 바라는 것이 충족되면 스트레스에서 벗어나 행복할 수 있게 된다.

이와 관련해서는 차후 『스트레스에서 벗어나 매일 행복하게 사는 법』에서 자세하게 다루게 되지만, 각 수준별로 간략히 언급하면 다음과 같다. 기억할 점은 스트레스 상황에서도 자신이 원하는 다른 주제에 초점을 두면, (1) 스트레스에서 쉽게 벗어날 수 있을 뿐 아니라, (2) '최상의 삶', 특히 '행복' 상태를 체험할 수도 있다는 사실이다.

- **전반적 수준**: 호흡 명상을 실시하면 스트레스 상황과 관계 없이 살아 있다는 행복감을 체험할 수 있다.
- **신체적 수준**: 어느 상황에서도 다양한 **쾌락**快樂을 경험할 수 있다(자연의 아름다움, 음악, 향기, 건강하면서 맛 있는 음식, 마사지, 춤 등).
- **심리적 수준**: 자신이 좋아하는 활동을 통해 **희락**喜樂을 체험할 수 있다(독서, 운동, 취미 활동 등).
- **사회적 수준**: 마음이 맞는 관계를 통해 **상락**相樂을 체험할 수 있다(가족 사진 보기, 친구와 전화하기 등).
- **영적 수준**: 초월적인 존재와의 관계를 통해 **열락**悅樂을 체험할 수 있다(기도, 성경/불경 읽기, 찬송 부르기 등).

미래: 꿈, 목표, 삶의 목적을 바라보라

요즘 한국에서 '3포 세대' 또는 '5포 세대' 등으로 미래에 대하여 희망 없이 지내는 젊은 세대가 있어서 매우 안타깝다. 또한 한국에서 우울증이 증가하고 자살률이 세계에서 가장 높은 국가라는 점 역시 건강심리학자로서 매우 안타깝다(이러한 현실을 목도하면서 최근에 우울, 불안, 분노를 비롯해 스트레스 상담을 시작하고 있다).

현재 상황이 어렵더라도 장래에 희망이 있을 경우 어려움을 쉽게 이겨 낼 수 있다. 먼저 저자의 경험 한 가지를 소개해 보겠다. 저자가 미국에서 박사 학위를 받고 귀국한 후, 일정 기간 모교에서 학생생활연구소 책임연구원과 시간 강사로 지낸 적이 있었다. 학기 중에는 두 곳에서 수입이 있어서 그럭저럭 지낼 수 있었으나 방학 때는 오직 학생생활연구소에서의 수입이 전부였다. 당시 한 달에 40만 원 조금 넘게 받았는데, 학부를 졸업한 후 대기업에 입사하면 80만 원 정도 받았던 것으로 기억한다. 이런 상황에서 네 식구가 살기에는 부족한 상황이었다. 객관적으로는 어려운 상황이었지만, 그 당시에 어려움을 전혀 모르고 지냈다.

한참 세월이 지난 후 저자는 이 상황을 다시 조명해 보았다. 왜 당시에 어려움을 전혀 몰랐을까? 처가 어려움을 강조하지 않아서 저자가 무심하게 지냈던 것 같다. 또한 때로 집안에서 경제적으로 도움을 주어서 극복할 수 있었다. 하지만 가장 근원적으로는 미래에 대한 '희망'이 있었기 때문인 것으로 보인다. 만약 상황이 지속될 것으로 예견되었다면 '스트레스'를 경험했으리라. 하지만 언젠가는 대학교 교수로서 사회에 이바지할 수 있다는 희망이 있었기 때문에 어려움 없이 지냈던 것으로 생각된다.

관련해서 저자가 흥미롭게 읽었던 책 하나를 소개하겠다. 저명한 랍비인 조나단 색스Jonathan H. Sacks는 『The Great Partnership: Science, Religion, and the Search for Meaning』에서 과학과 종교 간의 협력적인 관계가 가능함을 기술하고 있다.[19] 우선 그는 자신이 믿는 하나님이 유대교, 기독교, 이슬람교의 하나님임을 밝히고 있다. 그리고 21세기에 들어서면서 과학과 종교가 반목에서 벗어나 협력 관계가 되고 있음을 소개하고 있다. 특히 부제에서 보듯이 의미 발견이 중요한데, 과학은 '설명'을 제공할 뿐 '의미' 그리고 더 나아가 '희망'을 제공하지 못한다.

미래와 관련해서 일상생활에서 적용할 수 있는 더 효과적인 접근법은 구체적인 '미래의 나'에 초점을 두는 것이다. 원리 5에서 '미래의 나'를 소개한 바 있으나 이곳에서 추가적인 사례를 소개해 보겠다.

전 세계적으로 유명했던 배우인 짐 캐리James E. Carrey는 캐나다인으로서 미국으로 건너와 배우의 꿈을 펼치게 된다. 하지만 그는 경제적으로 어렵게 자랐으며, 미국에 와서도 어렵게 살게 된다. 그러던 중 하루는 할리우드를 바라보는 언덕에 올라 자신에게 1,000만 달러 수표를 발행한다. 다시 말해서 10년 안에 1,000만 달러 개런티를 받겠다는 꿈을 구체화한 셈이다. 그리고 수표를 지갑에 넣고 다니면서 미래에 성취될 그의 모습을 늘 꿈꾸게 된다. 그 결과는? 그는 10년 안에 〈덤앤더머Dumb and Dumber〉라는 영화에서 실제로 1,000만 달러의 출연료를 받게 된다. 뿐만 아니라 곧 이어서 2,000만 달러를 받게 됨으로써 10년 안에 2,000만 달러의 출연료를 받게 된다.[20] (이 영화들이 1990년대 영화이므로 요즘으로는 1000억 원 이상의 출연료를 받았다고 생각할 수 있다.)

요약하면, 어떠한 스트레스 상황에서도 (1) 과거에 즐거웠던 일을 회상하거나, (2) 현재 다른 원하는 일에 초점을 두거나, (3) 미래에 발생할 수 있는 좋은 일에 초점을 맞추면 스트레스는 순간적으로 사라지게 된다. 더 나아가 자신이 꿈꾸는 구체적인 '미래상'이 지금 당장 실현되었다고 상상하면 매일 신나는 삶을 살 수 있게 된다. 다만, 이러한 원리가 몸에 체득되려면 반복적인 연습이 필요하다.

관점(Perspective): 상대방 렌즈로 보라

> 우리가 경험하는 대부분의 스트레스는 대인 관계에서 발생한다. 그런데 내 관점에서 문제를 해결하려고 시도하면 힘만 들고 효과가 없거나 적다. 반면에 '상대방 렌즈other's lens'로 바라보면 대인 관계 스트레스가 사라지기 시작한다. 때로는 수십 년 동안 경험하던 스트레스가 순식간에 사라질 수 있다.

대인 관계에서 발생하는 스트레스를 줄이려면 무엇보다도 '상대방 렌즈'로 보아야 한다. 하지만 우리는 상대방의 관점에서 바라보는 것이 쉽지 않다. 우리 모두는 우선적으로 자신의 관점에서 사물을 보는 경향이 있기 때문이다. 데이비드 월리스 David F. Wallace는 2005년 케니언 대학교College of the Canyons 졸업식에서 다음과 같이 언급한 적이 있다.

> 나 자신이 직접 경험한 모든 일은 내가 우주의 절대 중심이라는 깊은 믿음을 뒷받침합니다. 내가 가장 진실하고 가장 두드러지면서 가장 중요한 인물이라는 믿음이죠. 우리는 자신이 기본적으로 이런 자기중심적인 성향을 타고난다는 사실을 거의 생각조차 안 합니다……. 그러나 우리 모두는 이 점에서 거의 누구나 똑같습니다. 태어날 때 우리의 기판에 새겨진 기본 설정값이기 때문이죠.[21]

흥미롭게도, 우리 모두는 상대방의 관점에서 볼 수 있는 기능도 또한 갖고 태어난다. 이탈리아의 신경학자 자코모 라촐라티 Giacomo Rizzolatti와 동료들에 의해 밝혀진 바 있듯이, 우리 모두는 상대방을 공감할 수 있는 거울 신경 mirror neuron이 두뇌 안에 존재한다.[22]

이처럼 우리 모두는 한편으로는 자기 중심적이지만, 다른 한편으로는 상대방과 공감하면서 상대방의 입장에서 바라볼 수 있는 기능이 부여되어 있다. 따라서 대인 관계에서 스트레스를 줄이기 위해서는 상대방의 입장에서 바라보는 기능을 잘 발휘할 필요가 있겠다.

그렇다면 어떻게 상대방의 관점에서 바라볼 수 있을까? 무엇보다 나와 상대방 간의 차이를 인식할 필요가 있다.

시간적 차이: 스냅샷과 동영상을 구분하라

저자가 미국 대학교에서 전임 교수로 있을 때 주로 담당했던 과목은 '스트레스 관리'와 '분노 관리'였다. 한 번은 분노 관리 수업에 참여한 레티시아Leticia라는 여학생이 자신의 경험담을 이렇게 발표했다(그녀의 사례는 스트레스 관리에서도 매우 중요한 사례가 된다). 그녀는 법률 회사에 다니면서 학교를 다니고 있었는데, 하루는 매우 지친 상태로 집에 돌아왔다. 그런데 문을 열자 거실에 온갖 색종이가 널브러져 있고 지저분한 상태를 보게 되었다. 레티시아는 잠자고 있던 여섯살 정도 된 딸을 깨워서 혼을 냈다. "내가 너를 위해 이렇게 애쓰고 있는데 이 모양 이 꼴이야!" 그러자 딸이 하는 말, "그래서 엄마 힘내라고 저렇게 글자 붙여 놓았는데." 아이는 기특하게도 글자를 오려서 벽에 붙인 후 잠들었던 것이었다.[23]

레티시아는 이 말을 듣고 미안하기도 하고, 고맙기도 해서 아이를 붙잡고 엉엉 울었다고 한다.

이 사례에서 볼 수 있듯이 우리는 대인 관계에서 그 순간의 '스냅샷'만 볼 뿐, 스냅샷 이전에 상대방에게 무슨 일이 벌어졌는지 '동영상'을 볼 수 없다. 따라서 오늘부터 스트레스에서 벗어나려면 '스냅샷'과 '동영상'을 구분할 줄 알아야 한다.

스냅샷과 동영상을 구분하라.

레티시아의 경우 엄마와 딸이었기 때문에 아이를 혼내고, 자초지종을 들으면서 반전이 일어났다. 이 시점에서 한 가지 질문을 하겠다. "지금 맺고 있는 대인 관계에서 얼마나 쉽게 상대방에게 자초지종을 따져 물을 수 있는가?" 이 질문에 대해 모두 '어렵다'고 답한다.

이번 주제를 좀 더 명확하게 이해하기 위해 또 다른 질문을 하겠다. "지금까지 살면서 오해가 한 번도 풀린 적이 없는가?" 이 질문에 대해 모든 분은 최소한 한 번 이상 오해가 풀렸다고 답한다. 오해가 어떻게 풀렸을까? 무언가 자초지종을 들었기 때문이다. 그런데 앞에서 보았듯이 우리가 맺고 있는 대부분의 관계에서 상대방에게 자초지종을 물어보기가 어렵다.

그러니 우리는 눈앞에서 벌어진 '스냅샷'을 볼 뿐, 상대방이 왜 그러한 행동을 했는지 전체 '동영상'을 보기가 어렵다. 그 결과 상대방의 속사성을 모두 알 수 없다.

따라서 오늘부터 상대방과의 관계에서 전제가 바뀌어야 한다.

나는 상대방의 속사정을 모두 알 수 없다.

지금까지는 내가 보고 들은 스냅샷에 기초해서 상대방을 재단하면서 스트레스를 경험했다. 하지만, 오늘부터는 내가 보고

들은 것은 극히 일부분인 '스냅샷'일 뿐 상대방이 왜 그런 일을 했는지 "속사정을 알 수 없다"는 사실이 전제가 되어야 한다. 이러한 인식 변화가 매우 중요하다.

서양 속담에 이런 말이 있다. "상대방을 이해하면 용서하지 못할 것이 없다." 용서라는 주제는 매우 심각한 스트레스 상황에서 야기되는 주제이다. 그런데 심각한 스트레스 상황에서도 상대방의 속사정을 알게 되면 용서하지 못할 것이 없다는 이야기다.

그러니 오늘부터는 상대방을 이해할 수 없을 때 '상대방의 속사정을 모두 알 수 없다'라고 생각하면서 '무슨 사정이 있나 보구나!' 하고 일단 넘어가 보라.

무슨 속사정이 있나 보구나!

그러면 대개 한 달 안에 상대방의 속사정을 직접 또는 간접적으로 알게 된다(또는 일정 기간 안에 속사정을 알지 못하더라도 스트레스에서 벗어날 수 있으니 이 또한 좋은 일이 아닌가?).

공간적 차이: 동일한 사물도 내 관점과 상대방 관점에서 서로 다르게 보인다

이번 주제를 이해하기 위해서 눈앞에 있는 물건 하나를 집어 들어 보라. 그리고 그 물건을 360도 돌려 보라. 그러면 공과 같은 물건을 제외하고는 보는 시각에 따라 다르게 보인다.

다음 그림은 이러한 현상을 잘 묘사하고 있다.

왼쪽의 사람에게는 숫자가 6으로 보인다. 그런데 동일한 숫자가 상대방에게는 9로 보인다. 이 사례에서 보듯이, 우리 모두는 공간적 차이로 인해 서로 다르게 지각할 수밖에 없다. 따라서 내 관점에서 본 것만 옳다고 주장하는 것은 '난센스'가 된다.

▲ 보는 시각에 따라 물건의 모양이 달라진다.

이와 관련해서 일상생활에서 경험할 수 있는 한 가지 사례를 살펴보자. 이제 두 살배기 아이를 키우고 있는 전업주부를 생각해 보자. 아이를 키운 분들은 잘 알 수 있듯이, 아이가 쉽게 이동할 수 있는 나이가 되면 키우기가 더 힘들어진다. 그 결과, 때로는 매우 지친 상태가 된다. 이 상황에서 집에 돌아온 남편에게 '한 시간'만 아이를 보아 달라고 요청하면 어떤 일이 벌어질까? (1) 남편이 순순히 요청을 들어주면 문제가 발생하지 않는다. 하지만 (2) 남편 역시 하루 종일 밖에서 일을 하다 보니 피곤한 상태에서 돌아온 경우 '아이를 볼 수 없다'고 거절할 수 있다. 이러한 상황이 되면 상호 간에 스트레스를 경험할 수 있다.

이 상황을 잠시 해부해 보자. 부인 입장에서는 '부부가 함께 애를 만들었으므로 남편이 24시간 가운데 1시간 정도는 볼 수 있어야 한다(특히 내가 지금 피곤하므로)'라고 생각할 수 있다. 반면, 남편 입장에서는 '나는 밖에서도 일하고, 집에서도 일하는 기계가 아니다. 내가 밖에서 일하면 아이는 당신이 보아야 한다(특히 내가 지금 피곤하므로)'라고 생각할 수 있다. 그렇다면 누구의 생각이 옳은가? 보기 나름이다(참고로 스트레스 관리 강사 과정 등에서 이 사례를 물어보면 모든 주부가 남편 입장도 이해된다고 대답하고 있다).

이 사례를 보다 정확하게 이해하기 위해서 대부분의 사람들이 갖고 있는 '배중률排中律'적 사고를 살펴볼 필요가 있다. 배중률이란 'A가 옳으면, A를 제외한 모든 것 Non-A은 틀리다'는 사고이다. 앞선 예에서 아내의 입장에서 보면 자신의 생각이 매우 합리적이다. 문제는 자신의 생각이 '합리적'인데 나와 '다른 이야기'를 하는 남편이 '틀리다!'라고 생각하는 데 있다. 마찬가지로 남편의 관점에서 보면 자신의 생각이 '합리적'인데 자신과 다른 이야기를 하는 부인의 생각이 '틀리다!'고 생각하기 때문에 대인 간에 스트레스가 발생하게 된다.

반면, 대인 간 스트레스에서 벗어나려면 오늘부터 '배중률'에서 벗어나 '포용률(包容律)'적 사고로 접근할 필요가 있다. 다시 말하면, '내 관점에서는 A가 옳지만, 상대방 관점에서는 B가 옳을 수 있다'는 관점에서 바라보아야 한다. 이 주제를 잠시 영어로 표현하면, 배중률이란 'A or B'('내가 옳거나 상대방이 옳다' '내가 옳으면 상대방이 틀리다'). 반면에 포용률이란 'A and B'('내 관점에서는 A가 옳지만, 상대방 관점에서는 B가 옳을 수 있다')가 된다.

앞에서 보았듯이, 내 관점에서는 '6'으로 보이지만, 상대방 관점에서는 '9'로 보일 수 있다.

내 관점에서는 A가 옳지만, 상대방 관점에서는 B가 옳을 수 있다.

오늘부터는 내 관점에서는 'A'가 옳게 보이지만, 상대방의 관점에서는 'B'가 옳게 보일 수 있음을 이해하고 일상생활에서 적용하면 좋겠다. 그 결과 불필요한 대인 간 스트레스에서 벗어나 자유로운 삶을 살 수 있길 기원한다.

존재적 차이: 우리 모두는 서로 다른 존재다

우리 모두는 시간적 차이와 공간적 차이가 있을 뿐 아니라 서로 다른 존재이다. 심지어 일란성 쌍둥이도 지문을 비롯해 서로 다르다. 이 주제는 최근 연구에서 잘 정리되었기 때문에 간략하게 살펴보기로 하자.

첫째, 매우 뚜렷한 성차가 존재한다. 이 주제는 존 그레이 John Gray의 『화성에서 온 남자, 금성에서 온 여자 Men are from Mars, women are from Venus』를 통해 잘 알려져 있다. 예를 들어, 남자는 문제 중심적으로 접근하고, 여자는 정서 중심적으로 접근한다.[24] 뇌과학적으로도 좌반구와 우반구를 연결하는 뇌량의 크기에서 여자가 남자보다 30% 더 크다. 그 결과, 일반적으로 여자가 남자에 비해 머리 회전이 빠르다. 뿐만 아니라, 남자의 경우 언어 중추가 측두엽에 한정되어 있는 반면, 여자의 경우 측두엽 이외에도 다양한 곳에 언어 영역이 발달되어 있다. 그러니 말싸움에서 남자가 여자를 절대 이길 수 없다.[25]

둘째, 문화적으로 서로 다른 문화에서 성장하게 된다. 한국에서는 장유유서 長幼有序 문화 속에 '존댓말'이 발전되어 있다. 그 결과, 자신보다 어린 상대방이 반말할 경우 불편하게 느끼고 스트레스를 경험하는 경향이 있다. 심지어 반말 때문에 살인도 발생한다. 하지만 미국의 경우 개인주의 문화 속에서 상대방의 반말에 대해 신경 쓰지 않는다.

셋째, 경험이 다르다. 각자는 태어난 후 서로 다른 경험을 하게 된다. 그러니 유전자가 서로 다를 뿐만 아니라 경험도 다르므로 서로 다른 존재로 형성될 수밖에 없다. 이 외에도 세대 간 차이를 비롯해 인간은 서로 다르다.

이처럼 나와 상대방은 서로 다른 존재임에도 불구하고 우리는 상대방을 '동일한' 인간이라고 착각하거나 기대하면서 사는 경향이 있다. 그 결과 대인 간의 스트레스를 경험하기 쉽다.

더 나아가, 일반적으로 나와 같은 존재(내집단)에 대해 호감을 느끼고, 나와 다른 존재(외집단)에 대해 불편하거나 심지어 적대감을 느끼는 경향이 있다(외국에서 한국 사람을 만나면 처음 보는 사이지만 반갑게 느끼며, 요즘은 많이 줄어들고 있지만 일본 사람이라면 무조건 싫어하는 경향이 있었다). 그런데 이러한 경향성이 한국 같은 집합주의 문화권에서 미국과 같은 개인주의 문화권보다 더 극명하게 나타난다. 다행히(?) 한국 문화가 집합주의에서 개인주의로 바뀌어 가는 과정에서 이러한 편견이 줄어들고 있는 것으로 보인다. 하지만 근본적으로 사람들은 자신과 유사한 사람들을 좋아하고, 자신과 다른 사람들에 대해 불편하거나 싫어하는 경향이 있음은 사실이다(물론 서로 다른 사람에 대해 매력을 느낄 수 있으며, 심지어 결혼하기도 한다. 하지만 이 현상에 대해서는 지면 제약상 생략하는 것이 좋겠다).

그렇다면 이 주제를 어떻게 접근하는 것이 좋을까? 상대방을 있는 그대로 수용하는 것이 좋다.

상대방을 있는 그대로 수용하라.

    요약하면, 대인 간 스트레스를 줄이기 위해서는 (1) '스냅샷'과 전체 '동영상'을 구분해야 한다. 다시 말해서 상대방이 이해되지 않을 때 상대방 속사정을 모두 알 수 없으므로 '무슨 사정이 있나 보구나!' 하고 넘어가는 것이 좋다. (2) 보는 관점에 따라 다를 수 있다는 점을 이해하면서 '내 관점에서는 A가 옳지만, 상대방 관점에서는 B가 옳을 수 있다'고 넘어가는 것이 좋다. 그리고 (3) 모든 인간이 서로 다른 존재라는 점을 이해하면서 '상대방을 있는 그대로 수용하라.'
    이와 같은 세 가지를 잘 이해하고 적용하면 대인 관계 스트레스가 쉽게 사라지기 시작한다.

고차원(Higher Dimension): 초인 렌즈로 보라

스트레스에서 벗어나기 위해서는 평소의 관점 대신 고차원적으로 바라볼 필요가 있다. 현재의 스트레스 상황을 영겁의 시간에서 바라보거나, 우주선에서 바라보면 티끌보다 작아지면서 스트레스가 사라진다. 더 나아가 초인의 관점에서 보면 스트레스는 쉽게 사라질 수 있다.

먼저 초인 렌즈$_{superman's\ lens}$는 앞에서 다루었던 초월 렌즈$_{transcendence\ lens}$와 다르다. 초월 렌즈란 '현재의 삶'에 (닻을 내리고) 정박된 상태에서 잠시 과거 또는 미래를 바라보거나, 현재의 다른 주제를 바라보는 것이다. 반면에 초인 렌즈란 마치 초인처럼 시간과 공간을 초월하여 그 관점에서 현실을 바라보는 것이다. 예를 들어, 시간 초월이란 마치 초인처럼 미래로 날아가서 미래의 시점에서 현재를 바라보는 것을 말한다(반면에 초월 렌즈는 현재 시점에서 미래를 바라보는 것이다).

이번 원리를 소개하기 전에 '최후의 만찬'에 관한 일화를 먼저 소개하는 것이 좋겠다.[26]

다빈치는 '최후의 만찬'을 그리기 위해 적절한 모델들을 구했다. 예수의 경우, 성당에서 찬양하고 있는 성스러운 모습을 띤 성가대원에게 부탁하여 그림을 완성해 나갔다. 하지만 가롯 유다 모델을 구할 수 없었다. 그 결과, 무려 11년이 지났음에도 그림이 완성되지 못했다. 어느 순간, 다빈치는 감옥에 있는 죄수가 가롯 유다 모델로 더 적합할 수 있겠다는 생각이 들었다. 그래서 밀라노 감옥을 방문하여 그곳에서 가롯 유다에 어울리는 사람을 구할 수 있었다. 그 후, 가롯 유다의 모델은 올 때마다 무언가 어색한 태도를 보였다. 그러던 중 하루는 그가 다빈치에게 이렇게 말했다. "혹시 저를 모르시겠습니까?" 그러면서 하는 말이 이랬다. "실은 제가 예전에 예수의 모델을 했던 사람입니다." 이 일화는 예수의 모델이었던 사람이 어느 순간 가롯 유다와 같은 사람이 될 수 있다는 사실을 보여 준다.

토마스 아퀴나스를 비롯한 철학자들은 인간에게 '신의 속성'과 '야수의 속성'이 동시에 공존한다고 본다. 이 일화는 예수처럼 성스럽게 보였던 인간이 타락할 수 있음을 보여 준다. 반면에 우리 모두는 평범한 인간에서 '초인'으로 변화될 수도 있다.

중요한 점은 초인적 관점에서 보면 일상생활에서 경험하는 스트레스가 쉽게 사라질 수 있다는 것이다.

시간 초월: 영겁의 시간에서 바라보라

가장 쉽게 적용할 수 있는 접근법은 시간 초월이다. 스트레스 상황에서 먼 후일의 시점에서 지금의 사건을 바라보라. 예를 들어, 10년 후에 무슨 일을 하고 있을까? 가족 관계는 어떨까? 친구들은? 취미 생활은? 10년 후의 모습이 생생하게 느껴지면, 그 시점에서 현재의 스트레스 상황을 보라.

그러면 웬만한 스트레스가 쉽게 사라질 것이다. 과연 그럴까? 잠시 지금까지 살면서 가장 심각했던 스트레스 사건 한 가지를 생각해 보라. 만약 생각이 났다면 지금도 그 사건이 심각하게 느껴지는가? 거의 대부분의 사람들은 지금은 아무렇지도 않다고 대답한다. 이처럼 과거에 심각했던 사건이 지금은 아무렇지도 않듯이, 머나먼 미래의 시점에서 현재의 스트레스를 바라보면 별것 아닌 일이 된다. 더욱이 만약 영생을 믿는 분이라면 영원의 세계에서 현재 경험하고 있는 스트레스를 바라보면 스트레스는 문자 그대로 곧 사라진다.

사실 기간은 각자가 정하면 된다. 가능하면 먼 미래일수록 좋지만, 일반적으로 10년 정도가 무난하다. 왜냐하면 너무 긴

조망은 체감하기가 다소 어렵기 때문이다. 물론 청년일 경우 20년 후 또는 30년 후를 생각해 보는 것도 괜찮다. 중요한 점은 단순한 상상이 아니라 그 시점에 가 있는 자신의 모습을 생생하게 느낀 후, 그 시점에서 현재 상황을 바라보아야 효과가 있다.

공간 초월: 우주에서 바라보라

만약 우주선에서 지구를 바라보면 우리가 경험하는 스트레스의 크기는 어느 정도일까? 문자 그대로 티끌보다 작으며, 보이지도 않는다.

거의 대부분의 독자들은 아직 우주선을 타 본 경험이 없을 것이다. 하지만 다행스럽게도 우리 모두는 우주선에서 바라보는 지구의 모습을 볼 수 있다. 1990년에 발사된 보이저 1호$_{\text{Voyager 1}}$는 지구를 출발해 태양계를 벗어난 후 지금도 우주를 날아가고 있다(2025년 2월 초 시점에서 지구로부터 약 244억km를 벗어나서 날아가고 있다). 이 과정에서 찍은 동영상 가운데 지구로부터 약 64억km 떨어진 거리에서 바라본 지구의 모습은 유명한 천체물리학자였던 칼 세이건$_{\text{Carl E. Sagan}}$에 의해 '푸른 점'으로 묘사되었다(다음과 같은 유튜브에서 지구로부터 점차로 멀어지는 모습을 볼 수 있다. Carl Sagan's Pale Blue Dot OFFICIAL, youtube.com).

칼 세이건은 이런 글도 남겼다.

별이나 은하는 말할 나위도 없이 행성의 크기에 비하면 인간은 하찮은 존재, 즉 암석과 금속으로 이루어진 보잘것없는 고체 덩어리에 붙어사는 생물의 얇은 막에 지나지 않는다.[27]

사실 이와 같은 관점은 보이저 1호가 우주로 날아가기 전에 이미 영국의 철학자이자 수학자인 버트런드 러셀Bertrand A. W. Russell이 지적한 바 있다.

우리 은하는 우주의 작은 파편이고, 그 파편 속에서 우리의 태양계는 아주 작은 티끌이며, 그 티끌 속에 있는 우리 행성은 미세한 점에 불과하다.[28]

이처럼 우주선에서 바라보면 우리가 일상생활에서 경험하는 스트레스는 티끌도 아니다. 지구 자체가 점이자 티끌이므로, 우리 개인이 경험하는 스트레스는 보이지도 않는다. 그러니 오늘부터 스트레스를 경험할 때마다 우주선의 관점에서 보라(앞에서 소개한 칼 세이건의 유튜브를 적극 추천한다. 비록 영어로 설명되지만, 동영상에서 보여 주는 화면에 집중하면 된다. 그리고 스트레스를 경험할 때마다 우주선에서 보이는 지구의 작은 모습을 그려 보라).

이 주제를 일상생활의 예로 적용해 보아도 좋다. 높은 산이나 비행기에서 아래를 내려다보면 일상생활에서 경험하는 스트레스가 쉽게 사라진다. 이러한 경험은 자연에서 오는 편안함과 상

공간 초월: 우주에서 바라보라 | 153

쾌함의 영향도 있지만, 높은 곳에서 아래를 내려다볼 때 스트레스가 작게 보이는 현상이기도 하다. 그러니 스트레스를 경험하게 되면 산의 정상, 비행기, 그리고 더 나아가 우주선에서 바라보는 모습을 그리면서 스트레스에서 벗어나기를 바란다.

존재 초월: 초인으로 변해 가라

앞에서 소개한 '시간 초월'과 '공간 초월'은 '일시적으로' '초인적' 관점에서 바라보는 과정이다. 하지만 더 이상적으로는 실제로 '초인'으로 변해 가는 것이다. 왜냐하면 초인이 될수록 일상생활에서 경험하는 스트레스가 쉽게 사라지기 때문이다.

대부분의 우리는 아직 초인이 아니다. 하지만 우리 모두 초인이 될 수 있다.

이에 관해 간디의 삶을 잠시 살펴보자. 스티븐 콥$_{Stephen\ Cope}$은 『The Great Work of Your Life』에서 간디의 삶을 이렇게 묘사하고 있다.[29] 간디는 원래 '겁쟁이'였다. 초등학교 시절, 요즘 언어로 표현하면 왕따로 인해 자주 울었다. 이 모습을 본 간디 집의 하녀 람바$_{Rambha}$가 간디에게 이렇게 조언했다. "너처럼 어렸을 때는 울 수도 있어. 그런데 앞으로 그런 일이 벌어지면 도망치는 대신 '라마$_{Rama}$, 라마, 라마'라고 반복해 봐."(참고로 '라마'는 힌두 전통에서 신 또는 영웅으로 묘사되고 있다.). 실제로 이 구절에 집중하자 간디는 어려움을 이겨 낼 수 있었다.

　간디는 커서 영국으로 유학을 갔다. 사실 영국 유학도 인도에서 잘 적응하지 못해 선택한 길이었다. 어쨌든 영국에서 변호사 시험에 합격한 후, 그는 남아프리카에서 개업하게 된다. 그런데 한 번은 자신이 맡은 사건에 대해 법정에 나가지 못했다. 왜냐하면 그 사건이 무서웠기 때문이었다. 그 사건 이후, 당시에 간디를 직접 보지 못했던 사람들도 남아프리카 법조계에서는 '겁쟁이 간디'에 대한 소문이 자자했다.

　그런데 '겁쟁이 간디'가 어떻게 세계적인 위인이 될 수 있었을까? 그는 오랜 세월 동안 바가바드 기타(Bhagavad Gītā) 등을 기초로 꾸준히 명상과 수행을 지속했다. 그 결과, '겁쟁이 간디'에서 인류 역사상 '위대한 간디'로 변할 수 있었다. 그가 후에 어느 정도 '초인'의 삶을 살았는지는 여기서 기술하지 않아도 잘 알려져 있으므로 생략하기로 한다. 다만, 간디는 암살로 인해 목숨을 잃는 순간에도 '라마, 라마, 라마'를 되뇌며 죽어 갔다. 그는 지속적인 훈련을 통해 '겁쟁이' 간디에서 '위대한' 간디로 변할 수 있었으며, 초인적 삶을 살았다고 볼 수 있다. 중요한 점은 '겁쟁이' 간디가 '위대한 초인'으로 변할 수 있듯이 우리 모두 초인으로 변할 수 있다는 사실이다. 그리고 '초인'으로 변할수록 수많은 시련을 쉽게 이겨 낼 수 있다는 점을 기억할 필요가 있다.

초인으로 변할수록 스트레스는 쉽게 사라진다.

예수회를 창립한 성 이냐시오 데 로욜라Saint Ignatius of Loyola의 삶도 흥미롭다. 그는 젊었을 시절 도박과 여자와 음주 속에 살았다. 하지만 군인으로 전투에 참여하던 중 포탄에 맞아 오른쪽 다리에 중상을 입게 되고, 수술 과정에서 사경을 헤맸으며, 회복기간 동안 종교적 깨달음을 얻게 된다. 특히 어느 날 성모 마리아를 만나게 된 후 '주님'을 위해 살기로 결심하게 된다. 나중에 파리에서 신학을 공부하기 시작한 시점은 그가 마흔 살에 가까웠을 때였다(당시 수명을 고려하면 노인이 되어서 신학을 시작한 셈이다). 이후 그가 창립한 '예수회'는 여러 박해를 이겨 내고 112개국 이상의 나라에서 적극적인 선교 활동 및 세계 최대 규모의 교육 체계를 구축하게 된다.[30] (참고로 우리나라에서 좋은 대학교 가운데 하나인 서강대학교는 예수회 소속 교육기관이다.)

두 사례에서 볼 수 있듯이 누구나 '초인'이 될 수 있다. 다만 '초인'의 삶을 살지, 아니면 '일반인'의 삶을 살지는 각자의 선택이다. 이때 이분법적으로 구분하는 대신, 일반인에서 점차로 초인으로 변해 가는 과정적 접근이 더 적절하겠다. 중요한 점은 초인으로 변해 갈수록 그에 상응해서 스트레스 상황을 쉽게 이겨 낼 수 있다는 사실을 꼭 기억하면 좋겠다. 더 나아가 초인으로 변해 갈수록 일상생활에서 느낄 수 없는 지고한 행복(열락nirvana)과 '놀랄 만한' 성공을 체험하며 '최상의 삶'을 살 수도 있다.

요약하면, 일상생활에서 경험되는 스트레스에 대하여, (1) 시간적으로 먼 장래의 시간에서 바라보거나, 또는 (2) 공간적으로 우주선/산/비행기에서 바라보면 스트레스가 쉽게 사라진다. 더 나아가 (3) 존재적으로 초인으로 변화될수록 스트레스는 쉽게 사라진다.

이제 제2부에서 다룬 원리들을 정리해 보자.

우리는 대개 한 가지 렌즈(대부분 왜곡되고 부정적인 렌즈)로 사물을 보는 경향이 있다. 그 결과, 스트레스를 경험하게 된다. 하지만 이 책에서 소개하고 있는 다양한 렌즈를 활용하면 스트레스가 쉽게 사라질 수 있다.

탐지기와 관련해서 현대인에게 가장 근본적인 문제는 '정보의 과부하'로 인해 발생한다. 따라서 스트레스에서 벗어나기 위해서는 (1) 차단 렌즈를 활용할 필요가 있다.

한편, 우리는 심리적 수준에서 부정 렌즈로 보는 성향이 있다. 따라서 이번 기회에 (2) 행복 렌즈와 (3) 초월 렌즈를 장착함으로써 스트레스 대신 행복하게 살 수 있는 시발점이 되면 좋겠다.

더 나아가, 사회적 수준에서 (4) 상대방 렌즈로 보고, 영적 수준에서 (5) 초인 렌즈를 활용하게 되면 불필요한 스트레스에서 손쉽게 벗어날 수 있게 된다.

제2부와 관련해서는 '초월 렌즈'와 관련한 실습이 부록 3에 제시되어 있다. '초월 렌즈'를 소개하는 이유는 다른 렌즈에 비

해서 쉽게 적용할 수 있기 때문이다. 쉽다고 무시하지 말고, 일상생활에 적용하면서 스트레스에서 벗어나 자유롭게 살 수 있으면 좋겠다.

자, 탐지기를 시작하면서 선정한 스트레스 주제가 해결되었는가? 해결되었다면 어떤 렌즈를 통해 해결되었는가? 혹시 아직도 해결되지 않았다면 다시 한번 책에서 소개하고 있는 다양한 렌즈를 활용해 보기 바란다.

저자의 경험으로는 이 책에서 소개하고 있는 다양한 렌즈로 보면 스트레스는 정말 쉽게 사라질 수 있다. 사실 5가지 원리는 두세 가지 정도의 세부 주제를 소개하고 있기 때문에 탐지기에서 열 가지 이상의 다양한 렌즈를 소개하고 있는 셈이다. 그리고 이처럼 다양한 렌즈를 각 상황에서 적용하다 보면 웬만한 스트레스는 쉽게 사라질 수 있다.

다만, 새로운 렌즈에 적응하기 위해서는 일정 기간이 소요될 수 있다. 따라서 책에서 소개하는 다양한 렌즈를 한 번만 사용하지 말고 지속적으로 착용해 보면서 스트레스에서 벗어나 자신이 진정으로 원하는 삶을 실제로 체험해 볼 수 있기를 바란다.

지금까지 동기기와 탐지기를 살펴보았다. 다음 제3부에서는 동기기에서 추구하는 '바라는 상태$_{DS}$'와 탐지기에서 입수된 '실제 상태$_{AS}$'를 비교하면서 자신에게 가장 효율적인 '선택 결정' 기능을 담당하는 조절기를 살펴보게 된다. 사실 평소 사용하던 왜곡되고 부정적인 렌즈를 사용할지, 아니면 새롭게 다양한 렌즈를 착용할지는 각자의 선택에 달려 있다. 참고로 지면 제약상 설명을 생략하고 있지만, 네 가지 핵심 기능은 동등한 수준이 아니며 조절기가 상위에 위치하면서 동기기, 탐지기, 실행기를 관장하게 된다. 마치 우리 몸에서 뇌가 다른 신체 부위를 관장하듯이 말이다. 이처럼 다음에 소개되는 조절기는 네 가지 기능 가운데 가장 중요한 기능이 된다.

제 03 부(조절기)
효율적인 선택을 하라

인생은 B와 D 사이에 C다.

— 장 폴 사르트르 Jean-Paul Sartre —

너는 너의 주인이며 동시에 네 자신의 미덕의 주인이 되어야만 했다.

— 프레드리히 니체 Friedrich W. Nietzsche —

남 탓을 그만두고 내가 통제할 수 있는 것에 집중하면, 삶이 한결 쉬워진다.

— 제임스 클리어 James Clear —

11 마음틀(Mindset): '노예 마음틀'에서 벗어나 '주인 마음틀'로 살라

12 통제성(Controllability): '통제할 수 없는 것'과 '통제할 수 있는 것'을 구분하라

13 초점(Focus): 경중완급 음치에서 벗어나라

14 표적(Target): 장단기 목표를 수립하라

15 전략(Strategy): 목표 실현을 위한 효율적인 전략을 세우라

제3부에서는 스트레스 관리 공식 가운데 세 번째 요소인 '선택'을 다룬다. 우리는 보통 하루에 1만 내지 3만 5천 가지 정도의 선택을 하며 살아간다.[1] 사실 인용구에서 소개했듯이 인생이란 탄생_{B, Birth}과 사망_{D, Death} 사이에 선택_{C, Choice}이다. 이러한 선택은 인간의 몸 가운데 머리에 해당하는 조절기에서 이루어진다. 이제 조절기와 관련해서도 두 가지 핵심 개념을 살펴보도록 하자.

첫째, 'Optimal 스트레스 관리'를 위해서는 **조절기**에서 '**선택**_{Adoption}'기능이 잘 작동되어야 한다. 선택의 중요성은 이곳에서 설명하지 않아도 충분히 이해할 것으로 짐작된다. 다만, 현대인은 예전보다 빠른 시간 속에서 살고 있어서, 순간적으로 선택을 잘해야 하는 과업을 안고 있다. 아울러 탐지기에서 소개했던 '**정보의 홍수**'로 인한 '**과부하**' 상황 역시 선택의 중요성을 배가시키고 있다.

사실 선택이란 단어에는 selection이 있으나 이곳에서는 다른 핵심 개념들이 모두 'A'로 시작하기 때문에 'Adoption'을 채택했다. 참고로 Adoption은 '입양' 등의 뜻이 있지만 자신에게 알맞은 것을 '선택'한다는 뜻도 있다. 또한 선택과 밀접한 개념이 'Decision', 즉 결정인데, 이곳에서는 선택과 결정을 모두 포함하는 개념으로 사용한다.

둘째, 조절기의 기능과 관련해서 선택의 '**효율성**Efficiency'이 매우 중요하다. 특히 스트레스 관리와 관련해서는 DS와 AS가 불합치할 때 효율적인 선택을 통해서 어떻게 DS와 AS 간의 간격을 줄이는가가 관건이 된다. 자세한 내용은 곧이어 소개되지만 '비효율적인' 선택은 스트레스를 유발하게 되고, 반면에 '효율적'인 선택은 스트레스를 사라지게 한다. 참고로 제3부에서 소개하는 원리들은 건강, 행복, 성공에서도 매우 중요한 원리가 될 수 있으므로 폭넓게 활용해도 좋다.

자, 이번에도 책을 빨리 보려는 마음을 잠시 접고, 당면하고 있는 스트레스를 한 가지 생각한 후 책을 읽어 보기 바란다(머릿속으로만 생각하지 말고 구체적으로 적어 보라). 특히 제1부와 제2부에서도 해결되지 않았다면 이제 본격적으로 스트레스 문제를 해결할 시점이다. 물론 이미 해결되었다면 새로운 스트레스 주제를 추가로 선택한 후 제3부에서 소개하는 원리들을 적극적으로 적용함으로써 스트레스 문제가 쉽게 해결될 수 있음을 체험해 보기 바란다.

마음틀(Mindset): '노예 마음틀'에서 벗어나 '주인 마음틀'로 살라

제3부의 핵심 주제는 효율적인 선택이다. 선택에 관한 구체적인 주제를 다루기 전에 가장 근본적인 주제를 다루어 보자. 내 삶을 주도적으로 살 것인가? 아니면 외부에 맡기면서 살 것인가? 달리 표현하면 '주인 마음틀'로 살 것인가? 아니면 '노예 마음틀'로 살 것인가?

이번 원리를 이해하기 위해 지금 당면하고 있는 스트레스 주제 한 가지를 살펴보라. 그리고 다음 문장의 빈칸을 완성해 보라.

"내가 경험하고 있는 스트레스는 _____ 때문이다."

가능하면 추가로 스트레스 주제 3~5개 정도를 답하면 더 좋다.

저자는 우리나라 사극이나 로마 시대를 묘사한 영화를 좋아한다. 그런데 한 번은 이런 생각이 스쳐 간 적이 있었다. 내가 만약 오래전에 태어났다면? 양반 가문이나 귀족으로 태어났을까? 아니면 노비나 노예로 태어났을까? 확률적으로는 후자가 더 높기 때문에 1952년에 한국에서 태어난 나로서는 너무 감사하다. 아울러 이북이 아니라 제주도에서 태어난 사실에 대해 감사할 뿐이다(이에 관해서 이북 동포들에 대해 연민의 마음이 늘 한 구석에 있다).

주체적 삶을 살라

우리는 어렸을 때 부모, 교사, 사회 등에 의해 영향을 받는다. 하지만 성인이 되면 자신의 삶을 살게 된다. 과연 그럴까? 임상심리학이나 상담심리학의 대가들은 대부분의 성인 역시 자신의 삶을 살기보다는 주위 사람들과 사회에 맞추어 사는 경향이 있다고 지적한다. 도널드 위니컷 Donald W. Winnicott 은 이러한 현상을 '거짓 자기'로 설명한다.[2]

누구나 속박에서 벗어나 자유로운 삶을 원한다. 하지만 대부분의 사람들은 그렇게 살지 못하고 있다. 그 이유는 무엇일까?

그 이유 가운데 하나는 '자신의 능력'을 의심하기 때문이다. 이에 대해 목사이면서 세계적인 동기 부여 전문가였던 빈센트 필 Norman Vincent Peale 박사는 이렇게 말한다.

> 대부분의 사람들은 자신이 되고자 하는 존재가 되기 위해 필요한 모든 것이 자신의 내면에 존재한다는 사실을 믿지 않으려고 한다. 그래서 늘 자신의 가치보다 낮은 수준의 것들에 만족하려고 한다.[3]

반면에 빅토 프랑클 Viktor Frankl 은 아우슈비츠 같은 수용소에서도 '자유로운 삶'을 선택해서 살 수 있었던 비결을 이렇게 소개하고 있다.

> 수용소 체험은 인간에게 행동의 선택권을 가지고 있다는 사실을 보여 주고 있다……. 가혹한 정신적, 신체적 스트레스 환경에서도 인간은 정신적 독립과 영적 자유의 자취를 간직할 수 있다……. 인간에게 모든 것을 빼앗아 갈 수 있어도 단 한 가지, 마지막 남은 인간의 자유, 어떠한 환경에서도 자신의 태도를 결정하고 자기 자신의 길을 선택할 수 있는 자유만은 빼앗아 갈 수 없다.[4]

그는 이와 같은 태도를 견지했기 때문에 수용소에서도 '자유로운 삶'을 살 수 있었다. 반면에 자신의 삶을 주위 상황에 맡기는 것은 노예의 삶을 사는 것과 다름없다.

너무 고차원적인 이야기로 들리는가? 그렇다면 조금 더 실제적인 사례를 한 번 살펴보자. 중년 이상이라면 〈백 투 더 퓨처 Back to the Future〉라는 영화를 기억할 것이다. 이 영화의 주인공이며 다수의 영화와 드라마에 출연한 마이클 J. 폭스Michael J. Fox는 1991년에 파킨슨병을 진단받았다. 그는 이 상황에서 희생자가 되는 대신 활동가가 되기로 결정했다. 그리고 마이클 J. 폭스 재단을 설립한 후, 파킨슨병 치료를 위해 10억 달러 이상을 기부해 오고 있다. 그는 지금도 파킨슨병과 싸우기로 결정하고 행동하고 있다.[5]

사실 각 분야에서 독보적으로 성공한 사람들 역시 자신의 길을 살아간 사람들이다. 이와 관련해서는 차후『스트레스에서 벗어나 최고의 나로 사는 법』에서 보다 자세하게 소개하기로 하겠다. 다만 이 책을 읽는 독자들 역시 자신의 길을 가면서 스트레스에서 벗어나 건강, 행복, 성공의 삶을 살 수 있기를 진심으로 기원한다.

'100% 법칙'을 수용하라

스트레스 관리 강사 과정이나 워크숍에서 다음과 같은 질문을 하곤 한다. 독자들도 다음 네 가지 가운데 어떤 마음으로 살고 있는지 대답해 보면 좋겠다.

- 내가 경험하는 스트레스의 25%가 내 책임이다.
- 내가 경험하는 스트레스의 50%가 내 책임이다.
- 내가 경험하는 스트레스의 75%가 내 책임이다.
- 내가 경험하는 스트레스의 100%가 내 책임이다.

이 질문에 대해 대부분은 50%로 반응한다. 그리고 일부는 75% 또는 25%로 답한다. 이제 각 선택에 따라 어떤 일이 발생할지 잠시 머릿속으로 생각해 보자.

만약 50%가 내 책임이라고 생각할 경우 앞으로도 50%는 내가 통제할 수 없다는 이야기가 된다. 만약 75%라고 생각한다면 앞으로도 25%에 대하여, 그리고 25%라고 생각한다면 앞으로도 75%가 나의 통제 범위를 벗어날 수 있음을 암시하고 있다.

반면, 100%를 선택하는 분이라면 스트레스를 해결하기 위한 방안을 적극적으로 모색할 것이고, 시간이 지나면서 하나씩 해결될 가능성이 높아진다. 다시 말해서 지금 당장 모든 스트레스를 해결할 수 없지만, 장차 스트레스에서 벗어날 가능성이 높다.

독자들은 이런 생각이 들 수 있다. '아니, 상대방이 잘못했는데, 내가 100% 받아들이다니? 이건 불합리해. 불공정해!' 하지만 기억해야 할 점은 나의 마음틀에 따라 스트레스 관리가 달라진다는 사실이다.

 이와 관련해 두 가지 사례를 살펴보자. '성공' 분야에서 세계적인 컨설턴트인 브라이언 트레이시Brian Tracy는 가난하게 자랐다. 열 살까지 자선 단체에서 받은 옷을 입고 지냈으며, 특히 가난뱅이일 뿐 아니라 술주정뱅이인 아버지를 미워하며 지냈다. 이 과정에서 정학도 여러 번 당하고, 두 번이나 퇴학을 당하며, 결국 고등학교를 중퇴하게 된다. 그 후 주방 접시 닦기 일부터 시작해서 벌목꾼, 건설 노동자, 주방장 보조, 외판원 등 다양한 일용직 일을 하며 살았다. 때로는 선원으로 외국에 나가기도 했다. 그러던 중 어느 날 그는 매우 귀한 깨달음을 얻게 되었다. '더 이상 다른 사람 탓을 하지 말자.' 남을 탓하는 대신 자신의 인생을 살자고 선택한 순간부터 그의 인생은 꽃을 피우기 시작했다.[6] 그는 현재 세계적인 성공 강사로 수많은 성공 관련 책을 출간하고, '피닉스 리더십 센터'를 운영하며, 한국에도 수차례 방문한 바 있다.

 미국 심리학의 태두인 윌리엄 제임스William James도 살펴보자. 그는 부유하고 명망 있는 가문에서 태어났지만, 어려서부터 병마로 고생하며 자랐다. 그림 이외에는 잘하는 것이 없어 아버지로부터 무시당하며 자랐다. 남동생 헨리 제임스Henry James는 이미 세계적인 소설가가 되었고, 여동생 역시 훌륭한 작가의 삶을 살고 있었기 때문이었다. 아버지가 인맥을 동원해 하버드대학교 의대에 입학시켰으나 결국 중퇴했다. 서른에 가까운 나이에 실패자의 인생을 살던 어느 날, 그는 철학자 찰스 퍼스Charles S. Peirce의 강의록을 읽고 매우 중요한 결정을 하게 된다. '앞으로 1년 동안 내 삶에서 일어나는 일은 뭐든 100% 내 책임이다.' 그는 나중에 자신의 이러한 선택을 '부활'이라고 일컬었으며, 결혼해 5명의 자식을 낳고 잘 살았다.[7] 무엇보다 현대 심리학에서 가장 영향력 있는 심리학자가 된다(하버드대학교 심리학과는 윌리엄 제임스 홀William James Hall로 명명되어 있으며, 지금도 세계적인 심리학자들의 논문과 책에서 그의 글이 인용되며 그를 추앙하고 있다).

따라서 오늘부터 다음과 같은 마음틀로 살아 보면 어떨까?

내가 경험하는 스트레스의 100%는 내 책임이다.

여기서 강조할 점은 '책임'이란 문제의 원인이나 결과를 떠맡으라는 뜻이 아니다. 책임이란 '자신의 삶에서 결정권을 적극적으로 행사하라'는 뜻이다.

극작가 조지 버나드 쇼George Bernard Shaw도 이렇게 말했다.

사람들은 자신이 갖고 있는 것에 대한 책임을 항상 어떤 상황에 전가한다. 나는 상황을 믿지 않는다. 세상을 앞서 나가는 사람들은 앞으로 나아가는 동시에 자신이 원하는 상황을 찾아 나선다. 그리고 원하는 상황을 찾지 못하면, 스스로 원하는 상황을 만들어 낸다.[8]

이 글을 읽는 독자분들도 조지 버나드 쇼의 말을 생각하면서 윌리엄 제임스나 브라이언 트레이시가 경험했던 놀라운 삶의 변화가 일어나기를 진심으로 기원한다.

통제감을 증진시키라: 학습된 무력감 vs. 학습된 낙관주의

이제 주인 마음틀을 보다 구체적인 심리학적 주제로 다루어 보도록 하자. 주인 마음틀과 노예 마음틀의 차이는 '통제감'이다. 주인 마음틀이란 '내가 통제할 수 있다'는 마음틀이며, 노예 마음틀이란 '내가 통제할 수 없다'는 마음틀이다.

'통제감'은 다양한 심리학자들에 의해 제안되었으나, 이곳에서는 마틴 셀리그만 Martin E. P. Seligman의 견해를 살펴보도록 하자. 아마 행복에 관심이 있는 사람이라면 마틴 셀리그만을 잘 알고 있을 것이다. 그는 긍정심리학 발전에 지대한 공헌을 했으며, '학습된 낙관주의'를 소개하면서 '낙관주의'를 학습하면 우울에서 벗어나 행복하게 살 수 있다는 여러 연구와 사례를 제시하고 있다.

하지만 그가 원래 심리학자로서 유명해진 주제는 '학습된 무력감'이다. 학습된 무력감은 행복과는 반대 상태인 '우울'에 관한 이론이다. 학습된 무력감 이론에 따르면, 우울은 부정적인 사건을 경험할 때 다음과 같은 3가지 잘못된 추론이 핵심이 된다. (1) 이 사건은 다른 주제에도 나쁜 영향을 미칠 것이다(일반적). (2) 이 사건은 미래에도 나쁜 영향을 미칠 것이다(안정적). (3) 이 사건은 자신의 내적(예: 성격, 노력) 문제로 인해 발생했다(내적). 잠시 책을 읽는 것을 멈추고, 최근 경험한 주요 스트레스 상황을 한 가지 떠올려 보라. 그리고 앞에서 언급한 경향성이 있는지 살펴보라.

만약 그러한 경향성이 있다면 어떻게 접근하는 것이 좋을까? 앞에서 소개한 경향성과 반대로 접근하면 된다. 다시 말해 '학습된 낙관주의'로 접근하면 된다. 이곳에서는 이 개념을 성공과 관련해 흥미롭게 전달하고 있는 『이기는 습관Winning Habit』을 원용해 소개해 보겠다.

(1) 위너들은 이 문제가 삶의 영역에 영향을 끼치는 것을 허용하지 않는다(일어난 문제를 너무 크게 받아들이면 두려움이 바이러스처럼 삶의 다른 부분으로 점점 퍼져 나간다).

(2) 위너들은 문제를 결코 최종적인 상태로 여기지 않는다(위너들은 문제를 볼 때 '이건 바꿀 수 있어'라고 믿는다. 반면에 자신의 문제를 불가역적인 최종 상태라고 믿는 사람들은 '운명'에 순응한다).

(3) 위너들은 자책하지 않는다(위너들은 문제를 성장을 위한 도전이자 기회라고 여긴다. 반면에 자신의 능력 부족과 성격적 결함 때문에 문제가 생겼다고 자책하는 사람들은 무력감만 느낀다).[9]

이처럼 자신이 할 수 있다는 통제감을 증진시키면 스트레스에서 쉽게 벗어나 자유롭게 살 수 있게 된다. 제3부에서도 이번 원리가 가장 중요하다. 오늘부터 '노예 마음틀' 대신 '주인 마음틀'로 살아가면서 스트레스에서 벗어나 자유롭게 살 수 있기를 기원한다(참고로 자매편인 『3분 안에 스트레스에서 벗어나는 법』에서는 주인 마음틀의 하위 개념인 '스트레스 관리 마음틀'을 소개하고 있다).

요약하면, 스트레스에서 벗어나 자유롭게 살기 위해서는 (1) '주체적인 삶'을 살려는 결단이 필요하다. 달리 표현하면 '노예 마음틀'에서 벗어나 '주인 마음틀'로 살아야 한다. 그러려면 (2) 오늘부터 '100% 법칙'을 수용하라. 이 법칙을 수용하면서 스트레스를 해결하기 위한 방안을 적극적으로 모색하라. 그리고 (3) 통제감을 증진시켜라. 구체적으로 학습된 낙관주의에서 언급하는 세 가지 추론을 적극적으로 삶에 적용해 보라.

통제성(Controllability): '통제할 수 없는 것'과 '통제할 수 있는 것'을 구분하라

> 앞에서 통제감과 주인 마음들을 강조했다. 하지만 인간의 유한성을 고려할 때 우리가 모든 상황을 통제할 수 없다. 앞의 원리를 보다 정확하게 실현하기 위해서는 통제할 수 있는 것과 없는 것을 구분할 필요가 있다. 그리고 지금 당장 통제할 수 없는 것은 수용하고, 통제할 수 있는 것에 대해 통제하려는 접근이 스트레스 관리에서 매우 중요한 원리가 된다.

스트레스 관리의 핵심은 문제 해결이다. 문제 해결이란 다른 말로 바꾸면 '통제'가 된다. 사실 이 책에서 '조절기$_{regulator}$'로 소개하고 있으나, 조절기의 또 다른 이름은 '통제기$_{controller}$'이다. 앞에서 소개한 '선택'과 '결정'은 '통제성'과 매우 밀접한 의미를 갖고 있다. 내가 '선택'하고 '결정'한다는 의미는 내가 '통제'한다는 의미가 된다.

앞에서 '통제성을 증진하라'고 강조했다. 하지만 보다 명확히 정리하자면 통제할 수 있는 것에 대해 통제성을 증진해야 한다. 만약 통제할 수 없는 것을 통제하려 노력하면 애만 쓸 뿐 헛수고이며, 도리어 스트레스가 증가한다.

당면하고 있는 주요 스트레스 상황을 잠시 살펴보라. 특히 반복적으로 경험하고 있는 스트레스 상황을 살펴보라. 지금 당장 해결할 수 있는가? 아마 거의 없을 것이다. 만약 해결할 수 있었다면 진작에 해결하면서 스트레스를 경험하지 않았을 것이다. 그런데 지금 당장 해결할 수 없음에도 불구하고 통제하려는 것이 과연 효율적인 선택일까?

🌱 스트레스 경험: 한 번인가 vs. 수백 번인가

저자의 경험 한 가지를 이야기하는 것이 좋겠다(이 이야기는 매우 흥미로운 사례여서 저자가 자주 언급하곤 한다). 저자가 대구대학교에 재직하던 시절, 대구대학교는 대구·경북 지역 약 30군데 여성대학을 운영하고 있었으며, 저자는 '스트레스 관리' 과목을 담당하고 있었다. 하루는 처음으로 김천에서 교육이 이루어졌다. 오후 2시에 예정되어 있었기 때문에 12시에 여유 있게 연구실을 출발했다. 당시 연구실에서 경부고속도로 진입까지 30분, 그리고 경부고속도로(북대구)에서 김천까지 45분 정도 걸렸다. 그런데 12시 30분경에 북대구 진입 부근에서 사고로 인해 차가 꽉 막혀 있었다. 이 상황에서 경부고속도로로 진입하는 대신 구마고속도로로 변경했으며, 최종적으로 고속도로에 도달한 시점이 1시 30분 정도가 되었다. 그러니 도저히 2시 안에 김천에 도착할 수 없는 상황이 되었다.

이번 원리에 대한 이해를 돕기 위해 두 가지 질문을 드리겠다. 첫째, 이 상황에서 '큰일 났다!'라는 생각이 드는가? 이 질문에 대해 모든 분들은 당연히 "큰일 났다!"고 답하신다. 그렇다면 두 번째 질문을 드리겠다. 도착할 때까지 몇 번이나 '큰일 났다!'라는 생각을 하시게 될까? 이 질문에 대해 "도착할 때까지 '큰일 났다!'라고 생각한다"고 답하신다. 문제가 발생한 시점이 12시 30분 정도이므로, 도착할 때까지 수백 번 '큰일 났다!'를 경험하게 되는 셈이다.

질문을 드렸으니 당일 저자의 경험도 공유해 보겠다. 저자 역시 '큰일 났다!'라고 느꼈다. 그렇지 않겠는가? 대구대학교를 대표하는 관점에서도 그렇고, 개인적인 명예로 보아도 그렇고, 무엇보다 강의를 기다리는 주부들을 생각하니 큰일이었다. 한편, 매우 미안한 이야기지만 당시 '큰일 났다!'라는 생각을 딱 한 번 했다(독자 중에는 저자의 이러한 '뻔뻔한' 태도에 대해 불쾌할 수 있겠으나, 끝까지 이야기를 들어주시면 좋겠다). 왜냐하면 그 상황에서 내가 할 수 있는 방법이 없었기 때문이었다. 응급 상황이라고 해서 헬리콥터나 119를 탈 수도 없었으며, 안타깝게도 그 당시에는 휴대폰이 거의 사용되지 않던 시절이어서 주부들에게 연락할 방법이 없었다.

주위에서는 저자가 나이에 비해 젊게 보인다고 말씀하신다. 아마도 그 이유 가운데 하나는 이처럼 통제할 수 없는 상황에서 '큰일 났다!'를 반복하지 않기 때문인 것으로 생각된다. 다시 말해, 동일한 상황에서 대부분의 사람들과 달리 저자는 딱 한 번 스트레스를 경험하는 셈이다.

참고로, 그 당시 통제할 수 없는 상황은 '수용'하되, 내가 할 수 있는 방법에 초점을 두고 최대한 노력했다. (1) 원래 칠곡휴게소에서 점심을 먹을 예정이었으나 이를 생략했다. (2) 다른 차에 지장을 주지 않는 범위에서 가능한 한 빠르게 달렸다(그 결과, 구미에 들어서면서 산 때문에 시야가 가려진 지역에서 교통경찰에 걸렸다. 하지만 상황을 설명하자 경찰이 "김천까지 안전하게 가십시오!"라며 경례까지 해 주었다).

사실 우리가 경험하는 스트레스를 잘 분석해 보면 지금 당장 해결하기 어려운 경우가 매우 많다. 주식의 폭락, 상대방의 모함, 아이의 늦은 귀가, 필요한 돈의 부족 등. 오늘부터 이 원리를 터득하면 문자 그대로 스트레스에서 벗어나 자유롭게 살 수 있게 된다.

🌿 스트레스에서 벗어나 자유롭게 사는 법

우리는 스트레스에서 벗어나고 싶어 한다. 앞에서 소개했듯이 스트레스가 우리를 옥죄기 때문이다. 그렇다면 스트레스에서 벗어나 자유롭게 사는 원리가 무엇일까? 바로 이번 원리를 깨닫고 삶에 적용하면 스트레스에서 벗어나 자유로운 삶을 살 수 있다. 사실 이번 원리는 스트레스 관리뿐 아니라, 분노 관리는 물론 건강, 행복, 성공에서도 매우 중요한 원리가 된다.

이 주제와 관련해서 지혜로운 조언은 그리스 철학자 에픽테토스가 제공하고 있다. 먼저 에픽테토스의 저작을 한글로 번역한 키와 블란츠 Guihwa Hwang Blanz의 요약을 살펴보자.

> 에픽테토스가 가장 강조한 것은 '내 힘으로 어떻게 할 수 있는 것과 내 힘으로 어떻게 할 수 없는 것'을 철저히 구분하는 것이었다. 돈, 명예, 직장, 부모, 죽음, 정치(?) 등은 내 힘으로 어떻게 할 수 없는 것들이고, 내 힘으로 어떻게 할 수 있는 것은 나의 의견이나 생각이다. 에픽테토스에 의하면 내 의지와 상관없이 벌어지는 모든 외부의 시련은 '이것을 시련으로 받아들이지 않겠다'라고 마음먹으면 내게 시련이 될 수 없다는 것이다. 우리가 살면서 겪게 되는 일들은 그 자체가 본질적으로 불행하다거나 장애물이 아니라, 우리가 그것을 불행 혹은 장애물이라고 '생각'

하기 때문이다.[10]

이제 에픽테토스가 전하는 지혜를 구체적으로 살펴보자.[11] 우선 그는 자신이 할 수 있는 것을 바라고 자신의 권한 밖에 속하는 것을 바라지 말라고 조언하고 있다.

사람의 마음속에는 두 가지 바람이 있다. 하나는 내가 원하는 것을 얻고자 하는 바람이고, 다른 하나는 내가 피하고 싶은 일을 당하지 않았으면 하는 바람이다. 질병, 죽음, 빈곤 등과 같이 누구도 피할 수 없는 자연의 순리를 피하고자 한다면, 그런 일을 당했을 때 비통함을 느낄 수밖에 없다. 그러니 자연의 순리상 당연한 일도 아니고, 내 힘으로 어떻게 할 수 없는 일을 당하지 않기를 바라는 마음은 전부 지워 버리고, 그 대신 내 힘으로 어떻게 할 수 있는 일들을 피하고자 하는 마음으로 돌리라.
자유로운 삶을 원한다면 다른 사람의 권한에 속하는 것은 그 아무것도 얻거나 버리려 들지 말라. 그러지 않으면 속박된 삶을 면치 못할 것이다.

그는 자유롭게 살기 위해서는 "남의 장단에 놀아나지 말라"는 조언도 한다.

누가 내 몸을 아무 사람에게나 줘 버린다면 분명 화가 날 것이다. 그런데 정작 나는 자신의 마음을 아무 경우에나 남의 장단에 놀아나도록 맡겨 버리면서, 누군가에게 모욕을 당하면 마음의 평정을 잃어버리니 이 얼마나 수치스러운 일인가?

마지막으로, 그는 우리가 살면서 경험하는 시련이 장애가 되지 못한다는 점을 지적한다.

    질병은 육신에 장애를 줄지언정 내 의지에는 장애가 되지 못한다. 절뚝거림은 다리에 장애가 될지언정 내 의지까지 절뚝거리게 하지는 못한다.
    내게 닥치는 모든 시련을 이러한 태도로 받아들여라. 그렇게 하면 그 어떤 시련도 어떤 면에서는 장애가 되지만, 나 자신의 본질적인 면에는 장애가 되지 못한다.

참고로 그는 노예로 태어나서 청년 시절까지 노예의 삶을 살았다. 이처럼 노예로 살았던 그가 앞에서와 같은 지혜를 설파하고 있기 때문에 더 마음에 와닿는다.
한편, 8세기의 인도의 학승이었던 샨티데바 Shantideva 역시 이 주제와 관련해서 주옥같은 지혜를 제공하고 있는데 한 가지만 소개하면 다음과 같다.

    만약 고칠 수 있다면 왜 거기에 대해 불행을 느끼는가? 만약 고칠 수 없다면 무엇 때문에 그것으로 인해 불행을 느껴야 하는가?[12]

고칠 수 있는 것이라면 고치면 되는 것이고, 고칠 수 없는 것이라면 고칠 수 없으므로 불필요하게 불행을 느낄 필요가 없다는 점을 지적하고 있는 셈이다.

현대에 와서 이 주제를 잘 요약한 사람은 신학자였던 라인홀드 니버_{K. P. Rinehold Niebuhr}이며, 그의 평안 기도의 일부는 다음과 같다.[13]

> 신이여, 내가 바꿀 수 없는 것은 수용할 수 있는 평안함을 주시고
> 바꿀 수 있는 것은 바꿀 수 있는 용기를 주시고
> 이 두 가지 차이를 알 수 있는 지혜를 주시옵소서.

그렇다! 오늘부터 내가 바꿀 수 없는 것과 바꿀 수 있는 것을 구분하며 살면, 상당한 수준의 스트레스가 사라진다. 왜냐하면 우리는 통제할 수 없는 것에 대해 불필요하게 스트레스를 경험하는 경향이 있기 때문이다.

통제와 수용에 관한 세 가지 부가적 주제

이번 원리는 '통제할 수 없는 것을 수용하라'에 초점이 있다. 이 주제를 마무리하기 전에 '통제'와 '수용'에 관해 조금 더 살펴보는 것이 좋겠다.

근원적 수용

수용에 관해 여러 개념이 있지만, 'Optimal 스트레스 관리'와 관련해 가장 중요한 개념은 '근원적 수용radical acceptance'이다.[14] 근원적 수용은 변증법적 심리치료를 발전시킨 워싱턴대학교 심리학과 명예교수인 마샤 리네핸Marsha M. Linehan이 강조한 바 있으며, (1) 현재 발생한 상황을 100% 수용하되, (2) 장래에 바람직한 '변화'를 함께 도모하는 접근법이다.

이 개념을 이해하기 위해 남편의 지나친 음주로 인해 갈등을 겪고 있는 주부의 상황을 생각해 보자. 주부의 입장에서 보면 남편의 과도한 음주가 문제이므로, '남편의 음주' 행동이 '변화' 되기를 바란다. 다시 말해, 남편의 문제 행동을 '수용'하지 못하면서 그에 상응하여 스트레스를 경험하기 쉽다. 하지만 아무리 이야기해도 남편이 듣지 않자, 어느 순간 남편의 과도한 음주를 '수용'한다(사실은 수용이 아니라 '포기'다). 그러나 포기는 바람직하지 않다. 왜냐하면 포기하는 순간, 앞으로도 과도한 음주 행동을 목격하기 쉬우며 그 결과 스트레스를 경험하기 쉽기 때문이다.

반면에 '근원적 수용'으로 접근해 보면, (1) 현재 시점에서 남편의 음주 행동을 '100% 수용'한다. 왜냐하면 현재 상황을 '수용'하는 것 외에 내가 할 수 있는 방법이 없기 때문이다. 술 취한 남편을 탓하거나 싸운다고 해서 문제가 해결되지 않으며, 대부분의 경우 스트레스가 증폭되기 쉽다. 더 나아가 남편의 음주 행동이 증가되거나 남편과의 관계가 악화되기 쉽다. 한편 (2) 남편의 지나친 음주를 줄이기 위한 '변화'를 모색한다(지면 제약상 어떤 방법으로 변화시킬 것인가에 관해서는 생략하며, 일부는 전략에 관한 원리[15]에서 소개할 예정이다). 다른 상황도 마찬가지다. 주식의 폭락, 아이의 늦은 귀가, 상대방의 모함, 차의 정체 상황 등 현재 벌어진 상황은 이미 엎질러진 물이며, 수용 외에는 다른 방법이 없다. 수용하지 않을수록 그에 상응해 스트레스를 경험하게 된다. 한편, 장래에도 같은 일이 반복되면 또다시 스트레스를 경험할 수 있으므로, 바람직한 '변화'를 함께 모색하는 것이 좋다.

이와 관련해 앞에서 소개한 저자의 경험을 조금 더 이야기하는 것이 좋겠다. 김천 특강에서 낭패를 본 저자는 한 가지 교훈을 얻었다. 다음에는 훨씬 전에 특강 장소에 가야겠다고 마음먹었다. 실제로 그 후 한 달 정도 후에 울산에 위치한 현대중공업 특강을 위해 2시간 거리를 3시간 전에 출발했다(도착한 후 1시간은 독서 등의 시간으로 활용했다). 이처럼 (1) 현재 상황에 대해 '100% 수용'하고, (2) 미래에 바람직한 '변화'를 함께 도모하는 것이 바로 '근원적 수용'이며, 이러한 접근이 'Optimal 스트레스 관리'가 된다.

통제의 역설 1

잠시 이 세상에서 '가장 사랑하는 한 사람'을 생각해 보라. 가장 사랑하기 때문에 상대방이 원하는 것을 모두 들어주고 싶다. 자, 그 '한 사람'이 생각났는가? 그렇다면 상대방이 무언가를 실제로 요청했을 때 100% 들어주었는가? 솔직히 답변해 보라. 아마 때로 상대방의 요청을 들어주지 않거나 못했을 것이다. 시간이 없어서, 형편이 되지 않아서, 상대에게 도움이 되지 않거나 심지어 위험할 수 있어서(칼을 달라는 아이에게 칼을 줄 수 없지 아니한가?) 이처럼 우리 모두는 상대방의 요청에 대해서 들어줄 자유도 있고, 들어주지 않을 자유도 있다. 누구나 자유를 만끽하면서 자신의 삶을 통제하고 싶어 한다.

그렇다면 잠시 생각해 보자. 내가 내 뜻대로 통제하고 싶어 하듯이 상대방 역시 자신의 삶을 통제하며 살기를 원한다. 그럼에도 우리는 상대방이 나의 요청을 들어주지 않을 때 스트레스를 경험한다. 특히 가장 가까운 가족, 친구일 경우 더욱 그렇다.

그런데 내가 상대방의 요청을 들어주지 않을 자유와 통제력이 있듯이, 상대방 역시 자신의 삶을 자유롭게 그리고 통제하며 살 수 있는 권리가 있음을 이해하고 터득할 필요가 있다.

내가 내 삶을 통제할 권리가 있듯이
상대방도 자신의 삶을 통제할 권리가 있다.

이 점만 이해하고 터득해도 대인 관계에서 경험하는 상당한 스트레스가 사라지기 시작한다.

통제의 역설 2

심리적 수준에서 핵심 욕구는 '자율 욕구'이다. 따라서 우리 모두는 '자율 욕구'를 추구하면서 상황을 통제하길 원한다. 이처럼 '자율 욕구'와 '통제 욕구'가 강하다 보니, 심지어 통제할 수 없는 상황에서도 통제하려는 경향이 문제다. 우리 모두 잘 알고 있듯이 사랑하는 가족이나 친구의 죽음을 비롯해 수많은 상황에서 우리가 할 수 있는 게 없다. 그럼에도 통제할 수 없는 상황조차 통제하려 드는 것이 인간이 갖고 있는 취약성 가운데 하나이다. 이것이 또 다른 '통제의 역설'이다. 따라서 오늘부터는 이와 같이 무모한 또는 비효율적인 선택에서 벗어나는 것이 'Optimal 스트레스 관리'에서 매우 중요한 변화의 시작이 된다.

요약하면, 비록 앞 원리에서 주인 마음틀을 강조했지만, 우리가 모든 상황을 통제할 수 없다. 따라서 (1) 통제할 수 없는 상황과 통제할 수 있는 상황을 구분하면서 통제할 수 없는 상황을 '수용'하는 것이 불필요한 스트레스를 줄이는 지혜가 된다. (2) 이러한 지혜는 에픽테토스를 비롯해 샨티데바, 라인홀드 등이 강조했으며, 이것을 터득하면 스트레스 관리뿐 아니라 분노 관리, 건강, 행복, 성공에 매우 중요한 원리가 된다. 끝으로 (3) 이번 원리를 보다 명확하게 이해하기 위해서는 '근원적 수용'과 2가지 '통제의 역설'을 이해하고 실천하는 것이 큰 도움이 된다.

초점(Focus): 경중완급 음치에서 벗어나라

앞의 두 원리에서 'Optimal 스트레스 관리'를 위해서는 (1) 통제감을 증진할수록 좋다. 다만 (2) 모든 것을 통제하려고 시도하는 대신 통제할 수 있는 것에 대해 통제하는 것이 좋다. 바꾸어 이야기하면 통제할 수 없는 것을 수용하는 선택이 중요하다. 그렇다면 어떤 주제에 대해 통제력을 높여야 할까? 우리 모두는 '유한한' 삶, 시간, 능력, 자원 속에 살고 있다. 이러한 조건을 고려하면 모든 주제에 대해 통제력을 높이기보다 자신에게 '중요한 것'에 대해 초점을 두어서 통제력을 높이는 것이 효율적인 선택이 된다.

이제 선택 결정에 관한 보다 구체적인 주제를 다루어 보도록 하자. 이번 원리는 동기기와 탐지기에서 강조했듯이 '중요한 것에 초점을 두며 살라'이다. 이 주제에 관해서 저자의 은사 가운데 한 분은 '경중완급의 음치'라는 표현을 사용하신 적이 있다. 그렇다. 우리가 스트레스에서 벗어나려면 '경중완급의 음치'에서 벗어나야 한다.

엘리슨 루이스_{Allyson Lewis}는 친구가 대장암 4기에 걸려서 6개월밖에 못 산다는 소식을 듣고, 곧이어 자신의 지인이 911 사건 속에서 44분의 악전고투 끝에 겨우 건물을 빠져나오는 상황을 목도한다. 이 두 가지 연속적인 경험은 그녀에게 『The 7 Minute Solution』이라는 시간 관리 책을 저술하는 계기가 된다.

이 두 사건은 내게 큰 울림을 주었다. 내 머릿속에서 다음과 같은 목소리가 들렸다. "엘리슨, 오늘이 네 인생의 마지막 날일지도 몰라. 깨어나야 해! 살아야 해!" 의미와 목적이 있는 삶을 살고 싶었다. 완전히 다른 차원에서 삶을 새롭게 시작하고 싶었다.[15]

우리 각자는 한 번밖에 살 수 없는 삶을 살고 있다. 후회 없는 삶을 살기 위해서는 자신에게 '중요한 것'에 초점을 맞추어서 살아야 한다. 엘리슨이 경험했던 것처럼 굳이 나쁜 사건을 기다릴 필요가 있겠는가?

🌿 '중요한 것'을 선택할 것인가 vs. '긴급한 것'을 선택할 것인가

다음 그림에서 1분면(중요하고 긴급한 것)을 선택하고, 4분면(중요하지도 않고 긴급하지도 않은 것을)을 선택하지 않아야 한다는 점은 누구나 안다. 하지만 실생활에서 그렇게 사는가는 별개의 문제다. 왜냐하면 많은 사람이 중요하지도 않고 긴급하지 않은 것을 선택하고 사는 경향이 있기 때문이다. 실제로 미국인들의 경우 평균적으로 하루에 5시간 정도 TV를 시청하는 것으로 나타나고 있다.[16] 그 외에도 현대인은 디지털 중독에 빠지기 쉬운 환경 속에서 자기도 모르게 '중요하지도 않고 긴급하지도 않은 것'에 주의를 빼앗기는 경향이 있다.[17]

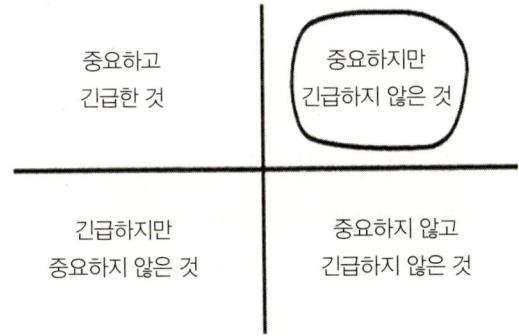

중요성과 긴급성 차원에 의한 4분면

그림에서 보다 주의 깊게 생각할 점은 2분면(중요하지만 긴급하지 않은 것)과 3분면(긴급하지만 중요하지 않은 것) 가운데 어느 것을 선택해야 할 것인가의 주제가 된다. 스티븐 코비 Stephen R. Covey를 비롯해 시간 관리 전문가들은 '긴급한 것'보다 '중요한 것'에 초점을 두라고 강조한다. 한 번밖에 없는 인생을 후회 없이 살려면, 그리고 무엇보다 스트레스에서 벗어나 자유롭게 살려면, 자신에게 진정으로 중요한 것에 초점을 두고 살아야 한다. 하지만 현실 생활은 그 반대가 되기 쉽다. 시시각각으로 부과되는 긴급한 일들을 처리하다 보면, '중요한 것'보다는 '급한 것'을 먼저 처리하기 쉽다.

솔직히 저자 역시 '긴급한' 일들을 처리하다 보면 '중요한' 일들이 지연되고 있음을 자주 경험한다. '스트레스 관리'에 관한 책도 예전부터 계획했으나, 당면한 일들을 처리하다 보니, 무려 20년 이상의 시간이 흘렀다. 다행히 최근에는 그 어떤 것보다 '스트레스 관리'에 관한 책 저술에 초점을 둔 결과, 이 책과 『3분 안에 스트레스에서 벗어나는 법』을 거의 동시에 출간하게 되어서 매우 기쁘다.

이 주제와 관련해서 탁월한 경영학자인 피터 드러커 Peter F. Drucker는 흥미로운 비유를 제시하고 있다.[18] 항아리 안에 커다란 돌, 자갈, 모래를 집어넣는다고 상상해 보자. 이때 자신에게 가장 중요한 물질이 '커다란 돌'이라고 가정하면, 어떻게 집어넣는 것이 현명한 선택일까? 당연히 커다란 돌부터 항아리 안에 넣어야 한다. 그런데 대부분의 사람들은 (긴급한 일들을 처리하다 보니) 모래나 자갈을 먼저 항아리에 넣는 경향이 있다. 그 결과 이미 모래나 자갈이 쌓여 있기 때문에 나중에 커다란 돌이 들어갈 공간이 없게 된다.

사실 이 주제는 이미 동기기와 탐지기에서도 강조한 바 있다(원리 1, 2, 6 참조). 하지만 자신에게 가장 중요한 것을 추구하고(동기기) 집중하려면(탐지기) 매일 자신에게 중요한 것을 실제로 '선택'해야 한다. 다시 한번 다음의 주제들을 강조하는 것이 좋겠다.

- '삶의 목적' 또는 '소명'이 무엇인가?
- '한 달 목표'가 무엇인가?
- 오늘이 마지막 날이라면 '하루 목표'는 무엇인가?

관련해서 스티브 잡스Steven P. Jobs가 2005년에 스탠퍼드대학교 졸업식에서 강조한 말을 새겨 볼 필요가 있다. 그는 지난 33년 동안 매일 아침 거울을 보면서 자문했다고 한다. "만약 오늘이 마지막 날이라면, 오늘 하려는 일을 하겠는가?"[19] 그리고 그 대답이 "No"라면 무언가 다른 것에 접근할 필요가 있다고 언급한 바 있다. 그렇다. '오늘이 마지막 날'이라고 생각하면서 자신에게 가장 중요한 삶을 선택해서 산다면 우리의 삶은 '보다 의미 있는 삶', 보다 '최상의 삶', 그리고 무엇보다 스트레스에서 쉽게 벗어날 수 있는 삶을 살게 된다.

중요하지 않은 것을 버리라

우리 모두 '중요한 것'을 선택하고 싶다. 하지만 그러기 위해서는 무엇보다 '중요하지 않은 것'을 버릴 수 있어야 한다. 이와 관련해 스티브 잡스의 사례를 다시 살펴보도록 하자.

잘 알려진 대로, 스티브 잡스는 자신이 세운 애플 컴퓨터에서 쫓겨난다. 그리고 애플 컴퓨터가 어려운 상황에 놓이자 1998년에 돌아오게 된다. 사실 스티브 잡스가 돌아온 시점에 애플 컴퓨터는 겨우 3개월 정도 버틸 수 있는 상태에 놓여 있었다. 그는 이 상황에서 애플이 추진하던 350가지 제품 가운데 10가지로 줄이는 혁신을 단행했다. 그리고 그는 이렇게 지적한다.

사람들은 집중이란 초점을 맞추어야 하는 것에 대해 '예'라고 하는 것을 의미한다고 생각한다. 그러나 집중이란 전혀 그런 의미가 아니다. 집중이란 존재하는 수백 가지 좋은 다른 아이디어에 대해 '아니요'라고 하는 것을 의미한다. 당신은 매우 신중하게 선택해야 한다. 사실 나는 내가 선택했던 것과 동등하게 우리가 선택하지 않았던 것에 대해 자랑스럽게 생각한다. 혁신이란 1,000번에 걸쳐서 '아니요'를 이야기하는 것이다.[20]

그는 다음과 같은 지적도 하고 있다.

무엇을 하지 않을 것인가를 결정하는 것이 무엇을 할 것인가에 대한 결정과 동일하게 중요하다.[21]

참고로, 스티브 잡스의 선택과 집중 덕분에 애플은 2007년에 전 세계에서 처음으로 1조 달러 이상의 기업 가치로 우뚝 서게 된다.

이 주제에 관해 일상생활의 예를 살펴보면, 비만 관리를 위해 과자, 빵, 액상 과당이 들어 있는 음료만 멀리하더라도 두 달 사이에 5kg 이상이 쉽게 빠질 수 있다. 마찬가지로, 좋은 대학 입학을 위해 좋은 교재, 좋은 강의, 좋은 강사(교사) 선택도 중요하지만, 더 중요한 것은 친구와의 수다, 게임, TV 시청, 불필요한 유튜브 시청, SNS 등을 줄이는 것이다.

중요성: 현재인가 vs. 미래인가

아주 젊은 세대를 제외하고는 코닥Kodak이라는 이름을 기억할 것이다. 대부분의 사람들은 1800년대만 하더라도 일생 동안 겨우 한두 번 사진을 찍고 지냈다. 왜냐하면 당시 사진기 부피가 매우 컸으며, 위험한 화학물질을 다룰 수 있는 극소수의 전문가들만 사진기를 다룰 수 있었기 때문이었다. 하지만 조지 이스트만(George Eastman)은 "사진기를 연필처럼 간편하게 사용할 수 있도록 만들겠다"는 비전을 가지고 1888년에 Eastman Kodak 회사를 설립한다.

드디어 1900년에 코닥은 브라우니(Brownie)라는 제품을 출시하면서 "버튼만 누르세요, 나머지는 저희가 합니다"라는 슬로건과 함께 첫 해에만 25만 개 이상이 팔리는 공전의 히트를 기록하게 된다. 그리고 이후 90년 동안 코닥은 사진기와 필름 시장에서 90%의 점유율을 차지한다.

이렇게 절대 점유율을 자랑하던 시절, 1975년에 코닥에 근무하던 스티븐 새손(Steven J. Sasson)이 최초로 디지털 카메라를 발명하게 된다.[22] 하지만 코닥은 디지털 카메라 시장에 대한 비전을 보지 못하고 이를 사장시켜 버린다. 왜냐하면 디지털 카메라가 출시되면 필름 시장이 사라질 수 있다는 우려 때문이었다. 그리고 코닥이 최종적으로 디지털 카메라를 출시하기로 결정했을 때는 이미 늦었다. 많은 사람이 아는 대로, 코닥은 2012년에 파산 신청을 하게 된다.

반면, 필름 업계에서 만년 2위를 달리던 후지필름은 디지털 카메라뿐만 아니라 영상의학 기기 등으로 사업을 확장하면서 지금도 사업이 번창하고 있다(그 외에도 컴퓨터 업계의 강자였던 DEC의 몰락 사례 등이 있지만 이 정도로 마무리하는 것이 좋겠다).

이 주제와 관련해 비나 벤카타라만(Vina Venkataraman)은 『포사이

트_Foresight_』에서 다음과 같이 지적하고 있다.[23]

> 개인, 회사, 사회단체가 현재적 조망에만 급급하다 보면 치명적인 실수와 실패를 경험하게 된다. 예를 들어, 대부분 회사는 현재 시점에서 주주들의 입장에 초점을 맞추다 보니 장기적인 관점에서 연구 개발 등을 소홀히 하고, 그 결과 회사의 장래를 망치는 경우가 허다하다.

이 사례에서 보듯이 현재의 관점에서만 중요성을 결정하면 낭패를 보기 쉽다. 특히 예전과 달리 빠른 속도로 변화하는 21세기에는 미래에 대한 예측에 기초해 중요성을 대비할 필요가 있다. 요점은 현재 시점과 함께 미래의 조망 속에서 중요성을 평가하고 선택해야 스트레스에서 벗어날 수 있게 된다.

요약하면, 자신이 통제할 수 있는 것 가운데 가장 중요한 선택은, (1) '긴급한 것'보다 '중요한 것'을 선택해야 한다. 그러기 위해서는 무엇보다, (2) 중요하지 않은 것들을 과감하게 버려야 한다. 마지막으로, (3) 현재 시점에서만 중요성을 판단하지 말고 미래 시점에서의 중요성도 함께 판단해야 스트레스에서 벗어날 수 있다. 특히 빠르게 변화하는 21세기에는 미래의 중요성을 간과하면 파산 등의 충격적인 스트레스가 발생할 수 있다.

표적(Target): 장단기 목표를 수립하라

자신에게 중요한 주제를 결정했다면 이제 구체적으로 장단기 목표를 수립해야 한다. 목표의 중요성은 마치 표적이 있어야 화살을 제대로 맞힐 수 있고, 구체적인 기착지가 정해져야 비행기가 기류의 변화에도 불구하고 최종적인 목적지에 효율적으로 도달할 수 있는 이치와 같다.

이번 원리를 쓰고 있는 시점에서 세계적으로 가장 주목받고 있는 인물 가운데 한 명은 오타니 쇼헤이大谷翔平다. 그가 미국 프로야구에서 전인미답의 길을 가고 있기 때문이다.[24] 그는 2024년도에 그 누구도 도달하지 못했던 54개의 홈런과 59개의 도루를 작성했다. 그 이외에도 수많은 기록을 쏟아 내고 있다.

그의 이러한 놀랄 만한 기록은 2024년도에 시작되었을까? 물론 아니다. 어려서부터 야구에 목표를 두고 정진해 온 결과이다. 특히 그가 고등학생 시절 만들었다는 인생 목표(만다라트)에는 야구를 잘하기 위한 힘, 스피드, 제구력뿐 아니라 인성(쓰레기 줍기) 등이 포함되어 있다. 이렇게 장단기 목표를 구체적으로 수립한 결과, 현재의 오타니가 있는 셈이다.

궁극 목표, 중간 목표, 일상 목표를 세우라

일반적으로 목표 수립에 관해서 3가지 수준으로 구분하곤 한다. 장기 목표(5년 또는 10년 이상), 중기 목표(3~5년), 그리고 단기 목표(1년 이하). 이곳에서는 이러한 구분을 '궁극 목표' '중간 목표' '일상 목표'로 접근해 보겠다.

궁극 목표

'궁극 목표'란 자신의 삶에서 일생 동안 추구하고 싶은 목표가 된다. 마치 '북극성'처럼 언제나 자신이 궁극적으로 바라는 목표를 의미한다. 그렇다면 어떻게 '궁극 목표'를 수립할 수 있는가? 이에 관해 2가지만 강조하는 것이 좋겠다.

첫째, 오늘부터 다음과 같은 질문을 지속적으로 하는 것이 도움이 된다.

- 나는 어디서 왔는가?
- 나의 열정, 재능, 핵심 가치는 무엇인가?
- 내가 이 지구상에서 해야 할 일은 무엇인가?
- 나는 궁극적으로 어디로 가는가?

둘째, 네 가지 방향으로 살펴보는 것이 도움이 된다. (1) 과거(backward: 과거를 살펴보면 자신의 열정, 재능, 가치를 아는 데 도움이 된다), (2) 미래(forward: 미래 환경의 변화를 예측하면서 무엇을 대비할지를 파악하는 것이 도움이 된다), (3) 내부(inward: 자신의 장점과 단점을 파악한다. 아울러 자신의 내면의 소리에 귀를 기울이면 자신이 진정으로 원하는 삶을 보다 정확히 그리고 빨리 알 수 있게 된다), (4) 외부(outward: 주위 환경에서 무엇이 요구되는지를 정확히 알게 되면 자신이 어떤 기여를 할 수 있는지를 보다 알 수 있게 된다). 더 이상적으로는 추가로 (5) 위로upward, (6) 아래로downward 살펴보는 것이 좋지만, 이 주제는 『스트레스에서 벗어나 최고의 나로 사는 법』에서 소개하는 것이 좋겠다.

이러한 접근을 통해 '궁극 목표'가 확립되면 새로운 차원의 삶을 살 수 있게 된다. 이러한 '궁극 목표'는 동기기에서 소개했던 '삶의 목적'이나 '소명'과 유사한 개념이 된다. 이와 관련해 마크 트웨인Mark Twain은 다음과 같이 강조한 바 있다.

인생에서 가장 중요한 두 날은 당신이 태어난 날과
당신이 왜 이 세상에 태어났는지 깨달은 날이다.

한편, 소크라테스는 다음과 같이 설파한 바 있다.

성찰이 없는 인생은 살 가치가 없다.

이 말은 여러 맥락에서 해석할 수 있겠으나, '궁극 목표'와 관련해서도 음미할 필요가 있겠다. 자신이 궁극적으로 어떤 목표를 갖고 살아야 할지를 성찰하지 않고 사는 것은 마치 나침반 없이 길을 헤매는 인생과 같다고 볼 수 있다.

불행하게도 현대인들은 '궁극 목표' 없이 마치 자동항법장치처럼 매일매일 그저 바쁘게 살고 있는 경향이 있다. 하지만 이번 기회에 '궁극 목표'에 대해 진지하게 고민하고 확립하기를 권유하고 싶다. 왜냐하면 '궁극 목표'가 확립되면 앞의 동기기에서 강조한 바 있듯이 일상생활에서 경험되는 수많은 스트레스가 쉽게 사라지기 때문이다. 더 나아가 한 번밖에 없는 인생을 '최상의 삶'으로 살면서 오늘 죽어도 여한 없는 삶으로 이끌 수 있기 때문이다.

다만, '궁극 목표' 수립이 시간이 걸릴 가능성이 높기 때문에 자신의 열정, 재능, 핵심 가치에 기초해서 잠정적으로 10년 후 성취하고 싶은 목표를 정해 보아도 좋다. 자신이 원하는 10년 후의 모습을 열정, 재능, 핵심 가치를 고려하면서 생각해 보라. 이때 '막연한' 미래상보다 '구체적'인 '10년 후 미래의 나'를 그려 보기를 권유하고 싶다. 이 작업을 위해서 앞으로 한 달 동안 시간이 날 때마다 '10년 후 미래의 나'를 구체적으로 그려 보라. 그리고 '미래상'이 생각날 때마다 적어 보라. 다시 한번 강조하면 구체적인 '10년 후 미래의 나'를 확립하는 순간 스트레스에서 벗어나서 '자유로운 삶'을 살 가능성이 높아진다. 또한 '최상의 삶'을 살 수 있는 시작점이 될 수 있다.

중간 목표

문자 그대로 '궁극 목표'는 먼 장래의 목표이다. 인간은 먼 장래보다 가까운 현실에 동기 부여가 되기 쉽다. 따라서 '궁극 목표'와 함께 '중간 목표'도 세워 보는 것이 도움이 된다. '중간 목표'란 '궁극 목표'를 성취하기 위한 중간 단계의 목표가 된다. 예를 들어 청소년의 경우 자신이 장차 IT 사업가가 되려는 목표가 있다면, 어느 대학교(어느 학과)에 진학할지에 관한 목표를 세우면 된다.

세계적인 영화 감독인 스티븐 스필버그Steven A. Spielberg는 12세에 영화 감독이 되기를 결정한다. 그리고 17세가 되던 해에 유니버설 스튜디오를 방문해서 자신이 어떤 영화를 만들 계획인지를 설명한다. 뿐만 아니라 그다음 날 정장 차림에 아버지가 갖고 다니는 가방에 두 개의 캔디바와 샌드위치를 넣고서 버려진 트레일러에 '스티븐 스필버그, 감독'이라는 글자를 써 붙인다. 그 후 수많은 감독, 프로듀서, 작가, 편집자와 어울린다. 그리고 20세가 되자 TV 시리즈를 감독할 수 있는 7년 계약을 따낸다. 그 다음 이야기는 모든 사람이 알고 있듯이 〈E.T.〉를 비롯해서 수많은 주옥같은 영화를 만들어 낸다.[25]

중간 목표는 자신의 궁극 목표에 따라 달라질 수밖에 없다. 예술가의 목표는 운동선수와 다르다. 마찬가지로 학자, 사업가, 군인, 경찰관, 소방관을 비롯해 각자 자신의 '궁극 목표'에 따라 '중간 목표'가 다르게 수립될 수밖에 없다. 이처럼 '궁극 목표'가 확립되면 3~5년 정도 기간 안에 성취될 수 있는 '중간 목표'를 구체적으로 수립해 보라. 그래야 성취감과 함께 일상생활에서의 스트레스를 이겨 내기 쉽다.

일상 목표

저자가 강조하는 목표는 '일상 목표'이다. '일상 목표'란 문자 그대로 일상생활에서 실현할 수 있는 목표이다. 일상 목표는 '한 달 목표'이거나 '한 주 목표'이거나 '하루 목표'로 접근할 수 있다. 예를 들어, 한 달 동안 이룰 수 있는 목표를 수립한 후, 그 목표를 위해 정진하면, 책에서 소개하듯이 놀랄 만한 일이 벌어질 수 있다. 마찬가지로 '한 주 목표'를 수립하고 실행하면 일주

일이 매우 알차게 진행될 수 있다. 특히 매일 '하루 목표'를 수립하고 실현하면, 이전과 다른 놀라운 변화를 체험할 수 있게 된다. 그리고 일상생활에서 경험되는 스트레스에서 쉽게 벗어날 수 있으며, 매일 신나는 삶이 될 수 있다.

이때 중요한 점은 '일상 목표' '중간 목표' '궁극 목표'가 한 방향으로 일치되도록 정렬되어야 한다.[26] 그렇다면 '궁극 목표'가 확립되어 있지 않다면 '일상 목표' 없이 손 놓고 기다려야 할까? 그렇지 않다. 우선 지속적으로 강조하고 있듯이 잠정적으로 '궁극 목표'와 '중간 목표'를 수립한 후, 그에 기초해서 오늘 하루를 어떻게 살지에 관한 '일상 목표'를 적어 보라.

SMARTER로 접근하라

그렇다면 목표를 어떻게 세워야 할까?

목표를 수립할 때는 SMARTER로 접근하는 것이 좋다.[27] 그 가운데 먼저 기초가 되는 SMART를 살펴보자.

SMART란 다섯 가지 요소의 첫 글자로 구성된 개념이다. 목표는 구체적이고$_{Specific}$, 측정 가능하고$_{Measurable}$, 성취 가능하고$_{Achievable}$, 목적에 부합되어야 하며$_{Relevant}$, 기한이 정해져야$_{Time-bound}$ 한다.

사실 저자도 이 개념을 알지 못할 때 목표에 막연하게 접근했다. '열심히 공부하겠다.' '운동을 하겠다.' '영어 공부를 하겠다.'

'책을 읽겠다.' 하지만 이와 같이 두리뭉실하게 목표를 세운 결과, 대부분 결과가 그리 좋지 못했다.

반면, "하루에 영어 단어 5개를 외우겠다"는 보다 좋은 목표가 된다. 왜냐하면 이러한 목표는 '구체적'이며, 목표를 실현했는지에 대한 '측정이 가능'하고, 하루에 '성취 가능'하며, '하루'라는 기한이 있기 때문이다. 기한과 관련해서는 '하루' 대신 '일주일에 영어 단어 30개를 외우겠다'로 목표를 정해도 좋다.

한편, '부합해야 한다'는 어떤 의미일까? 앞에서 소개한 궁극 목표와 중간 목표에 '부합하는' 목표 수립이 핵심이 된다. 예를 들어 자신이 추구하는 목적에 따라서 영어 단어의 유형이 다소 다를 수 있다. 일반적으로는 일상생활에 필요한 단어가 적절하지만, 어떤 분에게는 무역 거래를 위한 무역 영어, 또 어떤 분들에게는 TOFEL이나 GRE 시험 준비를 위한 입시 영어, 그리고 또 어떤 분들에게는 자신의 전문 영역에서 필요한 용어(예: 의료 용어)를 익히기 위한 영어가 필요하다. 이처럼 각자의 목적에 부합하는 영어 단어가 다소 다를 수 있다.

그렇다면 나머지 두 가지 요소는 무엇을 의미하는가? 앞에서 소개한 SMART에 덧붙여 '신나고$_{Exciting}$' '다소 버거운$_{Risky}$' 목표를 수립하는 것이 좋다.[28] 목표를 수립할 때 그 목표가 신나는지를 가슴으로 느껴 보라. 그리고 쉽게 이룰 수 있는 목표보다는 다소 버거운 목표를 세우는 것이 좋다. 참고로 사회적으로 놀라운 성공을 거둔 사람들일수록 '버거운 목표' 또는 그 이상을 추구했

다는 점을 다시 한번 기억할 필요가 있다.[29]

이와 같은 나머지 두 요소는 독자의 판단에 따라 생략해도 좋다. 다시 말해서, Optimal 스트레스 관리의 일차적 목적을 위해서는 다섯 가지 요소로 충분하다. 그리고 '최상의 삶'을 위해서는 추가적으로 두 가지를 포함해서 시도해 보는 것도 좋다.

성취 목표와 과정 목표를 함께 수립하라

목표를 효율적으로 실현하기 위해서는 '성취 목표'와 함께 '과정 목표'를 수립하는 것이 좋다.[30] '한 달에 책 4권을 읽겠다'는 목표를 세웠다면, 그 목표가 성취될 수 있는 과정을 구체적으로 세워야 한다. 예를 들어, 자신이 갖고 있는 시간을 고려하면서 '화요일과 목요일 아침 6시에서 7시, 그리고 토요일과 일요일 오후 2시에서 5시에 책을 읽겠다' 등으로 구체적인 과정을 수립해야 실제로 책 4권을 읽을 수 있다. 마찬가지로 한 달 안에 4kg 감량을 목표로 세웠다면, (1) 채식 중심으로 식사하며, (2) 평소보다 2/3 정도 분량을 식사하며, (3) 저녁 식사 후 아침 식사 때까지 간식하지 않으며, (4) 30~45분 정도 걷는다 등으로 구체적인 과정 목표를 세우는 것이 좋다. 더 나아가 채식 중심으로 식사를 하기 위해서는 식재료를 어디서 구입할지 등을 구체적으로 수립해야 목표가 성취될 가능성이 높아진다.

캘리포니아대학교 로스앤젤레스캠퍼스 UCLA의 리엔 펨 Lien B.

Pham과 쉘리 테일러Shelley E. Taylor는 흥미로운 연구 결과를 발표한 바 있다. 이 연구에서 중간 고사를 앞두고 5일에서 7일 기간 동안 한 집단에게는 좋은 성적을 받기 위한 구체적인 과정(좋은 공부 습관)을 마음속으로 그려 보게 하고, 또 다른 집단에게는 좋은 성적을 받는 장면을 마음속으로 그려 보도록 했다. 그 결과, 과정 목표에 초점을 둔 집단이 더 좋은 결과로 나타났다.[31]

이러한 연구 결과는 보다 효율적인 목표 달성을 위해서는 구체적인 과정을 포함하는 것이 더 좋다는 것을 보여 주고 있다

요약하면, 자신에게 중요한 주제에 관해 효율적으로 목표를 수립해야 한다. 구체적으로 (1) 궁극 목표, 중간 목표, 일상 목표를 일관되게 수립하는 것이 좋다(다시 한번 강조하지만 궁극 목표가 수립되지 못한 상황에서는 부담을 갖지 말고 '잠정적'으로 10년 목표를 세우면 된다). (2) 목표는 모호하게 세워서는 안 되며, SMARTER로 접근해야 효율적이다. 아울러 (3) 성취 목표와 함께 과정 목표를 수립하는 것이 좋다. 달리 표현하면 (1) 궁극 목표, 중간 목표, 일상 목표가 없을 경우, (2) 모호하게 목표를 수립할 경우, 그리고 (3) 과정 목표가 없을 경우 스트레스를 경험하기 쉽다. 따라서 이번 원리에서 소개하는 주제들을 잘 이해하고 적용하면서 스트레스에서 벗어날 수 있기 바란다. 더 나아가 자신이 진정으로 원하는 '최상의 삶'을 시작할 수 있기를 기원한다.

전략(Strategy):
목표 실현을 위한 효율적인 전략을 세우라

> 앞에서 효율적인 목표 수립을 소개했다. 하지만 아무리 구체적인 목표를 수립했더라도 효율적인 전략 없이는 시간과 재원이 낭비되면서 스트레스를 경험하기 쉽다. 반면에 효율적인 전략으로 접근하면 불필요한 스트레스에서 벗어날 수 있다.

앞에서 소개했듯이 스트레스란 바라는 상태$_{DS}$가 현실$_{AS}$에서 이루어지지 않을 때 발생한다. 그리고 조절기의 기능은 바라는 상태$_{DS}$와 실제 상태$_{AS}$ 간의 간극을 줄여 가는 과정이 된다.

그렇다면 전략이란 무엇인가? 우선 일상생활의 예로 접근해 보자. 부산에서 서울로 가기 위해선 다양한 선택 방안이 있다. (1) KTX, (2) 자동차, (3) 고속 버스, (4) 비행기. 심지어 (5) 자전거나 (6) 도보로 이동할 수 있다. 결국 효율적인 전략이란 다양한 방안 가운데 가장 효율적인 선택 과정이라고 볼 수 있다.

그렇다면 어떤 선택이 가장 효율적일까? 각자의 목표$_{DS}$와 현실$_{AS}$에 따라 다르다. 만약 빠르게 이동하기 위해서는 비행기가 좋을 것이다. 하지만 공항에서 멀리 떨어진 부산이나 서울 지역이라면 KTX가 더 효율적인 전략이 될 수 있다. 더 나아가 건강하며 시간이 충분하며 부산에서 서울에 이르는 구석구석 속살을 구경하고 싶다면 도보로 이동하는 것이 가장 효율적인 전략이 될 수 있다.

목표를 효율적으로 성취할 수 있는 전략을 수립하라

효율적인 전략은 각자의 목표와 현실 여건에 따라 다르다. 운동선수와 음악가의 전략이 다르며, 심지어 운동선수라도 운동 종류에 따라 다르며, 동일한 운동에서도 선수의 역할에 따라 전략이 달라진다. 예를 들어, 축구에서 수비수라면 상대방에게 오프사이드를 유발하는 것이 전략일 수 있으나, 공격수라면 오프사이드에 걸리지 않는 것이 전략이 된다. 따라서 이곳에서는 모든 전략을 다루는 대신 몇 가지 일반적 주제를 살펴보기로 하자.

핵심 주제에 초점을 맞추라

많은 분이 비만 관리에 관심이 있으므로 이번에도 비만 관리에 관해 살펴보도록 하자.

도대체 비만 관리를 위해서 어떤 전략이 효율적일까? 너무 많은 주제가, 그것도 상반된 정보가, 난무하고 있기 때문에 혼란을 유발하고 있다. 보다 자세한 내용은 차후『스트레스에서 벗어나 체중을 효율적으로 관리하는 법』(가제)에서 소개하게 되지만 한 가지만 언급해 보도록 하자.

캘리포니아대학교 버클리분교University of California at Berkeley 커뮤니케이션 학과의 마이클 폴란Michael K. Pollan 교수는 음식에 관해 매우 유익한 책들을 저술한 바 있다. 그의 핵심 전략은 다음과 같다.[32] 'Eat food. Not too much. Mostly plants.' 이처럼 그는 (1) '진짜 음식을 섭취'하고(질), (2) '과식'하지 말고(양), (3) '주로 채식'하라(질)를 강조하고 있다. 여기서 '진짜 음식'이란 할머니 세대 이전 사람들이 섭취하던 식사를 생각하면 된다. 예를 들어 '청국장'이 좋기는 하지만, 우리가 먹는 대부분의 청국장은 방부제가 들어 있는 이미 만들어진 청국장이다(한편 차후 저자가 저술할 책에서는 질, 양, 기간, 종류에 관한 네 가지 식사 전략을 소개하게 된다).

'무엇을 할 것인가'와 함께 '무엇을 하지 말아야 할 것인가'를 결정하라.

이 주제는 이 책에서 지속적으로 강조되고 있다. 다만, 한 가지만 언급하면, 비만 관리에서 소위 "탄수화물을 줄이라"는 잘못된 이야기를 살펴보는 것이 좋겠다. 탄수화물은 생명의 근본 에너지인 포도당의 원료가 된다. 따라서 탄수화물 섭취는 매우 중요하며, 채소나 과일 같은 '진짜 탄수화물' 중심으로 섭취하고, 빵이나 과자 같은 '가짜 탄수화물'을 줄이는 것이 중요하다. 실제로 이러한 전략만 실행해도 두 달 사이에 5~8kg의 감량이 가능하다.

SWOT 분석을 실시하라

실생활에서 많이 사용되는 전략은 SWOT 분석이다.[33] 잘 알려져 있듯이 4가지 요소(강점 Strengths, 약점 Weaknesses, 기회 Opportunities, 위기 Threats)를 분석하면 좋은 전략의 밑받침이 된다. 사실 이러한 분석은 『손자병법』에서 강조되었던 "나를 알고 상대를 알면 백 번 싸워도 지지 않는다, 지피지기 백전불태 知彼知己 百戰不殆"[34]와 일맥상통한다고 볼 수 있다. 불태란 싸움에서 위태롭지 않다는 뜻이므로 책에서 소개하고 있는 스트레스로 간주해도 큰 무리가 없어 보인다.

이와 관련해서 마이클 조던을 다시 한번 살펴보도록 하자. 그는 50명 정도의 다른 지원자와 함께 엠즐리 래니$_{\text{Amsley A. Laney}}$ 고등학교에 지원한다. 하지만 당시 마이클 조던은 겨우 177cm 정도의 키로 다른 아이들과 경쟁할 수 없었다. 그 결과 그는 떨어지게 된다. 이 상황에서 집으로 돌아온 마이클 조던은 자신의 방에 들어가서 문을 잠그고 울게 된다. 하지만, 그는 자신의 장점과 단점 등을 충분히 분석하고 더욱 분발한다.[35] 그 결과 미국 프로 농구에서 32,292점을 넣고, 14번이나 올스타 게임에 출전하며, 6번에 걸친 우승을 경험하며, 5번 동안 최우수상을 받는다. 그리고 아직까지도 '농구의 황제'라고 칭송받고 있다.[36]

역산적으로 접근하라

전략을 세우는 방법은 시간적 측면에서 두 가지 접근이 있다. (1) 순행적$_{\text{forward}}$ 접근, (2) 역산적$_{\text{backward}}$ 접근. 먼저 순행적 접근이란 현재 상황$_{\text{AS}}$을 기점으로 목표$_{\text{DS}}$까지의 계획을 세우는 접근법이며, 역산적 접근이란 미래의 목표$_{\text{DS}}$를 기점으로 현재 상황$_{\text{AS}}$에서의 계획을 세우는 접근법이다.

이 주제는 아주대학교 심리학과 명예 교수인 이민규 교수가 저술한 『실행이 답이다』[37]에서 잘 정리되었으므로 이곳에서는 그 책의 일부를 소개하는 것이 좋겠다.

첫째, 성공과 행복에 관한 연구를 50여 년간 수행한 하버드대학교의 에드워드 밴필드Edward C. Banfield 교수는 다음과 같이 언급했다. "우리 사회에서 가장 성공한 사람은 10년, 20년 후의 미래를 생각하는 장기적인 전망을 갖고 있는 사람들이었다."(원리 5와 원리 13에서 강조한 내용과 동일한 지적을 하는 셈이다.)

둘째, 순행적 접근의 문제는 "현재의 시점에서 바라보면 모든 일들이 중요하게 느껴진다. 또한 중요한 일보다 긴급한 일을 선택할 가능성이 높아진다. 하지만 목표 달성을 기준으로 현재 상황을 역방향으로 바라보면 선택의 범위가 대폭 줄어든다. 유혹을 쉽게 뿌리칠 수 있고 목표와 무관한 일들은 쉽게 물리칠 수 있다. 당연히 스트레스도 줄어든다."

셋째, 역산적 접근의 구체적인 3단계는 다음과 같다.

- 1단계: 달성하고 싶은 목표와 데드라인을 먼저 명확하게 정한다.
- 2단계: 목표 달성 과정의 징검다리 목표들과 데드라인을 정한다.
- 3단계: 목표와 관련한 첫 번째 일을 선택해 곧바로 실천한다.

2단계에서 보듯이 역산적 접근의 효과성을 배가하려면 마감일을 미리 정하는 것이 효율적이다. 왜냐하면 사람의 심리는 마감일이 임박할수록 동기 부여가 증진되기 때문이다.

'if … then'으로 접근하라

뉴욕대학교 심리학과의 피터 골비처Peter M. Gollwitzer 교수는 사람들이 선택 결정 후에도 계획대로 실행하지 못하는 현상에 관심을 갖게 되었다. 그리고 어떻게 하면 실행력을 높일 수 있는가에 대한 연구를 지속적으로 수행하고 있다.

효율적인 전략으로 그가 제안하는 방식은 'if… then' 접근이다. 예를 들어, 저녁 식사 후 걷기로 마음을 먹었지만 식사 후 설거지를 하거나 TV 시청을 하다 보면 걷기를 하지 못할 수 있다. 이럴 경우, '저녁 식사 후에는 걷겠다'로 접근하면 실행력이 높아진다. 이러한 접근을 '실행 의도implementation intention'라고 한다. 단순한 목표나 의도보다 구체적으로 '언제, 어디서, 그리고 어떻게'에 관한 전략을 미리 세워 두면 훨씬 목표 성취가 높아진다는 점을 보여 주는 셈이다. 실제로 이 주제에 관한 640개 이상의 연구를 살펴보면 실행 의도로 접근할 때 훨씬 효과가 좋게 나타났다.[38]

지금까지 전략이 효과 없다면 대안적 접근을 모색하라

전략과 관련해 이번에는 조금 다른 주제를 살펴보도록 하자. 예전에는 부부 간 갈등의 하나로서 남편의 지나친 음주가 문제가 되곤 했다(예전보다 줄어들었지만 이로 인해서 고생하고 있는 아내들도 계실 것이다). 이 상황에서 대부분의 아내들은 남편의 음주 행동에 대해 한편 걱정하는 마음으로, 또 다른 한편으로는 속상해서 고운 말보다는 상대방이 듣기 싫은 이야기를 하게 된다. 문제는 아무리 아내의 이야기가 맞더라도(또는 소리 지르더라도) '쇠귀에 경 읽기'에 그칠 수 있다는 점이다.

이 상황에서 앨버트 아인슈타인Albert Einstein의 지혜를 한 번 곱씹어 볼 필요가 있겠다. "우매함이란 동일한 행동을 반복하면서 다른 결과를 기대하는 것이다." (원어 'insanity'는 '미침'이 직역이지만 '우매함'으로 순하게 접근해도 좋을 듯싶으며, 이 구절이 아인슈타인이 한 말이 아니라는 주장도 있다.)

그렇다면 어떠한 전략이 효과적일까? 당연히 지금까지 하던 것과는 다른 접근이 필요하다. 특히 지금까지 시도했던 것과 '반대 행동'이 효과적일 수 있다. 예를 들어, 평소에 소리 높여 이야기했다면, 나긋나긋하게 상대방에게 말해 보라. 그러면 의외로 효과가 있다. 또는 평소 너무 순하게 접근했다면 한 번 대차게 소리 지르거나 강하게 대하는 것도 좋다(물론 비폭력을 전제로 한다). 이와 같이 평소와 다르게 접근하는 것이 쉽지 않겠지만, 효율적인 전략이 되므로 적극적으로 활용할 필요가 있다.

마찬가지로 학생으로 공부가 잘되지 않는다면, 또는 직장인으로 승진이 잘 이루어지지 않는다면 평소와 다른 방법을 모색할 필요가 있겠다.

환경 통제를 활용하라

1960~1980년대 심리 치료와 상담에서 자기 통제self-control 이론과 기법이 강조된 적이 있었다. 흥미로운 점은 자기 통제가 효율적으로 이루어지려면 환경 통제가 매우 중요하다는 점이 밝혀졌다. 그렇지 않겠는가? 학생이 공부하려면 영화관이나 게임방에 가는 대신 도서관(물리적 환경)에 가는 것이 효율적이고, 직장인이 성공하려면 성공한 선배나 멘토(사회적 환경)와 가까이 지내는 것이 효율적이다.

이와 관련해서 오디세우스의 이야기가 자주 언급된다. 그는 트로이 전쟁에서 승리한 후 드디어 자신의 고향으로 돌아가게 된다. 하지만 한 가지 장애물이 있는데, 고향으로 돌아가는 길목에 세이렌Seiren 자매의 환상적인 노래 유혹에 빠져 배가 난파당할 수 있다는 점이었다. 그는 이러한 상황에서 부하들에게 밀랍으로 귀를 막게 하고, 자신이 잘못된 행동을 저지르지 않도록 몸을 단단히 묶어 달라고 미리 부탁한다. 드디어 세이렌의 노랫소리가 들리자 그는 선원들에게 자신의 밧줄을 풀어 달라고 명령한다. 하지만 선장의 부탁대로 결박 상태를 유지함으로써 오디세우스는 무사히 항해를 잘 마치고 고향으로 돌아올 수 있게 된다(참고로 사이렌은 세이렌에서 기원했다).[39]

이와 관련해서 『넛지: 똑똑한 선택을 이끄는 힘』의 공저자인 리처드 세일러Richard H. Thaler는 자신의 경험을 이렇게 전하고 있다. 그는 후배의 박사 논문 완성에 도움을 주기 위해 100달러짜리 수표를 그에게 맡기라고 제안했다. 그리고 만약 매달 말일까지 논문의 한 챕터를 완성하지 못할 경우 수표를 파티 자금으로 사용하기로 제안했다. 그 결과는? 후배는 단 한 번도 어긴 적이 없이 오랜 시간 미완성으로 남아 있던 박사 논문을 순식간에 마무리했다.[40]

이처럼 목표를 잘 수행할 수 있도록 환경만 '살짝' 바꾸어도 원하는 결과를 쉽게 얻을 수 있다는 흥미로운 이야기들은 『넛지: 똑똑한 선택을 이끄는 힘』에서 추가로 볼 수 있다(참고로 행동경제학에서는 환경 통제를 사전 조치 또는 이행 장치로 부른다).

이 책에서 모든 효율적인 전략을 소개할 수 없다. 앞에서 언급했듯이 효율적인 전략은 목표와 현실에 따라 매우 다양하므로 이 정도로 하는 것이 좋겠다.

장애 요인을 미리 파악하라

우리가 사는 현실은 내 뜻대로 흘러가지 않는다. 따라서 효율적인 전략을 수립하기 위해서는 예상되는 장애 요인을 충분히 파악할 필요가 있다. 장애 요인 파악의 필요성에 관해서는 길게 언급하지 않아도 충분히 이해할 것이다. 다만 비만 관리와 관련해서 2가지만 살펴보도록 하자.

첫째, 다른 주제와 마찬가지로 효율적인 비만 관리를 위해서는 전인적으로 접근할 필요가 있다. 불행하게도 대부분의 비만 관리 프로그램에서 식사와 운동에 초점을 두고 있는데, 이 두 가지 요소에만 초점을 둘 경우 실패할 확률이 높아진다. 그 이유 가운데 하나는 '정서적 섭식' 때문이다. 체중 감량이 잘 이루어지다가 어느 순간에 무너지는가? 대개는 정서적 스트레스(분노, 불안, 우울 등)를 경험하는 순간 무너지기 쉽다. 따라서 자신이 정서적 스트레스를 경험할 때 어떻게 대처하겠는가에 대한 해결책이 미리 마련되어야 한다. 이와 관련해서는 『3분 안에 스트레스에서 벗어나는 법』에서 소개하는 22가지 원리와 30가지 기법이 도움이 되므로 참고하면 좋겠다.

둘째, 비만 관리가 잘 이루어지려면 가족이나 친구들을 포함해 주위 사람들의 협조가 매우 중요하다. 자신은 채식 중심으로 식사를 원하지만 가족들이 고기를 좋아할 경우, 이에 대한 대책을 미리 마련해야 한다. 마찬가지로 친구나 동료들의 협조도 중요하다(비만이 전염된다는 흥미로운 연구는 크리스태키스[Nicholas A. Christaskis]와 파울러[James H. Fowler]가 밝혀낸 바 있는데, 이와 관련해서는 차후 건강, 그리고 행복에 관한 책에서 소개하기로 하자).

대처 전략을 세우라

플랜 B를 마련하라

장애 요인이 파악되면, 그에 대한 대처 전략을 마련해야 한다. 예를 들어, 건강식 섭취를 위해서 앞으로 일주일 동안 정크 푸드의 유혹에 대해 어떻게 대처할지 계획을 미리 세우면 자신이 원하는 목표를 더 잘 성취할 수 있다.[41]

더 나아가 중요한 과제일수록 플랜 A 이외에도 플랜 B를 미리 대비하는 것이 좋다. 만약 정말로 중요한 사안이라면 플랜 B 이외에도 플랜 C 이상을 미리 모색할 필요도 있다. 국정원에서 35년 이상 근무하던 가톨릭관동대학교의 정일천 교수는 다음과 같이 말한 적이 있다.

> 공작원의 성향과 환경은 천차만별이고 돌발 상황도 많아 공작은 일종의 종합 예술이에요. 플랜 B, 플랜 C를 늘 준비합니다.[42]

대처 심상을 활용하라

몇 년 전에 지인으로부터 자신의 아들에 관한 상담을 의뢰받

왔다. 아드님이 수학을 잘하는데, 정작 시험을 보면 시험 불안으로 인해 성적이 좋지 않게 나왔다. 상담에서 여러 가지 도움을 주었으나 특히 두 가지에 초점을 두었다. 불안에 관한 일반적인 원리와 기법(예: 호흡법, 심상법, 점진적근육이완법)을 소개한 후, 대처 심상을 훈련시켰다. 예를 들어, 시험 상황을 마음속에 그리면서 시험 장면에서 발생할 수 있는 주요 과정(입실 장면, 시험 시작 장면, 시험에서 잘못했을 때 대처하는 장면 등)에서 시험을 잘 치르는 모습을 연습시켰다. 그 결과 그 학생은 성균관대학교 수학과에 진학했다.

숙고하라

때로 문제를 해결해야 하는 상황인데 해결책을 곧바로 얻지 못할 때가 있다. 이런 상황에 봉착할 경우, 당황하거나 답답하게 느낄 수 있으나, 문제 해결에 대한 답을 곰곰이 생각하다 보면 답을 얻게 된다. 흔히 "우리 안에 답이 있다"고 표현하지만, 저자의 경험으로 볼 때 맞는 말이다. 일반적으로는 일정 기간 동안 그 주제를 반복해서 생각하다 보면 해결책을 찾게 된다. 이때 생각이 날 때마다 노트에 기입하거나 휴대폰에 입력하면 더 좋다. 특히 이런 상황에서는 늘 종이와 연필을 갖고 다니면서 생각이 날 때마다 기입하는 것이 큰 도움이 된다. 또한 샤워할 때 좋은 생각이 날 가능성이 높기 때문에 샤워하면서 그 주제를 생각해 보는 것도 도움이 된다. 더 나아가 서울대학교 재료공학부 명예 교수인 황농문 교수는 일정 기간 몰입하게 되면 놀라운 해결책을 찾아낼 수 있는 원리와 방법, 그리고 사례들을 제시한 바 있으므로 참조하면 좋겠다.[43] 그 밖에도 브레인스토밍 기법이 도움이 되지만, 이번 주제는 이 정도로 해 두자.

요약하면, 전략과 관련해서, (1) 목표를 효율적으로 성취할 수 있는 다양한 전략을 고려하고(핵심 주제에 초점을 맞추고, '해야 할 것'과 함께 '하지 말아야 할 것'을 결정하고, SWOT 분석을 실시하고, 역산적으로 접근하고, 'if… then'으로 접근하고, 기존의 전략이 효과가 없다면 대안적 접근을 모색하고, 환경 통제를 활용하라). (2) 장애 요인을 미리 파악한 후, (3) 장애 요인에 대한 대처 전략을 미리 세우라(플랜 B, 대처 심상, 숙고). 물론 책에서 소개한 내용들을 모든 상황에 반드시 적용할 필요는 없다. 다만 책에서 소개하고 있는 주제들을 간과할 경우 스트레스를 경험하기 쉬우며, 반대로 그 주제들을 효율적으로 적용할수록 문제가 해결되면서 스트레스에서 쉽게 벗어날 수 있게 된다.

제3부를 정리하면 다음과 같다.
우리의 삶에서 가장 중요한 주제 가운데 하나는 '선택'이다. 특히 '스트레스 관리'와 관련해서는, (1) '노예 마음틀'에서 벗어나 '주인 마음틀'로 살아야 한다. 다만 모든 것을 통제할 수 없는 인간의 한계를 고려할 때, (2) 통제할 수 없는 것은 과감하게 수용하고, 통제할 수 있는 것을 통제하려 노력해야 한다. 이 두 가지 원리가 조절기에서 가장 근본적인 원리가 된다. 왜냐하면 스트레스 문제를 해결한다는 것은 결국 '통제'하는 데 있기 때문이다.

한편, 스트레스 관리를 위해서 보다 실질적인 원리로서, (3) '경중완급의 음치'에서 벗어나야 한다. 다시 말해서 자신에게 가장 '중요한 것에 초점을 두어야 한다. 또한 중요한 것에 초점을 두기 위해서는, (4) 장단기 목표를 구체적으로 수립해야 한다. 특히 매일 '삶의 목적'이나 '한 달 목표' 또는 '하루 목표'를 명확하게 수립하며 사는 것이 좋다. 그리고 (5) 목표를 효율적으로 성취하기 위해서는 효율적인 전략을 세워야 한다.

제3부와 관련해서는 부록 4에서 개별적인 주제 대신에 조절기에 관한 전체 단계를 소개하고 있다. 왜냐하면 조절기에서 이루어지는 효율적인 선택이 서로 유기적으로 연관되어 있기 때문이다. 개인에 따라 어느 단계는 선택이 잘 이루어지고 있지만, 다른 단계에서 부족할 수 있으며, 그에 상응해서 스트레스를 경험하게 된다. 따라서 자신이 어떤 단계에서 취약한지를 알고 보완해야 스트레스에서 벗어나서 자신이 진정으로 원하는 삶을 살 수 있게 된다.

자, 조절기를 시작하면서 선정한 스트레스 주제가 해결되었는가? 해결되었다면 어떤 선택으로 해결되었는가? 아직 해결되지 못했다면 다시 한번 조절기에서 소개하고 있는 다양한 원리와 주제들을 살펴보기 바란다.

저자의 경험으로는 동기기, 탐지기 그리고 조절기에서 소개하고 있는 원리들과 주제들을 적용하게 되면 거의 대부분의 문제가 해결되기 시작한다. 물론 어떤 주제들은 최종적으로 해결되기까지 시간이 필요하며, 꾸준한 적용을 통해서 몸에 체득될 때까지 실습하는 것이 중요하다.

지금까지 동기기에 이어서 탐지기와 조절기를 살펴보았다. 이제 제4부에서는 실행기의 기능을 살펴보기로 하자. 결국 문제 해결은 궁극적으로 실행 여부에 달려 있다. 이 기능이 바로 다음에서 소개되는 실행기가 된다.

제 **04** 부(실행기)

효과적으로 실행하라

결심한 것은 반드시 실행하라

―벤자민 프랭클린Benjamin Franklin―

사람들은 모두 훌륭한 생각과 훌륭한 아이디어, 훌륭한 의도가 있다. 하지만 그것을 실천으로 옮기는 사람은 거의 없다.

―존 핸콕John Hancock―

할 수 있는 일과 할 수 있다고 꿈꾸는 일은 뭐든지 시작하라. 대담함에는 천재성과 마법이 들어 있다. 지금 당장 시작하라.

―요한 볼프강 폰 괴테Johann Wolfgang von Goethe―

16 모멘텀(Momentum): 오늘 당장 시작하라

17 역량(Capacity): 집중, 집중, 집중하라

18 과정(Process): 과정적으로 접근하라

19 방법(Method): 매직 램프를 활용하라

20 자원(Resource): 대처 자원을 확충하라

 우선 제3부까지 여행을 마친 독자분들에게 축하를 드린다. 이제 마지막 제4부에서는 스트레스 관리 공식 가운데 네 번째 요소인 '실행'을 다룬다. 우리가 원하는 바를 이루려면 실제로 실행해야 한다. 그렇기 때문에 지금까지 소개했던 원리들의 완결 과정이 실행기에서 이루어진다. 먼저 실행기와 관련해서도 두 가지 핵심 개념을 살펴보도록 하자.
 첫째, 'Optimal 스트레스 관리'를 위해서는 **실행기**에서 실제로 '**실행**Action'해야 한다. 실행의 중요성은 이곳에서 길게 설명하지 않아도 충분히 이해할 것으로 짐작된다. 다만 현대인은 앞에서 소개한 요인(예: 시간이 빨리 흘러가고, 디지털 혁명으로 주의산만이 초래되고, 그 결과 중요한 것에 집중하기 어려운 상황)으로 인해 중요한 것을 실행하지 못하면서 스트레스가 증가하고 있다.
 둘째, 실행기의 기능과 관련해서는 실행의 '**효과성**Effectiveness'이 매우 중요하다. 달리 표현하면 '스트레스 문제를 어떻게 효과적으로 해결할 수 있는가?'가 관건이 된다. 앞에서 강조했듯이 많은 사람이 스트레스 상황에서 '스트레스 해소'에 초점을 두면서 '일시적 효과'만 체험하는 경향이 있다. 그리고 장기적으로는 부정적 결과가 초래되는 '역효과'의 삶을 사는 안타까운 분들을 많이 목도하고 있다.

모쪼록 제4부에서 소개하는 원리들을 통해서 일시적 효과가 아닌 근원적으로 문제를 해결하면서 스트레스에서 벗어나 자유로운 삶을 살 수 있기를 진심으로 기원한다. 아울러 이 원리들 역시 건강, 행복, 성공에도 매우 효과적인 원리가 될 수 있으므로 일상생활에서 폭넓게 활용하면 좋겠다.

짐작하건대 책을 보면서 시작했던 첫 번째 스트레스 주제가 이미 해결되었거나 상당한 수준으로 감소되었을 것으로 생각된다. 특히 그 주제가 동기기, 탐지기, 혹은 조절기와 관련이 있는 주제라면 이미 해결되었을 것이다. 스트레스 문제가 해결되었다면 다시 한번 진심으로 축하한다!

만약 앞에서 선택한 스트레스 주제가 이미 해결되었다면 이번에도 또 다른 스트레스 주제를 생각해 보기 바란다.

한편, 아직도 스트레스 문제가 해결되지 않았다면 제4부에서 소개하는 실행기의 문제로 볼 수 있으므로, 제4부에서 다루는 주제에 대해 더 집중해서 책을 읽어 보면 좋겠다.

다시 한번 강조하지만 책을 빨리 보려는 마음을 잠시 접고, 당면하고 있는 스트레스 주제 한 가지 생각한 후 (그리고 구체적으로 적은 후) 책을 읽길 바란다. 그래야 스트레스 문제가 해결되는 체험을 확연하게 느낄 수 있다. 자, 이제 마지막 기능인 실행기에 관한 여행을 떠나 보도록 하자.

모멘텀(Momentum): 오늘 당장 시작하라

우리가 갖고 있는 스트레스 문제를 해결하기 위해 언제 시작하는 것이 좋을까? 가능하면 오늘 당장 실행하라. 우리는 관성의 법칙에 따라 변화를 하지 않으려 한다. 따라서 스트레스 문제를 해결하려면 오늘 시작해야 한다. 그래야 변하기 시작하며, 그래야 스트레스에서 벗어날 수 있다.

잠시 지금까지 살면서 해결되지 않고 있는 스트레스 문제를 생각해 보라. 그 주제가 중요하지 않아서 그럴 수도 있다(동기기). 그렇다면 중요한 주제인 경우, 모두 해결하며 살고 있는가? 때로는 해결할 수 있는 여건이 마련되지 않아서 그럴 수도 있을 것이다(탐지기). 그렇다면 여건이 마련된 상태에서는 모든 중요한 문제를 해결해 왔는가? 때로는 해결을 위한 선택 결정을 할 수 없어서 그럴 수 있을 것이다(조절기). 그렇다면 중요한 주제이며, 해결할 수 있는 여건이 마련되어 있으며, 해결하기로 결정한 경우 실제로 실행하는가?

대부분의 학생은 학업이 중요하며, 공부할 수 있는 여건 속에 있으며, 공부하려고 마음을 먹는다. 그럼에도 학업이 마음대로 되지 않고 있다. 직장인도 자신에게 무엇이 중요한지 알고, 중요한 것을 실행할 수 있는 여건에 있으며, 중요한 것을 하기로 결정한다. 그럼에도 불구하고 중요한 것을 실행하지 못하는 경우도 많다. 이 사례에서 보듯이, 우리가 봉착하고 있는 많은 문제는 실행력의 문제로 귀착된다. 물론 제1부에서 제3부까지 다룬 원리들 모두 중요하다. 하지만, 다른 주제 이상으로 실행기에서 다루게 될 실행력의 중요성을 기억할 필요가 있다.

실행력과 관련해 염두에 두어야 할 개념은 앞에서 언급한 '관성'이다. 관성의 법칙에 의하면 외부에서 힘이 가해지지 않는 한 원래 상태를 유지하려 든다. 따라서 문제를 해결하기 위해서는 무언가 모멘텀이 필요하다. 그리고 바로 지금이 실행해야 할 시점이다.

실행기에서도 이번 원리가 가장 중요하다. 스트레스 문제를 해결하고 싶은가? 지금 당장 시작하라! 그러면 시간이 흐르면서 스트레스 문제가 해결될 것이다. 더 나아가 기대 이상의 놀라운 결과도 경험할 수 있을 것이다.

지금 당장 시작하라

속담에 '시작이 반이다'라는 말이 있듯이, 일단 시작하는 것이 매우 중요하다. 때로는 한두 달 동안 미뤄 두었던 과제가 일단 시작하면 심지어 하루 안에 해결되기도 한다.

제4부를 시작하면서 소개한 괴테의 인용구를 처음 읽었을 때 매우 흥미롭게 느꼈다. 하지만 괴테의 삶을 알게 되면서 이 구절의 마법을 더욱더 깨닫게 되었다. 서울대학교 명예 교수인 전영애 교수에 따르면, 괴테는 문자 그대로 천재임을 알 수 있다. 몇 가지를 살펴보면, (1) 60년에 걸쳐 『파우스트』를 집필했으며, (2) 시와 소설 이외에도 색채론을 비롯해 식물학, 동물학, 광물학, 기상학에 관한 논문을 발표했는데, 그중 색채론에는 40년을 매달리기도 했다. 그는 또한 (3) 바이마르 공화국에서 4개 부처의 장관(교육, 문공, 산업, 세무)을 역임했으며, (4) 26년간 극장을 이끌었던 연극인이었고, 38년간 도서관 감독을 맡았다. 뿐만 아니라 (5) 모차르트의 〈마술피리〉 2부를 기획했으며, (6) 그림 스케치가 2,500여 점에 달했고, (7) 일생 동안 2만 통 이상의 편지를 썼다. 이러한 그의 업적을 기록한 (8) 바이마르 판 전집은 본문만 143권이며, 프랑크푸르트 판 전집은 46권에 불과하지만 한 권이 1,500쪽을 넘는 경우가 많다.[1]

그가 어떻게 이와 같은 놀라운 업적을 이룰 수 있었을까? 그는 아침 5시 반부터 오후까지 글을 쓰고, 그 이후에 다른 활동을 시작하는 습관을 유지했다. 하지만 그의 놀라운 업적은 부분적으로 자신이 원하는 주제가 있을 때 미루지 않고 즉시 시작했기 때문이라고 보인다. 그 한 가지 사례는 다음과 같다.

이 발라테는 괴테가 대학 시절 알자스 시골에서 직접 채집한 민요를 그 골조로 하고 있습니다. 민요 같은 데는 아무도 관심이 없던 시절, 괴테는 슈트라스부르크에서 법학 공부를 하고 있었는데, 당시에 요한 고트프리트 헤르더가 민요의 중요성을 간파하고 『민요(Vokslieder)』라는 책을 펴냈습니다……. 그런데 헤르더의 생각을 접한 젊은 괴테는 책을 뒤지지 않고 곧바로 말을 타고 나섭니다. 알자스 시골로 가서 할머니들로부터 직접 민요를 채집합니다. 이런 방식의 민요 채집은 오늘날에야 민요 연구의 정석이지만, 그때는 아무도 생각하지 못했던 방법이었습니다……. 그렇게 괴테는 자신의 마음을 끄는 것에게로 달려갔습니다.[2]

음악 비평가 어니스트 뉴먼 Ernest Newman 도 이렇게 말했다.

위대한 작곡가는 영감을 받아 작곡을 시작하는 게 아니라 작곡을 시작하고 나서 영감을 받는다. 베토벤, 바그너, 모차르트, 바흐는 모두 날마다 마음을 다잡고 눈앞의 일에 정성을 기울였다. 그들은 영감을 기다리느라 시간을 낭비하지 않았다.[3]

운동하기를 원하는가? 지금 당장 일어나 단 5분이라도 움직여 보라. 공부하기를 원하는가? 일단 책상에 앉아서 책을 꺼내서 읽어 보라. 직장인 역시 자신이 해야 할 일을 일단 시작해 보라. 앞에서 관성의 법칙을 언급했지만 일단 시작하면 관성의 법칙에 따라 지속하게 된다. 심지어 운동에 탄력이 붙게 되면 운동하지 않으면 몸이 근질근질하게 된다.

이제 이번 주제를 기원전 1세기에 전설적인 랍비였던 힐렐Hillel의 조언으로 마무리해 보자.

지금이 아니라면 언제 하겠는가?

작게 시작하라

시작할 엄두가 나지 않는 이유 가운데 하나는, 일단 시작하게 되면 잘하고 싶은 인간의 성향 때문이기도 하다. 주위에서는 운동을 무리하게 하는 경우를 종종 보게 된다. 그리고 너무 무리하다 보니 운동을 그만두게 된다.

이러한 성향의 사람이라면 앤드류 우드Andrew Wood의 지혜를 귀담아들을 필요가 있다.

목표를 달성하려고 노력할 때 많은 사람이 단번에 꿈을 이루는 대승리, 홈런, 마법의 해법을 찾는 것 같은 잘못을 저지른다. 대승리를 거두려면 반드시 그 전에 작은 승리를 많이 거둬야 하는 법이다. 성공은 대개 어마어마한 행운이 아니라 단순하고 점진적인 성장에서 비롯된다.[4]

흥미롭게도 습관에 관한 주요 책들은 '작은 습관' 형성을 강조한다.[5] 작게 시작하더라도 지속적으로 실행하면 놀라운 효과가 나타난다는 점은 이미 원리 3에서 도미노 예화로 소개한 바 있다. 하지만 이 주제와 관련해 가장 대표적인 저서는 대런 하디Darren Hardy의 『인생도 복리가 됩니다The Compound Effect』이다. 그는 복리 효과를 다음과 같이 소개하고 있다.

누적 효과란 일련의 작고 현명한 선택으로 큰 보상을 얻는 원리를 말한다. 건강, 관계, 재정, 그 밖의 다른 어떤 것이라도 이 전략으로 향상시키려는 대상이 무엇이든 그 과정에서 일어나는 변화가 아주 미세해서 거의 눈치챌 수 없을 정도다. 이러한 작고 겉으로 보기에는 미미해 보이는 단계를 오랫동안 일관되게 완수하다 보면 나중에 어마어마한 변화가 일어난다.[6]

이처럼 작게 시작하더라도 꾸준히 실행하면 놀랄 만한 성과가 나타난다. 따라서 너무 큰 목표를 생각하면서 선뜻 시작하지 못하고 있다면 일단 작게 시작하라. 그래야 자신이 고생하고 있는 스트레스 문제를 해결할 수 있다.

시작한 것을 무조건 끈기 있게 완수할 필요는 없다

'시작이 반이다'라는 속담과 자주 연결되는 속담은 '가다가 중단하면 아니 간만 못하다'이다. 사실 차후에 『스트레스에서 벗어나 최고의 나로 사는 법』에서 소개할 예정이지만 '끈기'는 성공에서 매우 중요한 요소가 된다. 실제로 펜실베이니아대학교 심리학 박사인 엔젤라 더크웰스Angela L. Duckworth는 '끈기'가 포함된 '그릿grit'이 성공에서 매우 효과적인 접근법임을 밝힌 바 있다.[7]

하지만, 시작한 일은 반드시 끈기 있게 지속해야 할까? 그렇지 않다. 이와 관련해서 줄리아 켈러Julia Keller는 '그릿'의 반대 개념으로 볼 수 있는 『퀴팅Quitting』이라는 책을 통해서 새를 비롯한 동물 세계와 인간 탐구에 관한 흥미로운 분석을 제시하고 있다.[8] 우선 애덤 그랜트Adam M. Grant는 그릿이 미덕으로 강조되는 배경으로 '종교개혁의 유산'이며 '아메리칸 드림의 일부'라고 언급하고 있다. 또한 임상심리학자이자 컬럼비아대학교Columbia University 사범대학의 조지 보나노George A. Bonanno 교수는 퀴팅을 하나의 자산으로 보고 있다.

유연성은 수동적인 대처 방식이 아니다. 트라우마를 겪는 과정에서 우리는 어려움이 닥치는 순간마다 최선의 해결책을 찾아내야 하고, 그렇게 해 나가면서 해결책을 다시 조정해야 한다. 다시 말해 유연하게 대처해야 한다. 우리는 자신에게 무슨 일이 일어나고 있는지, 그 일을 해결하기 위해 무엇을 할 수 있는지 파악한다. 또한 수정 단계라는 중요한 과정을 거치면서 선택한 전략이 효과가 있는지, 아니면 다른 전략으로 바꾸어야 하는지 판단한다.[9]

이제 역사적으로 유명한 한 남자의 인생을 추가로 살펴보기로 하자.

지휘자를 꿈꾸던 남자가 있었다. 하지만 너무 열정적으로 지휘하던 나머지 오케스트라 단원들과 신호가 맞지 않았다. 그런가 하면 기억력도 좋지 않았다. 조심성도 없었다. 심지어 피아노 협주곡을 지휘하면서 피아노 위에 있던 촛불을 넘어뜨린 적도 있었으며, 격정적인 성격에 성가대 한 명을 때려눕히기도 했다.

이런 상황에서 주위 음악가들이 지휘자의 꿈을 접으라고 만류했으며, 결국 그는 지휘자로의 꿈을 접고 오직 작곡에 전념했다.[10] 그는 역사상 최고의 작곡가로 칭송을 받게 되며, 바로 베토벤의 이야기다.

이와 같은 사례를 통해서 살펴볼 수 있듯이 시작한 일을 반드시 완수할 필요는 없다. 원리 18에서 소개될 예정이지만 책에서 소개하고 있는 네 가지 핵심 기능은 피드백과 피드포워드에 의해서 수정되고 발전하게 된다. 그러므로 시작한 일을 강박적으로 완수할 필요는 없다. 단, 일단 시작해야 한다. 시작해야 중단할지, 지속할지를 알 수 있다. 특히 자신이 진정으로 원하는 바를 정확히 알기 위해서도 시작이 중요하다.

요약하면, (1) 일단 시작하되, (2) 작게 시작하고, (3) 만약 필요할 경우 중단하고 보다 발전된 방향으로 나아가면 된다.

역량(Capacity): 집중, 집중, 집중하라

빔 프로젝터를 사용할 때 리모컨으로 사용하는 레이저와 가정용 전구(100W)를 비교하면 어떤 것이 출력이 강할까? 가정용 전구가 힘이 세다. 하지만 이 질문에 대해 거의 모든 사람은 레이저가 세다고 답한다. 왜 그럴까? 레이저의 힘을 경험하고 있기 때문이다. 어렸을 적 돋보기를 해에 쪼이면 종이에 불이 붙는 것을 보곤 했다. 이렇듯 실행력이란 결국 집중력이 관건이 된다.

앞에서 언급했듯이 스트레스란 DS와 AS가 어긋난 불편한 상황이며, 불편한 문제를 해결하는 순간 스트레스가 사라지게 마련이다. 이처럼 스트레스 관리에서 중요한 점은 문제 해결 역량을 증진시키는 것이다.

그렇다면 어떻게 문제 해결 역량을 증진시킬 수 있는가? 가장 효과적인 접근법은 '집중'이다. 독자분들도 집중력의 힘을 모두 경험했으리라. 저자도 때로 수개월 동안 해결하지 못한 일을 하루 안에 집중해서 해결한 적도 있다. 어느 정도로 집중하면 좋을까?

자동차 키를 잃어버려서 찾을 때처럼 간절히 집중하라.

분야: '전문' 분야에 집중하라

우리는 자신이 갖고 있는 모든 문제를 해결할 수 없다. 하지만 스트레스를 줄이려면 자신의 전문 분야에 집중하는 것이 좋다. 학자는 논문으로, 판사는 판결로, 가수는 노래로 평가받기 때문이다. 바꾸어 이야기하면, 학자가 논문 작성보다 골프에 더 관심을 갖거나, 판사가 법리에 기초한 판결보다 정치에 더 관심을 갖거나, 가수가 노래보다 연애에 더 관심을 가질 경우 문제가 발생할 가능성이 높다.

특히 21세기는 '전문가'의 시대이다. 예전에는 극소수의 몇 개의 분야만 전문가로서 인정받았다. 의사, 법관, 학자, 기업가 등. 저자가 학교를 다닐 때만 하더라도 노래하는 사람들에 대해 '딴 따라'라고 폄하하던 시절이었다. 하지만 요즘은 노래를 잘하면 국내뿐 아니라 세계적으로 유명해질 수 있으며 엄청난 경제적 부를 이룰 수 있다. 마찬가지로 음식만 잘해도, 게임만 잘해도 전문가로서 인정받는 시대이다. 이러한 현상에 대하여 하버드대학교 교육대학원 교수였던 토드 로스L. Todd Rose는 21세기는 전문가의 시대임을 『The End of Average』에서 자세하게 소개하고 있다.[11]

전문가가 되면 자신의 분야에서 인정을 받을 뿐 아니라, 전문가로서 높은 수입이 가능하기 때문에 다른 스트레스 주제들을 보다 쉽게 해결할 수 있다. 자신의 분야 이외에는 다른 전문가들에게 위임하면 된다. 그러니 21세기에는 '만물박사'보다 자신의 분야에서 '전문가'가 되는 것이 더 효과적이다.

측면: '강점'에 초점을 두라

우리 모두 장점과 단점을 갖고 있다. 불행하게도 많은 사람이 자신의 단점을 해결하기 위해서 애를 쓰는 경향이 있다. 하지만 자신이 갖고 있는 단점을 해결하는 것은 시간이 많이 걸리거나 비효과적이다. 왜냐하면 인간의 심리는 부정적인 모습에 대해 회피하려는 경향이 있기 때문이다.

다행스럽게 긍정심리학이 대두되고, 특히 갤럽연구소의 마커스 버킹햄Marcus Buckingham과 도날드 클리프턴Donald O. Clifton의 책 『Now, Discover Your Strengths』[12]이 출판되면서 강점에 초점을 두는 경향이 생겨서 다행이다.

물론 자신의 단점을 해결하다 보면 그 분야에서 전문가가 될 수 있는 가능성을 배제하는 것은 아니다. 짐 퀵Jim Kwik은 어렸을 때 넘어지면서 머리를 다쳐서 책을 읽기도 힘든 바보로 지냈으나, 학습 방법에 관심을 가지다 보니 세계적인 학습 전문가가 되었다. 다만 장점에 초점을 맞추는 것보다 훨씬 힘들다는 점을 기억할 필요가 있다.[13]

요점은 단점보다는 강점에 초점을 두는 것이 효과적임을 알아 둘 필요가 있다. 그리고 자신의 단점은 해당 전문가의 도움을 받으면 된다.

주제: '의도적 연습'에 초점을 두라

독자들 가운데 1만 시간의 법칙을 아는 분이 많이 계시리라. 이 개념은 말콤 글래드웰Malcolm T. Gladwell에 의해 사람들에게 많이 알려졌으나, 플로리다대학교Florida State University 교수였던 앤더스 에릭슨K. Anders Ericsson 연구에 의해 이루어졌다.[14]

연구에 의하면 각 분야에서 1만 시간 정도를 투여하게 되면 전문가가 될 수 있다. 중요한 점은 단순히 1만 시간을 투여하는 것이 아니라, 중요한 부분에 대해 집중적으로 훈련하는 것이다. 이것이 바로 '의도적 연습'이다. 예를 들어, 바이올린 연주가로서 특정 부분에 집중적으로 연습함으로써 한 단계 실력이 증진하게 된다. 피아노 연주가도 역시 자신에게 필요한 부분을 집중적으로 연습함에 의해 한 단계 발전하게 되는 것이다. 마찬가지로, 자신의 수준에서 필요한 부분을 집중적으로 연습할 때, 비로소 1만 시간을 투자하게 되면 전문가가 될 수 있다.

계약 기간: '하루 계약서'에 기초해서 살라

스포츠 세계에서는 종종 '하루 계약서$_{\text{one day contract}}$'를 작성한다. 예를 들어, 미식축구 선수나 농구 선수가 은퇴할 때 추가로 '하루 계약'을 맺게 된다. 그리고 추가적인 하루 동안 은퇴 행사 등을 하게 된다. 마찬가지로 감독의 경우에도 '하루 계약서'를 통해 자신의 감독직을 의미 있게 마무리하게 된다.

앞에서도 강조했듯이, 마치 '오늘이 마지막 날'이라고 살게 되면, 하루하루가 풍성한 삶으로 살 수 있게 된다. 따라서 실제로는 '하루 계약서'를 작성하지 않지만, 오늘부터 매일 '자신' 또는 '신'과 하루 계약서를 작성해 보는 것도 좋다. 그러면 웬만한 스트레스에서 벗어나 자유롭게 살 수 있고, 더 나아가 '최상의 삶'을 살 수 있게 된다.

🌿 시간: '아침 시간'에 집중하라

로라 밴더캠(Laura Vanderkam)의 책 『What the Most Successful People Do Before Breakfast』[15]에서 보듯이 가장 성공한 사람들은 '아침 식사 전'에 자신에게 중요한 일을 처리한다. 성공하려면 '아침형' 인간이 되라고 강조하는 것과 같은 맥락의 이야기다.

한편, 저자는 올빼미 형이라 '아침 식사 전'에 중요한 일을 처리하지 못한다. 대신 '오전 시간'에 '집중 시간'을 마련해서 전화를 받지 않고 작업에 집중하고 있다. 사실 이번에 출간되는 두 권의 스트레스 관리 책은 이러한 습관 덕분에 이루어 낸 결과이다. 이 과정에서 절실하게 느낀 점은 저자가 이러한 효과를 미리 알았다면, 저자의 삶이 매우 달랐을 것으로 생각된다. 이 글을 읽는 독자분들도 자그마한 습관의 변화를 통해 놀라운 성취를 체험할 수 있으면 좋겠다.

왜 아침에 중요한 일에 집중하는 것이 좋을까? 만약 아침에 중요한 일을 처리하지 못할 경우, 오후 또는 저녁 시간에 중요한 일을 처리할 수 있기 때문이다. 물론 일부 저자는 하루 주기 circadian rhythm 등을 강조하기도 하지만 혈압이 저녁 6시 30분경에 가장 높고, 신체 반응이 오후 3시 반경에 가장 빠르고, 체온이 저녁 7시경에 가장 높다는 점 등을 고려하면 일일 주기의 효과는 이차적으로 보인다.

'파레토 법칙'을 적용하라

독자 가운데는 앞에서 소개한 주제들이 비현실적이라고 생각할 수도 있겠다. 대부분 직장인들이 자신이 정말로 하고 싶은 일을 수행하기보다는 조직에서 시키는 일을 주로 하기 때문이다. 하지만 이때 꼭 기억해야 할 점은 '파레토 법칙'이다. 파레토 법칙이란 이탈리아 경제학자이자 정치가였던 빌프레도 파레토 Vilfredo Pareto가 밝혀낸 현상을 의미한다. 그가 주목했던 현상은 이탈리아 전체 면적 가운데 약 80%가 20%의 소수에 의해 소유되고 있다는 점이었다.

흥미롭게도 이 현상은 다른 주제에서도 자주 반복되어 나타나고 있다. 전 세계에서 가장 부유한 20%가 전 세계의 부의 80% 정도를 차지하고 있으며(불행하게도 부의 편중은 점차로 심화되고 있다), 백화점 매출의 80%가 최상의 고객 20%에서 발생하는 경향이 있으며, 과학적으로 획기적인 발전의 80%는 전체 과학자의 20% 이내에서 이루어진다. 그 밖에 더 많은 예는 리차드 코흐 Richard Koch가 저술한 『80/20 Your Life』에서 살펴볼 수 있다.[16]

이러한 결과에서 보듯이 자신이 투입할 수 있는 20%에 집중하더라도 예상 외로 놀라운 결과가 발생할 수 있다. 결국 파레토 법칙이란 자신이 갖고 있는 자원을 어떻게 배분하는 것이

'최적의 할당'이 되는가에 관한 법칙으로 종종 '파레토 효율성'이라고 불리기도 한다.

더 나아가 로버트 패글리아리니Robert Pagliarini는 『The Other 8 Hours』[17]에서 직장인의 경우에도 최소한 8시간은 자신에게 중요한 일에 집중할 수 있음을 소개하고 있다. 따라서 직장인들도 오늘부터 자신에게 가장 중요한 주제에 초점을 맞추면서 스트레스에서 벗어나 자유로운 삶을 살고, 더 나아가 최상의 결과를 산출하며 살 수 있으면 좋겠다.

집중과 이완의 균형을 이루라

앞에서 '집중, 집중, 집중!'을 강조했다. 하지만 효과적인 결과를 얻기 위해는 반드시 집중과 이완의 '균형'을 기억해야 한다.

왜 집중과 이완의 균형이 필요할까? 우선 우리 몸은 집중과 이완의 균형이 필요하도록 만들어졌다. 자율 신경계 가운데 교감 신경계는 집중할 때, 그리고 부교감 신경계는 이완할 때 활성화되도록 디자인되었다. 불행하게도 현대인은 지속적으로 그리고 과도하게 집중과 긴장 상태에서 살다 보니, 수많은 질병에 노출되고 더 나아가 조기 사망이 초래되고 있다. 또한 우리 몸은 휴식과 활동 사이클Basic Rest Activity Cycle이 진행된다. 이러한 사이클에 기초해 볼 때 우리가 집중할 수 있는 시간은 90분 정도이며, 그 후 20분 정도는 휴식 또는 이완하도록 되어 있다. 흥미롭게도 수면 사이클 역시 이와 같은 90분의 사이클로 진행이 된다.

　세계적인 스포츠 심리학자인 짐 로어 Jim Loehr와 토니 슈워츠 Tony Schwartz는 『The Power of Full Engagement』에서 긴장과 이완에 관한 흥미로운 연구 결과를 소개하고 있다.[18] 최고의 테니스 선수와 나머지 선수 사이에 가장 중요한 차이점은 긴장과 이완의 효율성이다. 그들 연구에 의하면 최고의 선수나 그다음 수준의 테니스 선수 간에 체력이나 기술에서 차이가 없다. 가장 큰 차이는 최고의 선수의 경우 강한 스매싱을 날린 후 원래 위치로 돌아오면서 잠시 휴식을 취하는 반면, 나머지 선수들은 지속적인 긴장 속에서 경기를 한다. 그 결과, 시간이 지나면서 최고의 선수와 나머지 선수 간에 경기력에서 차이가 발생한다.

　더 나아가 세계적인 연주가들의 연주나 위대한 발명에서도 이완의 중요성을 살펴볼 수 있다. 예를 들어, 제임스 와트 James Watt가 증기기관을 발명할 당시 풀리지 않는 숙제에서 벗어나 잠시 걷다 보니 해결된 바 있다.[19] 또한 19세기의 프랑스 수학자 앙리 푸앙카레 J. Henri Puincare가 수학 난제에 대해 진전이 없었으나 어느 날 여행을 떠나 버스 계단을 오르던 중 섬광처럼 문제의 해답이 떠올랐다.[20] 이러한 현상은 대부분의 발명 역사에서 반복되어 나타나고 있는 현상이다. 참고로 저자의 경우에도 논문이나 책을 쓸 때 걷기를 십분 활용하고 있다. 왜냐하면 걷다 보면 좋은 아이디어가 번쩍 떠오르곤 하기 때문이다.

이처럼 집중력을 최적화하기 위해서는 '긴장과 이완의 균형'이 매우 중요하다.

요약하면, 당면하고 있는 스트레스 문제를 해결하기 위해서는, (1) 전문 분야, 강점, 의도적 연습, 하루(아침 시간) 등에 집중하되, (2) 자신이 원하는 만큼 시간이 없을 경우에도 파레토 법칙에 따라 일부 가용한 시간에 집중하면 되며, (3) 집중에만 초점을 두는 대신 이완과의 균형을 이루는 것이 좋다. 그렇게 하면 당면하고 있는 스트레스에서 보다 빨리 벗어나서 자유롭게 살 수 있으며, 더 나아가 최상의 삶을 살 수도 있다.

과정(Process): 과정적으로 접근하라

조절기에서 '성취 목표'와 함께 '과정 목표'의 중요성을 소개한 바 있으나 실행기에서도 과정적으로 접근하는 것이 매우 중요하다. 왜냐하면 스트레스 문제가 한순간에 사라지지 않고 시간이 걸릴 수 있기 때문이다.

책에서 네 가지 핵심 기능별로 소개하고 있지만, 각 기능이 독립적으로 작동되는 것이 아니다. 자동차의 경우 엔진, 가속 페달, 핸들 등이 모두 안전하고 편리한 주행을 위해서 연결되어 작동된다. 마찬가지로 우리 신체도 눈, 두뇌, 심장, 팔다리 등이 절묘하게 연합되어 작동된다. 이렇듯 우리는 '최적화'를 위해서 일련의 과정을 통해서 문제를 해결하게 된다. 또한 거의 대부분의 문제는 순간적으로 해결되지 않고 시간이 걸린다. 따라서 스트레스 문제를 제대로 해결하기 위해서는 '과정적' 접근이 절대적으로 필요하다.

잘게 분할해서 접근하라

때로 우리가 경험하는 스트레스가 너무 커서 도무지 어디서 어떻게 스트레스를 해결할지 막막할 때가 있다. 이러한 상황에서 효과적인 접근법은 목표를 작은 단위로 분할해서 접근하는 것이다. 이러한 접근에 대해 크레이톤 에이브람스 Creighton W. Abrams Jr. 장군은 다음과 같이 말한 적이 있다.[21]

코끼리 한 마리를 어떻게 먹는가? 한 번에 한 입씩 먹는다.

1984년 동경 국제마라톤 대회에서 무명이었던 야마다 모토이치 山田本一 가 예상을 깨고 우승을 차지하게 된다. 그는 2년 후 밀라노에서 개최된 국제 마라톤에서도 우승했으며, 자서전에 이렇게 썼다.

매번 시합을 하기 전에 나는 차를 타고서 마라톤 코스를 한 바퀴 돌며 자세히 둘러보았다. 그리고 길가에 있는 비교적 쉽게 눈에 띄는 표지를 기억했다. 예를 들면 첫 번째 표지는 은행, 두 번째 표지는 큰 나무, 세 번째 표지는 붉은 건물……. 이런 식으로 결승점까지 기억했다. 경기가 시작된 후 나는 100m 달리기를 할 때의 속도로 첫 번째 표지를 향해 힘껏 내달리고, 첫 번째 목표에 이른 후에는 다시 똑 같은 속도로 두 번째 표지를 향해 뛰고……. 이렇게 몇 개의 목표로 나눈 후 나는 40여 km를 아주 가볍게 뛰었다. 그러나 처음부터 이런 방법을 시도한 것은 아니다. 처음에 나는 40여 km 거리에 있는 결승점 깃발을 목표로 삼았다. 그 결과 10여 km만 뛰면 벌써 피곤해서 죽을 지경이 되었다. 남아 있는 멀고도 먼 거리 때문이다.[22]

이 사례에서 볼 수 있듯이 전체 목표를 한 번에 실행하려면 엄두가 나지 않지만, 몇 가지 작은 목표로 나눈 후 하나씩 실현하게 되면 훨씬 효과적이다.

최근에 박사과정을 수료한 분을 만났다. 이 분은 박사 논문만 생각하면 머리가 지끈거린다고 표현했다. 이 경우에도 전체 논문을 한 번에 완성한다고 생각하는 대신, 하루에 '논문' 일부를 목표로 삼게 되면 박사 논문이 훨씬 빠르게 완성될 가능성이 높아진다.

피드백을 활용하라

지금까지 동기기로부터 시작해 실행기까지 구분해 소개해 왔다. 하지만 제어 시스템은 네 가지 핵심 기능이 독립적으로 작동하지 않고 피드백으로 연결된다. 예를 들어, 목표가 설정되면(동기기), 목표와 관련된 정보를 수집하며(탐지기), 목표 실현을 위한 효율적인 선택을 한 후(조절기), 선택된 결정을 효과적으로 실행하게 된다(실행기). 이러한 과정을 통해 각 기능이 상호 영향을 주고받으며 수정되기도 한다. 이 과정에서 설정된 목표에 기초해 실행이 이루어지기도 하지만, 실행하다 보면 목표가 수정될 수도 있다. 예를 들어, 운동 선수를 목표로 노력하다가 운동에 소질이 없다는 것을 알게 되면 운동 이외의 다른 목표로 바꿀 수 있다.

이러한 과정이 피드백 과정인데, 실력 향상과 성장에서 피드백은 매우 중요하다. 학생, 직장인, 운동 선수, 연주가를 비롯해 많은 사람이 코치나 스승, 부모로부터 피드백을 받게 되며, 적절한 피드백을 받을 경우와 그렇지 않을 경우에는 천지차이의 결과가 초래된다.

한편, 이 책을 읽고 있는 모든 독자가 훌륭한 코치, 스승, 부모로부터 적절한 피드백을 받을 수는 없다. 따라서 이곳에서는 자신의 성찰 과정을 통해 피드백을 활용해서 문제를 효과적으로 해결할 수 있는 방법을 살펴보도록 하자.

'하루' 성찰의 효과는 '시간을 정복한 사나이'라는 별칭으로 불리는 알렉산더 류비셰프Alexander Lyubishev의 일생이 잘 보여 준다. 그는 전공인 곤충분류학 이외에도 과학사, 농학, 유전학, 식물학, 동물학, 철학, 진화론 등에 관해 70권의 학술서적과 1만 2,500여 장에 달하는 논문과 연구 자료를 남겼다. 한 예로 그는 엄청난 곤충 자료를 수집했다.

> 1955년 한 해 동안 곤충 표본을 약 35상자 정도 만들었다. 표본으로 만든 곤충은 1만 3,000마리나 되었다. 그중에서 약 5,000마리는 내부 기관을 해부해 300여 가지의 박편 표본으로 만들었다. 수많은 곤충을 모조리 분류하고 해부하여 표본을 만든 후 이름과 설명을 붙인 것이다. 그가 수집한 자료는 러시아 동물연구소가 소장하고 있는 자료에 비해 여섯 배나 많았다.[23]

흥미로운 점은 그가 연구에만 몰입하지 않고 피로할 때는 휴식하며, 10시간 정도 충분히 잠을 자고, 연주회에 참여하고, 수영도 하고, 산책도 하고, 극장에도 가고, 음악도 들으면서 놀라운 업적을 낼 수 있었다는 사실이다. 이와 같은 놀라운 업적의 비밀은 바로 자신의 삶을 매일 성찰한 결과이다.

그가 26세였던 1916년부터 일기를 쓰기 시작해 단 하루도

거른 적이 없다. 볼셰비키 혁명이 일어났던 날에도, 전쟁 기간에도, 병원에 입원했을 때에도, 답사 현장에서나 기차 안에서도 일기를 썼던 것이다.[24]

'한 주' 단위로 성찰하는 것도 큰 도움이 된다. 유타에서 주지사에 출마했던 리처드 아이어Richard Eyre는 부인과 함께 저술한 책 『Spiritual Serendipity: Cultivating and Celebrating the Art of the Unexpected』에서 매주 성찰을 소개하고 있다. 매주 성찰은 일요일에 30분 정도 혼자 시간을 보내면서 다음 6일 동안 진행될 우선순위와 기회를 고려해 '목표를 조정하고 개선'하는 과정이 핵심이 된다.[25]

마지막으로 '한 해' 단위의 성찰과 관련해서 세계적인 리더십 전문가인 존 맥스웰John C. Maxwell 목사는 자신의 오랜 습관을 다음과 같이 소개하고 있다.

나는 그날(크리스마스) 오후부터 12월 31일까지 꼬박 일주일 동안 달력을 다시 살펴본다. 지난 359일의 만남, 회의, 약속, 활동을 시간별로 되짚어 본다. 그리고 하나씩 평가해 본다. 강연 일정을 주의 깊게 살펴보며 앞으로 늘려야 할 강연, 줄여야 할 강연, 아예 하지 말아야 할 강연이 무엇인지 확인한다. 나는 나에게 주어진 성장 기회를 돌아보며 결과가 좋았던 것과 그렇지 않았던 것을 파악한다. 나는 지난 한 해 동안 있었던 일을 모두 살펴보려 노력한다. 왜 그렇게 하느냐고? 이듬해의 전략을 세우는 데 도움이 되기 때문이다. 나는 수십 년 동안 그렇게 해 왔고 덕분에 해가 갈수록 삶의 초점이 명확해지는 것은 물론 더 좋은 전략으로 일의 효율이 높아지는 것을 경험했다.[26]

현대인은 바쁜 삶을 살다 보니 성찰의 시간 없이 그저 바쁘게 지내는 경향이 있다. 그 결과, 열심히 살지만 스트레스 속에 허우적대며, 자신이 진정으로 원하는 삶을 실현하지 못할 가능성이 높다. 마치 다음 원리에서 보듯이 도끼의 날을 갈지 않으면서 그저 열심히 나무를 베려는 벌목공처럼 말이다. 따라서 스트레스에서 벗어나 자유로운 삶을 살기 위해서는 하루 단위, 주 단위, 그리고 연 단위로 성찰하는 습관이 매우 효과적이다.

'피드포워드'를 적극적으로 활용하라

사실 피드백보다 더 효과적인 방법은 피드포워드feedforward이다. 피드백이란 문제가 발생한 후 '후차적'으로 문제를 해결하려는 과정이라면, 피드포워드란 문제가 발생하기 전에 '선제적'으로 문제를 대비하는 과정으로 볼 수 있다.

학업에서 좋은 성적을 받기 위해서는, 중간고사에서 좋지 않은 성적을 받은 후에 열심히 노력하는 것보다는 미리 중간고사부터 잘 대비하는 것이 더 이상적이다. 마찬가지로 직장인으로서 승진에서 탈락한 후 다음 승진을 준비하는 것보다는 평소에 준비를 잘함으로써 한 번에 승진하는 것이 더 좋다.

백신이란 무엇인가? 미리 소량의 병균을 체내에 주입해 나중에 균이 들어왔을 때 이겨 낼 수 있도록 대비하는 것이다. 이러한 접근법은 사후에 약이나 주사로 처방하는 것보다 훨씬 효과적이다.

사안이 중요할수록 피드포워드를 통한 문제 해결이 매우 중요하다. 예를 들어, 비행기를 운행하기 전에 비행사는 매뉴얼에 따라 수십 가지 목록을 체크한 후 비행을 시작한다. 만약 이러한 대비 없이 운행하다 문제가 발생하면 치명적인 결과가 초래될 수 있기 때문이다.

생명을 다루는 의학에서도 피드포워드의 활용은 매우 중요하다. 의사이자 작가인 아툴 가완디(Atul A. Gawande)는 『The Checklist Manifesto』에서 매우 흥미로운 사례들을 소개하고 있다. 그중 한 가지는 존스홉킨스대학교(Johns Hopkins University) 병원의 집중치료 전문가인 피터 프로노보스트(Peter J. Pronovost)에 의해 이루어졌다. 그는 중심정맥관 삽입 과정에서 감염으로 인한 사망이 많이 발생한다는 점에 착안해 수술 전에 체크리스트를 고안했다. 예를 들어, '수술 전에 먼저 비누로 손을 씻고……. 라인을 삽입한 부위에 살균 붕대를 감는다' 등 매우 상식적인 다섯 가지 절차를 포함한 체크리스트를 고안했다. 이처럼 간단하고 상식적인 절차임에도 불구하고, 의사들은 귀찮거나 바쁘다는 핑계로 이를 잘 지키지 않았다(간호사들이 관찰한 결과 약 3분의 1 정도의 의사들이 이 절차를 밟지 않았다). 그 결과 감염으로 인한 사망이 발생했다. 반면, 체크리스트를 사용한 결과 감염률이 4%에서 거의 0%로 떨어졌으며, 15개월 동안 총 200만 달러(약 26억 원)가 절약되었다. 나중에 미시간주에서도 이를 적용한 결과, 3개월 만에 집중치료실의 중심정맥관 감염률이 66% 감소했다. 또한 18개월 동안 1억 7,500만 달러(약 2,275억 원)의 비용을 절감하고 1,500명이 넘는 환자의 목숨을 구했다.[27]

이제 일상의 예로 돌아와 보자. 일상생활에서 우리를 성가시게 하고 괴롭히는 사람들에 대해 어떻게 대비할 수 있을까? 다시 한번 마르쿠스 아우렐리우스 황제가 전하는 지혜에 귀를 기울여 보자.

> 아침마다 자신에게 이런 말을 하면서 하루를 시작해라—나는 공연히 분주한 사람, 배은망덕하고, 교만하고, 거짓되고, 시기하고, 사교성이 없는 사람들을 만날 것이다……. 나는 그 어느 것에 의해서도 상처를 입지 않는다.[28]

귀족으로 성장하고 나중에는 로마 황제였던 아우렐리우스조차 이런 경험을 하게 되는데, 우리 같은 범부야 당연히 우리를 성가시게 하는 사람들을 만날 수 있다. 하지만 이와 같은 사람들로 인해 괴로워하는 대신에 미리 마음에 대비하면 스트레스의 강도가 줄거나 사라질 수 있다.

한편 보다 적극적인 방법으로 '감사'로 하루를 시작하는 것도 매우 유익하다. 감사로 아침을 시작하는 습관은 『미라클 모닝』의 저자인 핼 엘로드Hal Elrod를 비롯해 수많은 성공적인 기업가 등이 강력하게 추천하는 습관이다. 실제로 '감사'로 시작하면, 일상에서 경험되는 자질구레한 스트레스에 별로 신경을 쓰지 않게 될 수 있다. 따라서 감사로 하루를 시작해 보라.

요약하면, 스트레스에서 벗어나 자유롭게 살기 위해서는, (1) 스트레스의 규모가 커서 압도당하는 상황이라면 잘게 분할해서 접근하는 것이 좋다. 또한 (2) 피드백 과정으로 매일, 매주, 그리고 매년 성찰을 통해 문제를 해결해 가거나, 더 이상적으로는 (3) 피드포워드 과정을 통해 스트레스 주제를 미리 대비하는 것이 효과적이다.

방법(Method): 매직 램프를 활용하라

앞에서 소개한 대로 (1) 오늘 당장 시작하고, (2) 중요한 것에 집중하고, (3) 과정적으로 접근하더라도 스트레스 문제가 잘 해결되지 않을 수 있다. 왜냐하면 비효과적인 방법으로 접근하기 때문이다. 독자들은 마법의 램프를 알고 있을 것이다. 마법의 램프를 문지르는 순간 지니가 나타나 소원을 들어준다. 이번 원리에서는 마치 매직 램프처럼 놀랄 만한 결과를 초래할 수 있는 효과적인 방법을 살펴보도록 하자.

한 아이가 깊은 산골 마을에서 자란다. 그가 보기에 커다란 트럭에 실려 가는 통나무가 대단해 보였다. 그는 나중에 성장하면 산판에 가서 일하겠다고 마음먹는다. 드디어 청년으로 성장한 그는 산판에 가서 자신이 나무를 벨 수 있도록 요청한다. 청년의 건장한 모습에 만족한 십장은 일을 하도록 허락했고, 청년은 그다음 날부터 열심히 나무를 베기 시작했다. 첫날에 10개의 커다란 나무를 베었으며, 이러한 성과는 매우 훌륭해서 십장이 흐뭇해했다. 그런데 다음 날에는 8그루, 그리고 날이 갈수록 청년이 베는 나무의 수가 줄어들었으며, 나중에는 한 그루만 베었다. 이 상황에서 십장은 청년을 사무실로 불렀다. 그러자 청년은 의기소침해 눈도 마주치지 못하며 사무실에 들어왔다. 이 상황에서 무언가 느낌이 있어서 십장이 물어본다. "도끼 날을 갈면서 나무를 베지?" 그러자 청년이 눈물을 뚝뚝 흘리며 대답한다. "아닙니다. 저는 열심히 나무 베는 일에만 집중하다 보니 도끼날을 갈 시간이 없었습니다."[29]

이 사례에서 보듯이 그저 열심히 일하는 것만이 답이 아니다. 효과적으로 일해야 한다. 이 주제와 관련해 에이브러햄 링컨Abraham Lincoln 대통령은 다음과 같이 말했다. "만약 나무를 자를 수 있는 오직 한 시간이 주어진다면, 처음 45분 동안 도끼날을 가는 데 사용할 것이다." 그렇다. 열심히 하는 것보다 효과적으로 하는 것이 중요하다.

그렇다면 어떻게 접근하는 것이 효과적인 방법이 될까? 이곳에서는 세 가지 방법을 소개해 보겠다.

자신의 목표를 구체적으로 쓰라

자기계발서에서 자주 등장하는 주제는 다음과 같다. 1953년에 예일대학교 졸업생들에게 인생에서 성취하고 싶은 목표를 구체적으로 적어 놓은 게 있는지 물어보았다. 그리고 20년 뒤에 추적한 결과 구체적인 목표를 세웠던 3%의 사람들이 나머지 97%의 동창생들보다 10배나 더 많은 부를 축적한 것으로 나타났다. 하지만 괴짜 심리학자로 불리는 리처드 와이즈만Richard Wiseman은 실제로 그런 실험을 한 적이 전혀 없었다고 밝힌 바 있다.[30]

하지만 최근에 도미니칸대학교Dominican University 심리학과의 게일 메튜Gail Matthews 교수는 흥미로운 연구 결과를 발표한 바 있다. 다양한 나라에서 왔으며, 다양한 직업군으로 구성된 267명의 참여자를 대상으로 연구를 수행한 결과, 목표를 구체적으로 쓴 집단의 수행 성과가 39.5% 더 높게 나타났다. 이러한 결과는 목표를 구체적으로 적는 것이 효과적인 방법이라는 사실을 다시 한번 보여 주고 있다.[31]

이제 목표를 구체적으로 쓰게 될 때 놀라운 효과가 나타날 수 있는 추가 사례를 살펴보도록 하자.

스콧 애덤스Scott R. Adams는 대학교를 졸업한 후 캘리포니아대학교 버클리캠퍼스 경영대학원에 지원했으나 낙방하고 말았다. 이 상황에서 지인으로부터 "원하는 바를 하루에 15번씩 쓰면 효과가 있다"는 이야기를 듣게 되었다. 그래서 지인의 조언

대로 매일 15번씩 자신이 원하는 바를 썼다. 특히 자신이 캘리포니아대학교 버클리캠퍼스 경영대학원에 입학하려면 GMAT 시험에서 94백분위 이상이 되어야 했기 때문에 이에 관해 매일 썼다(백분위란 전체 100% 가운데 자신보다 낮은 점수 비율을 의미한다. 따라서 94백분위란 일반적인 개념으로 말하면 100명 중 6등에 해당된다). 드디어 시험을 치른 후 자신의 점수를 받자 그는 깜짝 놀랐다. 왜냐하면 그가 매일 썼던 대로 정확히 94백분위를 받았으며, 이러한 성적에 힘입어 자신이 원하던 대로 입학하게 되었다.

그 후 만화가로 채용되는 상황에서도 쓰기의 효과를 경험했다. 신문사 만화가로 채용되는 것은 하늘의 별 따기처럼 어렵기 때문에 이번에도 매일 만화가로 채용되는 소원을 쓰기 시작했다. 그리고 바라는 대로 만화가로 취직이 되었다.[32] 뿐만 아니라, 그는 나중에 전 세계 60여 개국의 2,000개 이상의 신문에 자신의 만화를 제공하는 세계적인 만화가로 활동하게 되었다.

스노우폭스의 김승호 회장의 삶도 흥미롭다. 김승호 대표는 흙수저로 살다 미국으로 이민한 후 여러 번 실패를 경험했다. 하지만 매직 램프를 적극적으로 활용한 결과, 미국에 이민한 한국인 중 10대 부자에 속하게 되었다. 그리고 2023년에는 자신이 운영하던 도시락 사업을 처분하면서 8,000억 원대 부자로 등극하게 된다. 그가 이룬 성공의 비결은 매우 단순했다. 매일 자신의 꿈을 100번 이상 쓰면서 100일 동안 쓰면 자신이 바라던

대로 이루어졌다.[33]

확언을 활용하라

루이스 헤이 Louise Hay 는 LA에서 태어나 성장한다. 그녀의 일생을 축약해 소개하면 다음과 같다. 그녀는 5세 때 강간을 당하고, 15세에 임신한 후 16세에 아이를 맡기고 시카고를 경유해 뉴욕에 정착한다. 모델로 활동하던 중 영국 신사인 Mr. Hay를 만나 잘 살게 된다. 그러나 남편이 하루아침에 바람이 나서 사라지고, 그 후 자궁경부암에 걸리게 된다. 남편이 사라진 후 자신이 암에 걸린 이유가 어렸을 때의 강간, 남편에 대한 미움 등이 주요 요인임을 깨닫고, 채식 중심의 식사와 함께 과거에 자신에게 쓰라린 상처를 준 사람들을 용서했다. 그러자 암에서 치유되었다. 이후 그녀는 Hay House라는 세계적인 출판사를 설립하게 된다. 참고로 그녀가 저술한 『You Can Heal Your Life』는 5,000만 권 이상이 팔린 베스트셀러이며, 이 책에서 확언 affirmation 을 소개하고 있다.[34]

켈리 최의 이야기도 흥미롭다. 그녀는 어려서부터 난독증이 심해 글을 제대로 읽지 못했다. 정읍에서 성장한 후 가난에서 벗어나기 위해, 그리고 야간 고등학교만이라도 들어가기 위해 서울에 있는 와이셔츠 공장에 취직했다. 이후 뜻한 바가 있어 일본과 프랑스로 유학을 떠났고 결국 프랑스에 정착했다. 하지만 사업으로 10억 원의 빚을 떠안게 된 후 파리의 센 강에 몸을 던지려 했던 실패자였다. 이러한 시련을 겪었지만 나중에 6천 개의 일자리를 창출하고 12개국에 30개가 넘는 비즈니스와 계열사를 거느린 글로벌 기업 회장으로 태어났다. 그녀가 전하는 성공 비결은 몇 가지가 있지만 그중 하나는 다음과 같다. "매일 꿈을 100번 이상 외친다."[35] 참고로 앞서 소개한 김승호 회장처럼 '종이에 100번 쓰기도 했다.'

그렇다면 어떻게 확언을 구성할 수 있을까? 4가지 P를 활용하면 된다. Positive(긍정적), Present(현재 시제), Personal(개인적), Pointed(구체적).[36]

한 예로 비만 관리에 적용해 보면 다음과 같이 접근할 수 있다.

- Personal(개인적): 잠시 다른 사람은 잊어라. 오직 자신에 초점을 두어라. "나"로 시작해야 하며 "우리" 등을 사용하지 말아라.
- Positive(긍정적): 확언의 내용은 긍정적인 메시지로 구성되어야 한다. "나는 과자와 빵을 먹지 않겠다"보다는 "나는 채소와 과일을 많이 먹겠다"가 더 효과적이다.
- Present tense(현재 시제): 이 요소는 얼핏 비합리적으로 보일 수 있다. 하지만 "나는 날씬하다"로 접근하는 것이 "나는 날씬하게 될 것이다"보다 더 좋다. 왜냐하면 현재 날씬하지 않지만 "나는 날씬하다"고 확언하면 인지부조화에서

오는 불편함을 줄이기 위해 '날씬한' 상태로 더 빨리 변하게 된다.

- Pointed(구체적): 가능한 한 구체적일수록 더 효과적이다. 예를 들어 "나는 2025년 6월에 55kg이다"가 "나는 체중이 적절하다"보다 더 좋다.

심상을 활용하라

마법 램프의 세 번째 방법은 '심상법'이다. 심상법의 효과는 정말 놀라우며 심지어 암도 치료할 수도 있다. 심상법과 관련해서는 『3분 안에 스트레스에서 벗어나는 법』[37]에서 이론적·과학적 배경과 함께 실습 방법을 소개하고 있으므로 관심이 있는 독자들은 참고하기 바란다(참고로 미국을 비롯해 국내에서도 최상의 운동선수들이 심상법을 활용해서 좋은 성적을 나타내고 있다).

이곳에서는 2가지 사례를 소개하는 것이 좋겠다. 우선, 앞에서 소개한 켈리 최의 성공 비결 중 하나로 심상법이 포함된다. 그녀는 이렇게 설명하고 있다. "나는 5년 후 어떤 집에 살고 있을 것이고, 어디에 있는 어떤 회사에서 어떤 일을 하고 있을지 자세하게 상상했다······. 이른바 시각화 훈련이다."[38]

두 번째 사례는 피터 박(Peter Park)이다. 그는 미국 캘리포니아 역사상 최연소로 임용된 검사이다(최근에 그의 여동생이 피터 박보다 더 빠르게 변호사 시험에 합격했으나, 현재 시점에서 최연소 검사는 피터 박이다). 그는 2019년, 13세에 고등학교 과정인 '옥스퍼드 아카데미'에 입학하면서 동시에 노스웨스턴 캘리포니아 로스쿨에 등록했다(캘리포니아 주에서는 대학 능력 시험에 합격하면 고등학교를 졸업하지 않아도 로스쿨에 지원할 수 있다). 그 후 고등학교와 로스쿨을 조기 졸업하면서 2022년 7월, 17세의 나이로 변호사 시험에 합격한 후 최종적으로 18세에 검사로 임용되는 놀라운 성취를 이뤘다. 그의 성공 비결에는 여러 가지가 있지만, 그중 하나는 심상법이다. 그는 "매일 공부방에 들어갈 때마다……. 가족들과 시험 합격 결과를 보고 기뻐하는 모습을 계속 상상하면서 공부하니 동기 부여가 됐다"고 설명했다.[39]

심상법을 적용할 때 중요한 점은 자신이 원하는 바를 단지 머리로만 상상하지 않고 가능한 한 생생하게 오감으로 체험하는 것이다.

이와 같은 설명이 난해하거나 믿기 어려운 독자들이 있을지도 모른다. 참고로, 지금은 모두가 알고 믿고 있는 사실이지만, 불과 1850년대만 하더라도 당시 대표적인 과학자조차 세균설을 믿지 않았다. 왜냐하면 우리 눈에 보이지 않았기 때문이다. 그러나 세균이 존재한다는 사실이 점차 밝혀지자 사람들이 믿게 되었다. 이처럼 과학의 발견은 초창기에 대부분 사람으로부터 배척될 수 있다(천동설에서 지동설로 바뀌는 과정에서 코페르니쿠스나 갈릴레오가 겪은 고난을 생각해 보면 쉽게 이해할 수 있다). 그러나 시간이 흐르며 점차 많은 사람에게 수용된다.

매직 램프에 대한 설명은 이 정도로 마무리하자. 선택은 독자들의 몫이다. 보다 효과적이고 놀라운 방법을 활용할지, 아니면 거부할지는 개인의 선택이다. 다만, 믿는 대로 효과가 나타날 수 있음을 기억하라.

요약하면 단지 열심히 노력만 하기보다는 효과적인 세 가지 방법을 적용해 보라. (1) 자신의 목표를 구체적으로 쓰라. (2) 확언을 활용하라. (3) 심상법을 활용하라(물론 이 세 가지 기법을 종합적으로 활용하면 더 좋다). 이러한 매직 램프를 활용해 스트레스에서 보다 효과적으로 벗어나기를 바란다. 더 나아가 자신이 진정으로 바라는 '최상의 삶'도 체험할 수 있기를 기원한다.

자, 드디어 마지막 원리만 남겨 놓고 있다. 이제 마지막 원리까지 모두 이해하고 터득함으로써 스트레스에서 벗어나 자유로운 삶을 살기 위한 여정의 마무리로 나아가 보자.

자원(Resource): 대처 자원을 확충하라

> 스트레스란 문제가 발생한 상태이며, 스트레스 관리란 문제를 해결하는 것이다. 그런데 자신이 직접 해결하건, 아니면 외부 도움으로 해결하건 문제가 해결되면 된다. 따라서 자신이 갖고 있는 자원과 외부 자원을 종합적으로 활용하는 것이 문제 해결에서 매우 효과 있는 접근법이 된다.

흔히 운칠기삼運七技三이라고 이야기한다. 성공의 요소 가운데 자신의 재주는 3, 그리고 운이 7 정도 차지한다는 이야기다. 여기서 말하는 운이란 자신의 재주와 노력을 벗어나는 힘을 의미하며, 이러한 운은 크게 사회적 자원과 영적 자원으로 볼 수 있다. 이렇게 보면 대처 자원은 개인적 대처 자원에 덧붙여 사회적 대처 자원과 영적 대처 자원을 모두 합해서 종합적으로 접근하는 것이 효과적이다.

대처 자원 = 개인적 대처 자원 + 사회적 대처 자원 +
영적 대처 자원

등소평鄧小平이 언급한 흑묘백묘론黑苗白描論대로 검은 고양이건 흰 고양이건 쥐만 잘 잡으면 된다. 이 글을 쓰는 오늘 다저스와 샌디에이고 간에 NLDS(National League Division Series) 야구 경기가 벌어졌다. 이 경기에서 오타니는 세 번에 걸쳐서 삼진을 당했다. 하지만 다른 선수들이 잘해서 다저스가 승리했다. 이 경우에도 오타니가 아니더라도 다른 선수가 잘하면 결국 문제가 해결되는 셈이다.

이제 다음 절에서 3가지 대처 자원을 하나씩 살펴보도록 하자.[40] 사실 이곳에서 소개하는 사회적·영적 대처 자원 이외에도 효과 있는 도구나 프로그램의 사용은 문제 해결에서 매우 중요하다. 하지만 이러한 도움은 매우 상식적이며, 일반적으로 비싼 도구나 프로그램에 상응해서 효과가 달라지므로 이곳에서는 생략하기로 한다.

개인적 대처 자원을 증진시키라

개인적 대처 자원의 최대 장애물은 자신이 믿고 있는 한계이다

저자가 미국 대학교에 재직할 때 간호대학 교수로부터 들은 이야기는 매우 흥미롭다. 그녀가 철봉에 매달려서 낑낑거리고 있는 아이를 보았다. 이 상황에서 아이에게 말했다. "철봉 매달리기를 잘하고 싶니?" 아이는 그렇다고 대답했다. 그래서 아이에게 철봉에서 내려오게 한 후 눈을 감고 매달리기를 쉽게 하는 자신의 모습을 상상해 보라고 했다. 그리고 조금 후에 다시 철봉을 잡고 매달리기를 시켰다. 그러자 한 번 하기도 힘들어하던 아이가 열 번 정도를 너끈히 했다고 말했다.[41]

우리는 자라면서 부모님, 선생님, 선배로부터 부정적인 이야기를 듣기 쉽다. 왜냐하면 그분들 역시 부정적인 이야기를 듣고 자랐기 때문이다. 이러한 과정에서 대부분 사람들은 자신의 한계를 정하게 된다. 자기계발서에는 종종 서커스에서 자라는 코끼리 이야기가 나온다. 코끼리가 어렸을 적부터 밧줄에 묶여 자라면, 성장한 후에도 밧줄에서 벗어날 수 있는 힘이 있음에도 불구하고 묶인 상태에서 도망가지 않는다고 한다(이 이야기가 사실인지 확인할 수 없으나, 앞에서 소개한 마틴 셀리그만의 '학습된 무력감' 이론에 따르면 충분히 가능하다고 생각된다).

하지만 우리 각자는 상상을 초월할 정도의 대단한 잠재력을 지니고 있다. 그 한 가지 사례는 앞에서 소개한 짐 퀵이다(그가 저술한 책이 한국에서는 『마지막 몰입』으로 번역되었지만, 원제는 『Limitless』이다). 카일 메이나드 Kyle Maynard의 사례도 소개할 가치가 있다. 그는 두 팔과 두 다리가 정상보다 짧은 선천적 장애를 갖고 태어났다. 팔과 다리가 정상이 아니었지만, 그는 자신의 한계를 뛰어넘어 고등학교 시절 조지아주 레슬링 챔피언이 되었다. 2012년에는 세계 최초로 의료적 보조 장치 없이 킬리만자로산을 등정한 첫 번째 장애인이 되었다(16일이 소요될 것으로 예상했으나 10일 만에 등정했다). 사실 저자는 그의 저서 『No Excuses, 변명은 없다』[42]를 보며 마음속으로 부끄러움을 느꼈다. 그가 선천적 장애인으로 태어났지만, 행복하고 성공적으로 살며 '변명은 없다'고 강조했기 때문이다. 그는 지금도 '한계는 없다'를 몸소 보여 주며 관련 캠프 등을 운영하고 있다.

이 외에도 상상을 초월하는 사례는 많다. 몇 가지 여성 사례를 살펴보면 다음과 같다.

- 다이아나 나이애드 Diana Nyad: 60세 이후 네 번의 도전 끝에 (20대 때의 도전을 포함해 총 다섯 번의 도전 끝에) 드디어 64세 나이에 쿠바에서 플로리다까지 약 180km를 53시간 동안 수영했다.
- 윌마 루돌프 Wilma G. Rudolph: 어렸을 때 소아마비로 다리가 많

이 휘었으나 성장 후 올림픽에서 3개의 금메달을 수상했다.
- 베타니 해밀턴Bethany M. Hamilton: 13세 때 서핑 중 상어에게 왼쪽 팔을 잘린 후 한 달 만에 다시 서핑을 시작해 수많은 국내와 국제 대회에서 수상했다.
- 모세 할머니Grandma Moses (Anna M. Robertson): 76세에 그림을 그리기 시작했으나, 일상적이며 친근한 그림을 통해 많은 사람에게 사랑을 받았다(그 당시 연하장에 자주 등장했다).『타임』지 겉표지에도 나오고, 그녀의 그림이 여러 나라에서 전시회가 열렸으며, 우표에도 등장했으며, 두 개의 명예 박사학위를 받았다.

이러한 사례를 열거하자면 끝이 없다. 우리 모두 놀랄 만한 성취를 이룰 수 있는 잠재력을 지니고 있다는 것이다. 다만 스스로 미리 한계를 정해 놓기 때문에 결과도 그렇게 나타날 뿐이다.

'성장 마음틀'로 접근하라

그렇다면 개인적 대처 자원을 어떻게 증진시킬 수 있을까? 타고난 잠재력과 재능을 성장시키는 것이 관건이다. 앞에서 소개한 원리들(특히 원리 2, 원리 4, 원리 11, 원리 16~원리 19)을 참조하면서 매일 성장할 수 있기를 바란다. 한편 추가로 중요한 개념은 '성장 마음틀'이다. 스탠퍼드대학교 심리학과의 캐롤 드 웩Carol S. Dweck 교수는 두 가지 마음틀mindset을 구분하고 있다.[43] '성장 마음틀growth mindset'을 가진 사람은 자신이 노력하면 지능과 자질이 향상될 수 있다고 보는 반면, '고착 마음틀fixed mindset'을 가진 사람은 지능과 자질이 이미 돌에 새겨진 듯 정해져 있다고 본다. 그 결과, 점차 성장하는 사람이 있는 반면, 자신의 재능을 발전시키지 못하고 살아가는 사람도 있다.

다시 한번 마이클 조던을 살펴보자. 그가 원하던 고등학교에 입학하지 못했다는 점은 앞에서 소개한 바 있다. 그뿐만 아니다. 그는 자신이 원한 대학에서도 퇴짜를 맞았으며, 두 곳의 프로농구팀에서도 선발되지 않았다. 그렇다면 고등학교, 대학교, 프로농구팀의 스카우트 전문가들이 잘못 본 것일까? 아니다. 그 시점에서는 그리 뛰어나지 않았기 때문에 선발되지 못했다. 하지만 그는 매일 오전 6시에 집을 나서 수비, 볼 핸들링, 슈팅을 보강하기 위해 끊임없이 노력했다. 그 결과, 농구의 황제가 되었다. 그는 나중에 나이키 광고에서 이렇게 말했다. "나는 9,000개 이상의 슛을 놓쳤다. 그리고 거의 300 게임을 졌다." 그러나 그는 실수가 있을 때마다 코트로 돌아가 슛을 연습했다.

반면, 테니스 신동으로 불렸던 존 매켄로John P. McEnroe Jr.는 자신이 원하는 대로 경기가 풀리지 않자 더 이상 시도하지 않았다. 예를 들어, 1979년 윔블던 대회 혼합복식에 출전한 후 20년 동안 혼합복식에 출전하지 않았다. 그 대회에서 세 번의 세트를

패했기 때문이다. 결국 그는 테니스 코트의 악동으로 막을 내리게 되었다.[44]

이 사례에서 보듯, 성장 마음틀을 가진 선수는 "언제든 연습만 열심히 하면 스포츠 실력이 향상된다"고 접근하는 반면, 고착 마음틀을 가진 선수는 "스포츠에서 뛰어나려면 타고난 재능이 있어야 한다"고 접근한다. 그 결과, 지속적으로 성장하는 선수와 실패 후 더 이상 노력하지 않고 주저앉는 선수가 나타나게 된다. 앞에서 운동 선수를 중심으로 소개했지만, 캐롤 드웩은 『성공의 새로운 심리학 Mindset』에서 지능, 운동선수, 예술가, 정치가, 조직, 대인 관계, 양육 등 다양한 사례를 소개하고 있으므로 성공에 관심이 있는 분들은 참조하기 바란다.

요점은 '성장 마음틀'로 접근하게 되면 나날이 성장하면서 놀라운 변화를 경험할 수 있다는 것이다.

사회적 대처 자원을 확대하라

살다 보면 혼자서 해결하기 힘든 일이 있다. 이러한 상황에서 사회적 지원은 어려움을 이길 수 있는 큰 힘이 된다. 따라서 가능하면 4가지 종류의 사회적 지원을 충분히 도움을 받을 수 있는 관계를 맺고 사는 것이 좋다.

사회적 대처 자원은 크게 4가지 기능으로 구분될 수 있다.[45]

- **정서적 지원**: 사회적 대처 자원 가운데 가장 중요한 자원이다. 가족, 친구, 동료의 따뜻한 위로는 어려움을 이겨 낼 수 있는 힘이 된다.
- **정보적 지원**: 친구, 동료, 전문가 집단으로부터 얻는 유익한 정보는 부동산 거래, 주식 거래뿐 아니라 살아가는 데 큰 도움이 될 수 있다.
- **의사결정적 지원**: 멘토나 전문가의 조언은 스트레스 상황에서 문제 해결에 큰 도움이 될 수 있다.
- **실질적 지원**: 당면한 스트레스 주제(예: 경제적 어려움)에 관해 실질적으로 도움을 받으면 자신의 능력이 부족해도 결과적으로 문제가 해결될 수 있다.

잠시 생각해 보라. 지금 당면하고 있는 스트레스 주제와 관련해서 앞에서 소개한 4가지 사회적 지원을 얼마나 쉽게 지원받을 수 있는가? 당연히 4가지 지원을 많이 받을 수 있을수록 스트레스에서 보다 쉽게 벗어날 수 있게 된다. 만약 일부 지원을 받기 어렵다면 왜 그런지 한 번 생각해 보라.

사회적 지원은 평소의 관계가 중요하다

사회적 지원을 받기 위해서는 평소에 상대방과 좋은 관계를 맺는 것이 중요하다. 좋은 관계라면 어려울 때 쉽게 도움을 받을 수 있다. 반면에 나쁜 관계라면 어려울 때 지원을 받기가 어렵다. 흔히 '옷깃만 스쳐도 인연이다'라는 표현이 있듯이 평소 상대방에 대한 존중과 친절, 그리고 사랑을 통해서 주위 사람들과 좋은 관계를 맺게 되면 어려운 일이 닥쳐도 너끈히 이겨 낼 수 있다.

영적 대처 자원을 확대하라

영성에서 가장 중요한 태도는 '내려놓음'이다

영어의 'pride'는 '자긍심'으로 번역될 수 있는 매우 중요한 심리적 자원이 된다. 하지만 영적 차원에서는 동일한 단어가 '교만'이 된다. 원리 10에서 소개했듯이 우주선에서 바라보면 우리의 존재는 티끌보다 작다. 태양계가 포함된 은하수는 우주 전체에 존재하는 2,000억 개 은하수의 하나이며, 태양계가 포함된 은하수에는 다시 2,000억 개 별이 포함되어 있다고 한다. 그러니 우주 전체에서 보면 우리의 존재는 티끌도 아니다. 그런데 마치 도토리 키 재듯이 자신이 잘났다고 생각하면 '교만'이 될 수밖에.

일본의 유명한 선사에게 한 장수가 가르침을 받으러 찾아왔다. 차를 우려 낸 후 선사가 손님에게 차를 따랐다. 그런데 잔에 가득 찬 후에도 계속 넘치도록 차를 따랐다. 이 모습에 깜짝 놀란 장수가 소스라치게 놀랐다. 그러자 선사가 말했다. "지금 당신은 자아가 꽉 차 있어서 내가 가르칠 수 있는 공간이 없습니다."[46]

영성에 관해 의미 있는 책을 지속적으로 출간하고 있는 케롤라인 마이스Caroline Myss는 『Defy Gravity』[47]에서 다음과 같이 지적하고 있다. 우리는 때로 이해할 수 없는 질병이나 위기를 경험하게 된다. 이 상황에서 우리는 이성으로 이해하고자 노력한다. 그러나 이러한 것들은 신을 이성으로 이해할 수 없듯이 이성의 범위를 넘어서는 것이다. 그녀가 20년 이상 건강과 치유 분야에서 경험한 바에 따르면 치유는 마지막 순간에 모든 것을 내려놓을 때 발생한다. 이러한 것들을 한마디로 표현하면 '신에게 순종' 또는 '우주에 내려놓음'으로 기술할 수 있다.

영적 대처 자원 가운데 핵심은 기도다

지면 제약상 한 가지 사례만을 간략하게 살펴보기로 하자. 토론토에 거주하고 있던 리차드 게기Richard Geggie는 피로감을 느끼고 기운이 없어서 병원에 갔다. 심전도 결과를 본 의사는 심장이 매우 위중하다고 했다. 그 후 3일에 걸쳐서 혈관 촬영도, 트레드밀 스트레스 검사를 비롯한 다양한 검사를 시행한 결과 관상 동맥이 많이 막혀서 어느 순간에도 사망할 수 있는 상황으로 판정되었다. 그리고 긴급 상황을 고려해서 곧바로 심장 우회 수술을 하기로 결정되었다. 한편, 리차드 게기는 수술 전날 몸 상태가 좋아졌음을 느꼈으나 일단 수술을 위하여 병원에 갔다. 수술이 예정된 날 정확히 어느 부위에 수술할지를 결정하기 위해서 다시 한번 혈관 촬영도를 찍고, 수술을 위해 가슴털을 깎고, 수술 부위를 정확하게 그리려는 순간 새로운 혈관 촬영도 결과가 나왔다. 그 결과를 보자 의사는 매우 화를 냈다. 의사는 혈관이 막힌 곳이 없으며, 자신이 그 정도로 깨끗하면 좋겠다면서 시간만 낭비했다고 불평했다. 다만 의사는 불과 며칠 전에 왜 심장 혈관이 심하게 막혔는지를 설명하지 못했다.

한편, 나중에 친구인 로린 스미스Lorin Smith로부터 다음과 같은 이야기를 듣게 되었다. 캘리포니아에 있던 로린은 전통적인 미국 인디언 주술사로서 친구의 위중 소식에 자신의 제자들과 함께 모여서 치유를 위해서 기도와 노래와 의식을 진행했다고 전해 주었다. 그리고 이러한 기도 후 자신의 심장이 의학적으로는 이해될 수 없으나 순식간에 치유되었음을 알게 되었다(참고로 리차드 게기는 그 후 15년 후에도 건강하게 지내게 된다).[48]

이러한 사례는 무척 많다. 예를 들어, 노무현 대통령 시절 통일부 장관과 주중 대사를 역임한 김하중의 『하나님의 대사 시리즈』에서 생생한 체험을 살펴볼 수 있으며,[49] 기도의 효과에 관한 과학적 증거는 통합 의학의 선구자 가운데 한 명인 래리 도시Larry Dossey가 저술한 『Healing Words』에서 살펴볼 수 있다.[50]

그렇다면 어떤 태도로 기도하는 것이 효과적일까? 일반적으로 기도를 통해 자신이 원하는 것을 신에게 간구하지만, 온전한 기도란 신에게 간구한 후, 신으로부터 전해지는 미세한 '음성'을 듣기 위해 노력해야 한다. 그러면 자신이 스트레스 상황에서 그토록 원하던 답을 가족, 친구, 책, TV 등을 통해 신기하게 듣는 경우가 많다.

이제 대처 자원을 종합적으로 이해하기 위해 일상생활에서 경험할 수 있는 2가지 경우를 생각해 보자. 자본주의 사회에서는 돈이 필요하다. 그래서 우리는 일을 통해 돈을 번다(개인적 대처 자원). 한편, 사업 등을 위해서 돈이 부족할 경우 은행, 가족, 친구 등으로부터 돈을 빌리기도 한다(사회적 대처 자원). 그런데 불행하게도 사업이 파산할 경우 크게 두 가지 상황이 발생한다. 주위에서 도움을 받지 못하는 상황에서도 고차적 자기(영적 대처 자원)를 믿으면서 어려움을 극복하는 사람도 있고, 이러한 믿음이 없기 때문에 누구에게도 기댈 수 없다는 절망에 빠지기도 한다. 참고로, 저자의 스트레스 관리 강사 과정에 참여했던 한 분은 사업에 실패해서 투신하려고 한강 다리에 간 분도 있다(그는 다행히 실행에 옮기지 않았고, 사업을 잘 운영하고 있다).

이번에는 건강을 생각해 보자. 우리는 건강을 위해서 평소

섭식과 운동 등을 통해 건강한 삶을 위해 노력한다(개인적 대처 자원). 하지만 건강이 나빠지면 의사나 약사의 도움을 받게 된다(사회적 대처 자원). 그런데 불행하게도 의사와 약사도 도저히 치료할 수 없는 불치병에 걸리면, 고차적 자기를 믿으면서 불치병에서 치유되기도 하고, 고차적 자기에 대한 믿음이 없는 사람은 맥없이 무너져 가기도 한다(영적 대처 자원).

이와 같은 사례에서 보듯이 대처 자원이 풍부할수록 좋다. 이 책을 읽는 독자분들도 가능한 대로 대처 자원을 풍부하게 확충함으로써 다양한 스트레스 상황에서 쉽게 벗어날 수 있으면 좋겠다.

한편, 대처 자원을 활용할 때 '통제 가능성'을 고려하면서 그에 적합한 대처 자원을 활용하는 것이 좋다. 우선 우리가 경험하는 스트레스는 통제 가능성 차원에서 0에서 10까지 존재한다. 아무리 애써도 전혀 통제할 수 없는 상황(예: 사랑하는 사람의 죽음)으로부터 마음만 먹으면 쉽게 통제할 수 있는 상황(예: 평소에는 늦게 일어나지만 여행을 위해 아침 일찍 일어나는 상황)까지 다양하다. 일반적으로 자신이 쉽게 통제할 수 있는 스트레스는 개인적 대처 자원을 활용하고, 자신의 힘으로 통제하기 힘든 스트레스는 사회적 수준의 대처 자원을 활용하며, 도저히 통제할 수 없는 스트레스일 경우 영적 수준의 대처 자원을 활용하는 것이 효과적이다.

요약하면, (1) 대처 자원이 많을수록 스트레스 상황을 잘 해결할 수 있다. 따라서 (2) 이번 기회에 자신의 대처 자원을 확인해 보고 가능한 대로 대처 자원을 풍부하게 확충하는 것이 좋다. 이때 (3) 통제 가능성을 고려하면서 그에 적절한 대처 자원을 활용하는 것이 효과적이다.

제4부를 정리하면 다음과 같다.

앞에서도 강조했듯이 스트레스 문제 해결은 결국 실행력에 달려 있다. 그리고 문제 해결의 시작은 무엇보다 (1) 오늘 당장 시작해야 한다. 그래야 내가 원하는 삶이 이루어지기 시작한다. 이어서 문제 해결을 위해서는 모든 것에 초점을 두는 대신 (2) 가장 중요한 것(분야, 강점, 주제, 시간 등)에 집중하는 것이 효과적이다. 또한 대부분의 스트레스 문제가 순간적으로 해결되지 않기 때문에 (3) 과정적으로 접근하는 것이 효과적이며, 특히 피드백과 피드포워드를 잘 활용하는 것이 효과적인 결과를 촉진하게 된다. 뿐만 아니라 단지 열심히 노력하기보다 (4) 보다 효과적인 방법(쓰기법, 확언, 심상법)을 활용하게 되면 훨씬 빠르고 놀라운 결과를 경험할 수 있게 된다.

끝으로 문제 해결을 위해서 (5) 자신이 갖고 있는 내적 자원뿐 아니라 외적 자원(사회적 대처 자원, 영적 대처 자원)을 풍부하게 활용하는 것이 보다 효과적인 접근이 된다. 결국 내 자신의 역량이건 외적 도움이건 문제가 해결되면 스트레스는 사라지게 마련이다.

부록 5에서는 실행기와 관련해서 매우 중요한 주제인 '시간 관리'를 소개하고 있다. 원래 '시간 관리'를 하나의 독립된 원리로 준비했지만, 최종 과정에서 생략하게 되어서 매우 아쉽다. 다만, 부록이기 때문에 자세한 내용을 소개하는 대신, 시간 관리와 관련한 전체적인 조망을 소개하고 있다. 비록 개괄적인 소개지만, 조금이라도 도움이 되면 좋겠다. 왜냐하면 '시간 관리' 여부에 따라 '스트레스 관리'가 달라지기 때문이다.

자, 실행기를 시작하면서 선정한 스트레스 주제가 해결되었는가? 저자의 경험으로는 설사 동기기, 탐지기 그리고 조절기의 원리들로 해결되지 못했던 주제들도 실행기에서 소개하고 있는 원리와 주제를 적용하게 되면 문제가 효과적으로 해결된다. 물론 원리를 알아도 시간이 필요할 수 있으며, 인간이 경험하는 모든 스트레스 문제를 100% 해결할 수 없을 수도 있다. 하지만 실행기와 관련한 다섯 가지 원리를 적용하면 보다 효과적으로 문제가 해결된다. 더 나아가 동기기, 탐지기, 조절기, 실행기의 핵심 원리와 주제를 적용하면 거의 대부분의 문제가 해결 가능하다. 모쪼록 책에서 소개하고 있는 원리와 주제들을 꾸준히 적용하면서 스트레스에서 벗어나 '자유로운 삶'을 만끽할 수 있기를 바란다. 그리고 가능하면 '최상의 삶'을 누리기 시작할 수 있길 바란다.

에필로그

스트레스에서 벗어나 최상의 삶을 살라

    이 책은 '스트레스를 근원적으로 해결하면서 자유롭게 사는 법'을 소개하고 있다. 저자의 소망일 수 있지만, 제1부에서 제4부까지 소개한 원리들을 적용하면서 일차적 목적은 어느 정도 달성되었으리라 생각된다. 이제 책을 마무리하면서 '최상의 삶'도 간략하게 살펴보도록 하자. 왜냐하면 우리의 마음은 궁극적으로 '최상의 삶'을 지향하고 있기 때문이다. 더 나아가 '최상의 삶'을 지향하면 스트레스 관리가 보다 쉽게 실현될 수 있기 때문이다.

  사실 영어에서 '최적화'를 뜻하는 'optimize'는 '최고'를 뜻하는 라틴어 'optimus'에서 나왔다.[1] 이처럼 'Optimal 스트레스 관리'의 궁극적 목적은 스트레스에서 벗어나 자신이 도달할 수 있는 '최고의 나'가 되는 것이다. 이에 관한 자세한 내용은 차후 『스트레스에서 벗어나 최고의 나로 사는 법』에서 자세하게 다루게 된다. 다만, 이곳에서는 몇 가지를 간략하게 살펴보는 것이 좋겠다.

Optimal 스트레스 관리 모델: AAAA™

책에서 소개하고 있는 'Optimal 스트레스 관리'는 AAAA™로 정리될 수 있다. 책에서 다양한 주제를 소개한 바 있지만, 이 모든 내용은 4가지 핵심 질문으로 수렴될 수 있다.

- 동기기$_{Aspiration}$: 나는 무엇을 바라고/열망하고 있는가?
- 탐지기$_{Awareness}$: 나는 무엇을 보고/알아차리고 있는가?
- 조절기$_{Adoption}$: 나는 무엇을 선택하고 있는가?
- 실행기$_{Action}$: 나는 무엇을 실행하고 있는가?

스트레스를 경험할 때 위에서 제시한 질문들을 자문해 보라. 그리고 각 질문에 대해 가장 중요한 주제들을 생각해 보라. 예를 들어, 동기기와 관련해서 "나는 무엇을 바라고/열망하고 있는가?"를 생각해 보면서 내가 과연 '적절한' 동기를 추구하고 있는가를 생각해 보라.

- 양~Quantity~: 너무 많은 것을 추구하고 있는가, 아니면 중요한 것을 중심으로 단순하게 추구하고 있는가?
- 질~Quality~: 사소한 것을 추구하고 있는가, 아니면 정말로 중요한 것을 추구하고 있는가?
- 수준~Level~: 현재 수준에 비해 너무 높거나 낮은 것을 추구하고 있는가, 아니면 적절하게 높은 수준을 추구하고 있는가?
- 원천~Source~: 외부에서 부과된 것을 마지 못해하고 있는가, 아니면 마음 속에서 우러나는 것을 추구하고 있는가?

스트레스를 경험하고 있다면 이 가운데 하나 이상의 주제와 연관되어 있을 것이다(책에서 5가지 원리를 소개하고 있지만 4가지 핵심 원리로 단순화시켜서 접근해 보자). 그리고 스트레스를 경험하고 있다면, 책에서 소개하고 있는 내용을 적용해 보면서 스트레스에서 벗어날 수 있기 바란다.

다른 기능도 유사하게 접근하면 된다. 책에서 소개하고 있는 원리와 주제들을 적용하다 주다 보면 어느새 스트레스가 근원적으로 해결되기 시작한다. 이때 자신이 경험하고 있는 스트레스를 100개의 블록으로 구성된 스트레스 입방체라고 가정해 보자. 개인에 따라 스트레스의 정도와 양상이 다르기 때문에 크기도 다르고 모양도 다르다. 하지만 책에서 소개하고 있는 원리와 주제들이 핵심적인 블록이기 때문에 각 주제를 이해하고 적용할 때마다 블록이 사라진다. 때로 한 개의 블록이 아니라 여러 개의 블록이 함께 사라진다. 요점은 책에서 소개하는 원리와 주제들을 적용하다 보면 스트레스가 근원적으로 해결되면서 자유로운 삶을 누릴 수 있게 된다.

참고로 AAAA™ 모델에서 네 가지 핵심 기능은 피드백과 피드포워드로 서로 긴밀하게 연결되어 상호 영향을 주고받는다. 마치 우리 몸이 감각 기관, 두뇌, 손발이 서로 긴밀하게 연결되어서 기능하듯이 말이다. 한 예로 '신포도' 우화에서 볼 수 있듯이, 원래 맛있는 포도를 먹고 싶었으나$_{DS1}$ 포도를 먹지 못하는 상태가 되자$_{AS}$, 신 포도$_{DS2}$이기 때문에 먹을 필요가 없다고 동기를 낮추기도 한다. 반대로 동기에 의해 탐지되는 정보가 달라지기도 한다. 일상생활에서 쉽게 경험할 수 있는 예로는 여행(예: 동유럽)에 대한 동기가 생기자 마자, 온갖 주위로부터 여행에 관한 정보가 눈에 들어오기 시작한다(그 정보들은 원래 있었으나 동기가 생기기 전에 눈에 띄지 않았을 뿐이다). 마찬가지로, 실행기에 의해 동기기나 탐지기가 영향을 받으며, 조절기에 의해 나머지 기능이 영향을 받게 된다.

이 주제는 이 정도로 해두고, 이제 '최상의 삶'을 살펴보도록 하자.

'최상의 삶'을 살라

'최상의 삶'을 살기 위해서는 우선 '최상'과 '최고'를 구분할 필요가 있겠다. 삼성전자와 같은 거대한 회사에는 수십만 명의 구성원이 있다. '최고'란 조직에서 가장 위에 위치한 이재용 회장을 비롯한 몇몇 사장으로 볼 수 있다. 바꾸어 말하면, 나머지 수십만 명은 '최고'의 삶을 살지 못하고 있다고 볼 수 있다. 그리고 불행하게도 많은 사람은 자신이 조직에서 '최고'가 되지 못한 상태에 대해 부족함을 느끼고, 그 결과 스트레스 속에 사는 경향이 있다.

반면에 누구나 '최상의 삶'을 살 수 있다. 신입 사원은 신입 사원으로. 부장은 부장으로, 심지어 청소를 담당하는 미화원은 미화원으로 최상의 삶을 살 수 있다(저자는 미화원을 폄하하고 싶지 않으며 상대적으로 그렇다는 예를 들고 있을 뿐이다).

미국 농구 역사에서 존 우든 감독은 전무후무한 기록을 남긴 바 있다. 예를 들면 그가 UCLA 농구 감독을 할 당시 1964년부터 1975년까지 12년 동안 10번 우승하게 된다. 이러한 결과는 도저히 이룰 수 없는 결과이다. 왜냐하면 64강에 오른 팀은 어느 하나 무시할 수 없는 막강한 팀들이기 때문이다. 사실 거의 대부분의 대학들은 64강에 한 번도 들지 못하고 있다. 더욱이 4강에 오른 팀들은 농구의 속성상 언제든지 이기고 질 수 있는 팀들이다. 그럼에도 이와 같은 놀라운 기록의 배경에는 아버지의 훌륭한 가르침이 있었다. 아버지는 그가 어렸을 때 이렇게 말했다.

> 다른 사람과 비교해 더 나은가를 걱정하지 마라. 하지만 네가 실현 가능한 한 최고의 사람이 되려는 노력을 그치지 마라. 왜냐하면 그건 자신의 힘으로 통제할 수 있지만, 다른 사람은 통제할 수 없으니까.[2]

그는 4형제 가운데 막내였는데 형과 비교하지 말고 자신의 길을 가라고 조언했던 것이다.

이처럼 아이는 아이로서, 노인은 노인으로서, 장애인은 장애인으로서 누구나 자신이 할 수 있는 '최상'의 삶을 살 수 있다. 잠시 영어를 사용하자면 'the best version of self'가 바로 '최상의 자기'가 된다. 그리고 남과 비교하지 않는 '최상의 자기'는 동시에 '최고의 나 the best self'가 된다. 결국, '최상의 삶'을 산다는 말은 '최고의 나'로 산다는 말과 같은 의미가 된다. 저자의 소망은 책을 읽는 모든 독자분들이 매일 '최고의 나'로 살면서 '최상의 삶'을 영위할 수 있기를 진심으로 기원한다. 그리고 이러한 마음 자세로 살 때 스트레스 관리가 매우 쉬워진다(반면에 앞에서 언급했듯이 다른 사람과 비교하면서 '최고'를 지향하면 도리어 스트레스 속에 빠져 살 가능성이 높다).

🌿 매일 하루를 '걸작품'으로 만들며 살라

그렇다면 어떻게 해야 '최상의 삶' 또는 '최고의 나'로 살 수 있을까? 이 책은 그와 같은 삶을 살 수 있는 기초를 제공하는 것이 이차적인 목적이 된다. 보다 자세한 내용은 차후 『스트레스에서 벗어나 최고의 나로 사는 법』에서 소개하지만 각 기능별로 요약하면 다음과 같다.

동기기: 매일 하루를 걸작품으로 살려는 '목적/목표'를 가지라

인간은 목적 지향적 동물이다. 그저 그런 삶을 지향하면 결과도 그렇게 된다. 우리는 단 한 번의 삶이 부여되어 있다. 이왕 사는 인생, 멋진 삶을 사는 것이 좋지 않겠는가? 그런데 그게 어렵지 않다. 매일 자신이 할 수 있는 '걸작품'을 지향하면 된다. 물론, 하루 아침에 자신이 원하는 걸작품을 만들기 어려우나, 꾸준히 추구하면 어느새 매일 '걸작품'을 만들며 살 수 있다. 그 결과 앞에서 소개한 '도미노' 예화나 '복리 효과'에 기초해서 볼 수 있듯이 누구나 놀라운 걸작품의 삶을 만들며 살 수 있게 된다.

탐지기: 자신과 주위 환경을 제대로 파악하라

최상의 삶을 살기 위해서는 손자 병법에서 강조하는 '지피지기知彼知己'가 매우 중요한 정보가 된다. 이처럼 자신의 장단점과 환경의 요구를 정확히 파악하는 것이 매우 중요하다. 앞에서 소개한 SWOT을 활용해도 좋다. 중요한 점은 아무리 바쁘더라도 최소한 이러한 정보를 파악하고 있어야 스트레스에서 벗어나 '최상의 삶'을 살 수 있게 된다.

조절기: '최상의 삶'을 결단하라

앞에서 소개한 켈리 최는 10억의 빚에서 벗어나기 위해서 3가지를 결단했다. 정신을 흐트러뜨리는 음주를 버리고, 야금야금 삶을 갉아 버리는 유희를 버리고, 시간을 빼앗는 파티를 버렸다.[3] 최상의 삶을 살기 위해서는 버릴 것을 과감하게 버리는 결단이 필요하다. 또한 최상의 삶을 살기 위해 채워야 할 것을 과감하게 채우는 결단 역시 중요하다.

실행기: 매일 일정 시간 '최상의 삶'을 실행하라

각자 하루 동안 자신에게 중요한 것에 집중할 수 있는 시간이 다르다. 하지만 분명한 사실은 우리 모두 하루 86,400초의 시간을 갖고 있다. 그러니 아무리 바빠도 매일 일정 시간 자신에게 가장 중요한 것에 집중하면서 '최상의 삶'을 살 수 있다. 이 책에서 '최상의 삶'에 대해 자세하게 소개할 수 없지만, 매일 '신나는 삶' '오늘 죽어도 여한이 없는 삶'이라고 생각해도 좋다. 이와 같은 '최상의 삶'을 살기 위해서는 매일 '삶의 목적' '한 달 목표' '하루 목표' 중 하나라도 집중하는 것이 좋다. 심지어 단 30분 동안이라도 자신에게 중요한 '목적' 또는 '목표'에 집중해 보라. 그러면 신이 난다. 사실 누구나 하루 30분 정도는 투자할 수 있지 않을까?

이제 우리가 잘 알고 있는 이솝 우화로 마무리해 보자(곧 보겠지만 이솝 우화를 다른 관점에서 살펴보게 된다).

북풍과 태양이 서로의 힘이 세다고 다투다가 나그네의 옷을 벗기는 시합을 했다. 먼저 북풍이 세찬 바람을 몰고 왔다. 하지만 나그네는 옷을 더욱 단단히 여몄다. 바람이 더 세게 불어대자 추위에 못 견딘 나그네는 여분의 옷까지 모두 입었다. 크게 낙담한 북풍은 태양에게 기회를 넘겨주었다. 태양이 아주 부드러운 빛을 내리쬐자 나그네는 여분의 옷을 벗었다. 태양이 다시 뜨거운 열기를 내뿜자 더위를 견디지 못한 나그네는 근처 강으로 달려가 나머지 옷을 모두 벗고 목욕을 하였다.[4]

이 우화에서 주인공은 북풍과 태양으로 볼 수 있지만 이곳에서는 인간(나그네)의 관점에 초점을 두어서 접근해 보자. 많은 사람이 스트레스(북풍)에서 벗어나려 애를 쓴다. 그런데 스트레스를 무조건 피하려 할수록, 또는 일시적으로 스트레스를 '해소' 할수록 시간이 지나면서 좌절감이 심화되며, 불행하고, 병이 악화되는 악순환에 빠지는 경향이 있다. 그 결과 애를 쓰면 쓸수록 옷(예: 좌절감, 불행, 병)을 벗는 것이 아니라 옷을 덧입는 상태가 된다.

반면에 우리가 태양(최적화)에 초점을 맞추면 눈이 녹듯이 스트레스가 쉽게 사라지게 된다. 책에서 소개하고 있듯이 'Optimal 스트레스 관리'란 스트레스를 피하는 것이 아니라 '최적화'를 '추구'하는 것이다. 그러면 스트레스로 억눌려 있던 삶에서 벗어나 자유로운 삶을 살 수 있게 된다. 그것도 매우 쉽게.

이 이솝 우화는 '나머지 옷을 모두 벗고 목욕을 하였다'로 마무리한다. 이 구절은 (앞에서 언급했듯이 새로운 관점에서 보자면) '최적화'를 통해 스트레스로부터 벗어나 자유로운 삶을 살게 되면서 새로운 삶을 출발하는 상징으로 해석해 보면 어떨까? (일반적으로 목욕 재개, 세례 등은 새로운 마음 가짐과 새로운 삶을 의미하고 있다.)

이제 'Optimal 스트레스 관리'를 향한 일차적 여정을 마치고자 한다. 다시 한번 이 책을 읽는 모든 독자분들이 스트레스를 근원적으로 해결하면서 자유로운 삶을 만끽할 수 있기를 진심으로 기원한다. 그리고 '최상의 삶'을 향한 여정도 시작할 수 있기를 아울러 기원한다.

부록 1

배경 이론

이 책에서 소개하는 『스트레스를 근원적으로 해결하며 사는 법: Optimal 스트레스 관리』는 제어 이론 control theory 에 기초하고 있다.[1] 제어 이론이란 제어 시스템에 관한 이론이며, 일반 용어로는 자동 시스템 또는 자동 기계에 관한 이론이다. 우리 주위에는 자동 기계가 많다: 자동차, 냉장고, 엘리베이터, 에스컬레이터, 자동문 등. 뿐만 아니라 인간의 체온, 혈압, 혈당, 수분 등도 저절로 제어된다. 더 나아가 지구를 비롯한 우주(예: 태양계)도 저절로 움직이고 있다. 이처럼 제어 이론은 자동 기계, 인간, 우주를 통괄해서 이해할 수 있는 거대 이론이 된다.

제어 시스템의 핵심 요소를 이해하기 위해서 우리 주위에서 쉽게 볼 수 있는 자동온도조절기를 예로 들어 보자. 이제 한 겨울에 아침에 출근해서 사무실에 설치된 자동온도조절기를 작동한다고 가정해 보자. 개인에 따라 원하는 온도가 다르지만 한 예로써 20℃를 틀었다고 가정해 보자. 이 상황에서 자동온도조절기의 각 핵심 요소는 어떤 기능을 수행할까?

그림에서 보듯이 첫 번째 요소는 동기기motivator이다. 동기기란 제어 시스템에게 '바라는 상태, Desired State, DS; 이 경우에는 바라는 온도)'를 제공한다. 자격 과정이나 워크샵에서 자동온도조절기를 몇 도로 틀어놓는가를 물어보면 18℃에서 28℃

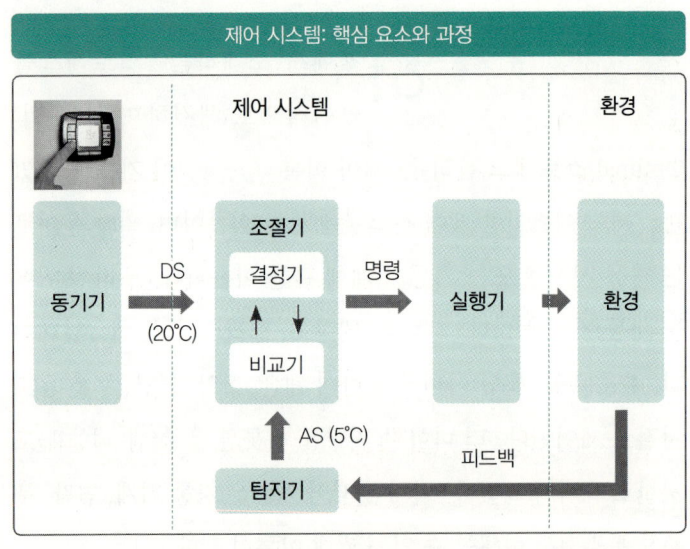

[그림 1] 자동온도조절기

까지 다양한 반응이 나온다. 각자 원하는 온도(DS)가 다르기 때문이다. 이곳에서는 20℃를 원한다고 가정해 보자.

자동온도조절기의 두 번째 요소는 탐지기sensor/detector로서 사무실 안의 온도를 측정한다. 한겨울에 방금 자동온도조절기를 작동시켰기 때문에 5℃라고 가정해 보자(참고로 탐지기란 일상 용어에서 '센서'다).

세 번째 요소는 조절기(regulator/controller)로서 이 상황에서는 설정된 온도(20℃)와 실제 온도(5℃) 간에 차이가 크기 때문에 열을 만들어 내라는 선택 결정을 하게 된다(사실은 실행기에 연결됨으로써 실행기가 작동되기 시작한다).

그리고 마지막 요소는 실행기(actuator/effector)로서 실제로 열을 발생하기 시작한다. 일상생활에서 보일러 또는 히터가 바로 실행기이다.

한편 제어 이론에서 흥미로운 개념 가운데 하나는 '피드백'이다. 피드백이란 환경으로부터 실제 상태에 관한 정보를 지속적으로 되받게 된다(피드백 개념은 제어 이론에서 나왔다). 그 결과, 시간이 지나면서 실제 온도가 설정 온도와 합치하게 된다. 다시 말해서 처음에는 5℃였으나 시간이 지나면서 실내 온도가 높아지면서 설정 온도(20℃)와 같아진다. 그리고 이 상태가 되면 조절기는 더 이상 열을 만들지 않는 선택/결정을 하게 되고, 이러한 선택/결정에 의해서 보일러/히터가 작동을 멈추게 된다(실제로는 보일러나 히터와 연결이 끊어지게 된다). 한편, 보다 진보된 제어 시스템(예: 인텔리전트 빌딩)은 '피드포워드'를 통해 바람직한 상태를 미리 조절할 수 있다(부록에서 너무 많은 개념을 소개하면 복잡할 수 있어서 생략하지만 원리 22에서 '피드포워드'를 소개하고 있다).

이처럼 자동온도조절기는 동기기, 탐지기, 조절기, 실행기의 작동을 통해서 문제를 해결하게 된다. 짐작할 수 있듯이 책에서 소개하는 'Optimal 스트레스 관리'는 자동온도조절기의 네 가지 핵심 기능에 기초하고 있다. 특히 각 기능에서 '최적화'에 초점을 맞추면 스트레스가 너무 쉽게 사라지게 된다. 사실 책에서 소개하는 각 원리는 상식적이기 때문에 조금만 생각해 보면 어떻게 접근해야 '최적화'가 가능할지 쉽게 이해된다. 이처럼 책에서 소개하는 원리들은 상식적이기 때문에 매우 쉽게 이해할 수 있고, 매우 효과적으로 스트레스 문제를 해결할 수 있게 된다. 그 결과 누구나 스트레스에서 벗어나 자유롭게 살 수 있게 된다. 더 나아가 '최적화'를 지향하다 보면 자신이 진정으로 원하는 '최상의 삶'을 살 수도 있다.

마무리하기 전에 한 가지 강조할 점은 어떤 설정점(set point)을 정하는가가 중요하다. 앞에 예에서 20℃를 설정하면 결국 실내 온도는 20℃가 된다. 반면에 18℃를 선택하면 결국 실내 온도는 18℃로 귀결되며, 28℃를 선택하면 결국 실내 온도는 28℃로 귀결된다.

마찬가지로 'Optimal 스트레스 관리'를 설정하면 결국 스트레스 문제를 해결하면서 자유로운 삶을 살 수 있게 된다. 더 나아가 "최상의 삶"을 설정하면 결국 '최상의 삶'을 살기 시작한다. 프롤로그에서 소개하듯이 '최상의 길로 나간 사람에게 최상의 결과가 돌아온다'. 불행하게도 대부분의 분들은 이와 같은 설정점이 없다. 그 결과 스트레스 속에 빠져서 허우적대면서 스트레스가 자신의 삶을 망가뜨리는 안타까운 삶을 사는 경향이 있다. 모쪼록 이 책을 읽는 독자들은 'Optimal 스트레스 관리'를 통해 '스트레스를 근원적으로 해결하면서 자유로운 삶'을 살 수 있기를 기원한다. 그리고 더 나아가 스트레스에서 벗어나 '최상의 삶'을 살기 시작하면 좋겠다.

동기기: 열정, 재능, 가치에 부합하며 사는 법

이 책에서 가장 중요한 주제 가운데 하나는 자신의 삶에서 가장 중요한 것 The One Thing을 추구하며 사는 것이다. 독자 가운데는 이미 The One Thing이 확립되어 있는 분도 계시리라. 하지만 만약 확립되어 있지 않다면, 오늘부터 자신의 삶에서 The One Thing을 수립해 보는 것이 Optimal 스트레스 관리에서 가장 중요한 실습이 된다.

이제 다음 그림에서 보듯이 열정, 재능, 가치의 공통 분모에 기초해서 '삶의 목적' '한 달 목표' '하루 목표'를 수립해 보라.

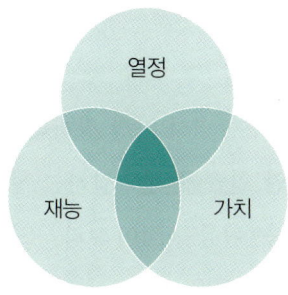

열정

지금까지 살면서 가장 즐거웠던 활동을 5가지 이상 적어 보라. 이때 누구나 즐거울 수 있는 활동(예: 여행, 식사, 영화 관람, 게임)보다는 특정한 활동을 할 때 즐거웠던 경험을 적어 보라. 그리고 다 적으면, 그 활동들의 공통 분모를 정리해 보라(이곳에서 5가지를 적도록 꾸며졌으나, 10가지 정도 정리할 수 있으면 더 좋다).

1. 나는 _____ 을/를 할 때 즐거웠다.
2. 나는 _____ 을/를 할 때 즐거웠다.
3. 나는 _____ 을/를 할 때 즐거웠다.
4. 나는 _____ 을/를 할 때 즐거웠다.
5. 나는 _____ 을/를 할 때 즐거웠다.

재능

이번에는 지금까지 살면서 가장 잘하는 활동을 5가지 적어 보라. 이때 오랫동안 연습에 의해 잘하는 활동이 아니라, 별로 하지 않았어도 잘하는 활동을 적어 보라. 또는 주위 사람들로부터 '잘한다'고 들었던 활동을 적어도 좋다. 그리고 다 적으면, 그 활동들의 공통 분모를 정리해 보라(이번에도 10가지 정도 정리할 수 있으면 더 좋다).

1. 나는 _____ 을/를 잘한다.
2. 나는 _____ 을/를 잘한다.
3. 나는 _____ 을/를 잘한다.
4. 나는 _____ 을/를 잘한다.
5. 나는 _____ 을/를 잘한다.

핵심 가치

평소 존경하는 역사적 인물을 세 사람 적어 보라. 그리고 각 사람의 특징 3가지를 적어 보라. 그런 후, 9가지 특징 가운데 공통 분모를 찾아내 보라. 공통 분모를 살펴보면 자신이 갖고 있는 핵심 가치가 잘 드러나게 된다(이번에도 다섯 사람 정도를 적어 보면 더 좋다).

자, 이제 열정, 재능, 핵심 가치가 정리되면, 그림에서 보듯이 이러한 3가지 측면의 공통 분모를 생각하면서 자신에게 중요한 주제를 정리해 보라. 물론, 하루아침에 자신의 '삶의 목적'을 확립할 수 없다. 하지만, 오늘부터 시간이 날 때마다 이 질문을 지속하다 보면 보다 빨리 '삶의 목적'이 확립될 수 있다. 한편, '삶의 목적' 확립을 위해 시간이 걸린다는 점을 고려해서 우선 '10년 후' 목표를 열정, 재능, 핵심 가치에 기초해서 수립해 보라.

그리고 이어서 '한 달 목표'와 '하루 목표' 역시 위에서 얻어진 공통 분모에 부합되는 방향으로 설정해 보라.

끝으로, 매일 자신의 '삶의 목적' 또는 '한 달 목표'가 실현되었다고 심상법을 활용해서 생생하게 체험해 보라. 그러면, (1) 신이 난다. 또한 (2) 스트레스 상황에서 이러한 심상에 집중하면 순간적으로 스트레스가 사라진다. 그리고 (3) 만약 '한 달 목표'가 현재 당면하고 있는 스트레스 주제와 연관되어 있다면, 한 달 목표가 성취되면서 스트레스가 완전히 사라지거나, 줄게 된다.

부록 3

탐지기: 초월 렌즈를 활용하는 법

다음 표를 이용해서 각 시제별로 정리해 보라.

우선 지난 과거에 가장 행복했던 경험을 3~5가지 적어 보라. 이어서 현재 행복할 수 있는 주제를 3~5가지 적어 보라. 이 때 어느 상황에서나 쉽게 적용할 수 있는 행복 주제를 기록하는 것이 좋다. 반면에 돈이 많이 들고, 지금 당장 할 수 없는 활동(예: 저녁에 친구 만나기, 박물관 관람하기, 외국 여행)은 좋은 주제가 아니다.

끝으로 미래(예: 5년 후, 10년 후)에 어떤 상황이 도래하면 행복할지를 적어 보라. 이때 미래의 경우에는 가장 행복할 수 있는 3가지만 적어 보라(물론 더 적어도 좋다).

중요한 점은 과거건, 현재건, 미래건, 그 상황을 생각만 하더라도 신이 나고, 즐겁고, 가슴이 두근거릴 수 있어야 한다.

자, 표를 작성한 후에는 당분간 이 표를 소지하고 다니라. 종이에 적어서 다녀도 좋고, 휴대전화에 저장해도 좋다. 그리고 스트레스가 발생하면 곧바로 스트레스 상황을 초월해서 이 목록에 적혀 있는 주제에 집중해 보라. 다시 말해서 심상법을 활용해서 눈을 감고, 생생하게 재경험해 보라. 이처럼 스트레스를 초월해서 즐겁고 신나는 체험을 해 보라(심상법에 관한 임상적, 과학적 배경과 관련해서는 『3분 안에 스트레스에서 벗어나는 법』을 참조하라).

과거	현재	미래
1.	1.	1.
2.	2.	2.
3.	3.	3.
4.	4.	4.
5.	5.	5.

조절기: 효율적인 선택을
체계적으로 수립하며 사는 법

우리는 하루 동안에 수만 가지 선택 결정을 하며 산다. 그 과정에서 비효율적으로 선택하게 되면 스트레스를 경험하기 쉬우며, 스트레스에서 벗어나려면 효율적으로 선택해야 한다. 이때 다음 그림에서 보듯이 시스템적으로 접근하는 것이 효율적이다. 특히 해결하기 어려운 주제일수록 단발적인 하나의 선택보다는 최소한 5단계로 접근해 보는 것이 좋다. 가장 먼저 선택할 주제는 '마음틀'이다. (1) (마음틀) 내 인생을 내가 주도적으로 살 것인가? 아니면 주위 사람이나 환경을 탓하며 살 것인가? 이어서 '통제성'과 관련해서 (2) (통제성) 통제할 수 없는 것은 수용하고, 통제할 수 있는 것에 대하여 주인 마음틀로 사는 것이 좋다. 이어서 (3) (초점) 통제할 수 있는 것 가운데 가장 중요한 것에 초점을 두고, (4) (목표) 이러한 중요한 것에 관한 장단기 목표를 구체적으로 수립한 후, (5) (전략) 목표를 실행하기 위한 효율적인 전략을 세울 필요가 있다. 이처럼 주요한 단계별로 효율적인 선택은 스트레스에서 벗어나 자유로운 삶을 살 수 있게 한다. 반면, 비효율적인 선택은 스트레스를 초래하기 쉽다. 따라서 이번 기회에 자신이 경험하고 있는 스트레스를 해결하기 위해서 접근해 보라. 시스템적으로 접근해 보라(참고로, 다른 단계와 달리 '통제 불가능한 것은 수용하라'와 '중요하지 않은 것은 멀리하라'도 매우 중요한 주제가 된다).

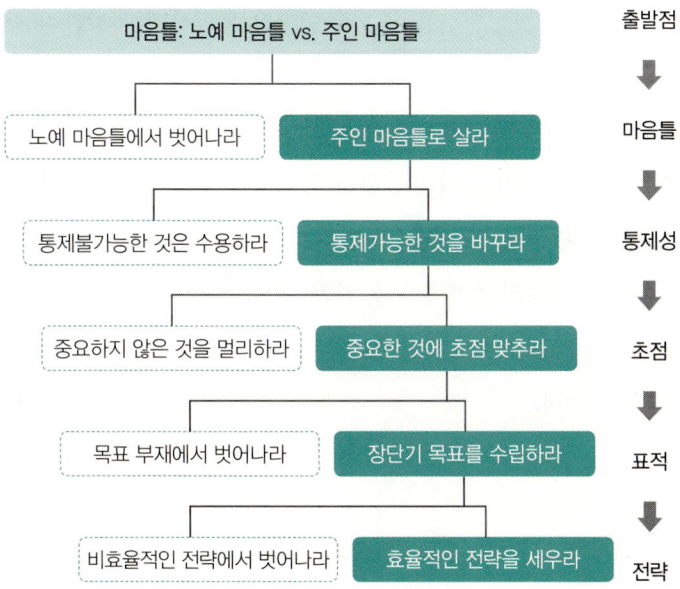

실행기: 중요한 것에 시간을 사용하며 사는 법

모든 인간은 동일하게 24시간이 주어져 있다. 특히 현대인은 '바쁜 삶busyness'을 살고 있기 때문에 어느 때보다 시간 관리가 필요하다. 그 결과, 시간 관리를 잘못하면 스트레스가 쌓이고, 시간 관리를 잘하면 스트레스에서 벗어나기 쉽다. 이제 시간 관리에 관한 4가지 기능적 측면을 간략하게 정리하면 다음과 같다(시간 관리가 실행기에서의 중요한 원리가 되지만, 다른 기능이 종합적으로 결부되어 있다).

동기기: 자신에게 가장 중요한 것 The One Thing 을 추구하라

자신의 삶에서 가장 중요한 The One Thing이 확립되어야 한다. The One Thing이 확립되어 있으면 시간을 허투루 사용하지 않지만, 확립되어 있지 않으면 주위 상황 요구대로 시간을 허비하게 된다.

탐지기: 시간 사용을 구체적으로 점검하고 시간 도둑을 발견하라

- 우선 자신이 시간을 어떻게 사용하는가를 알아야 한다(2주에서 한 달 정도 아침에 일어나서 잠들기까지 15분 단위로 적어 보면 좋다).
- 자신이 실제로 사용한 시간을 큰 범주로 묶어 보라. 예를 들어, 직장 생활과 관련해서 '회의' '전화' '일과' '생산 활동' '잡담' '식사' '이메일' '웹서핑' '회식' 등으로 구분할 수 있으며, 직장 외 생활과 관련해서는 '식사' '웹서핑' 'TV 시청' '독서' '취미 활동' '운동' '출퇴근' '세면' '화장' '쇼핑' '청소' '육아' 허드렛일' 등으로 구분할 수 있겠다.
- 탐지기에서 가장 중요한 단계는 불필요한 시간 낭비 요소를 찾아내는 것이다. 소위 '시간 도둑'을 발견하는 것이다. 왜냐하면 '시간 도둑'을 없애는 것이 시간 관리에서 관건이기 때문이다.

조절기: '해야 할 일 목록'을 만들라

이제 시간 도둑을 줄이면서 매일 '해야 할 일 목록(To Do List)'을 작성해 보라. 중요성에 따라 전체 목록을 A, B, C로 구분하면 좋다(가능하면 하루 전날 작성하는 것이 더 효과적이다).

실행기: 매일 4가지 D로 실행하라

- Do: (실행하라) 가장 중요한 것을 먼저 실행하라.
- Delay: (연기하라) 중요하지 않은 것들, 그리고 급하지 않은 것들은 늦추어도 좋다.
- Delegate: (위임하라) 중요하거나 급한 것 가운데 자신이 직접 처리할 수 없을 때는 주위 사람에게 위임하라.
- Delete: (제거하라) 중요하지 않고, 급하지 않은 것들은 하지 말라(불필요한 유튜브 시청, 이메일, 카카오톡, 페이스북, 인스타그램, 게임 등에 소비하는 시간을 줄이지 않는 한 시간 관리는 요원한 일이 된다).

참고문헌

참고문헌은 저자가 원서를 참조했을 경우에는 원서를 소개하고, 번역본에 기초할 경우에는 번역본에 관한 정보를 제시하고 있다.

일부 자료는 저자가 미국에서 보았던 자료인데, 몇 차례에 걸쳐서 이주하는 과정에서 현재 찾을 수 없어서 안타깝다(차후 정확한 참고문헌을 찾는 대로 보완할 예정이다).

프롤로그

1. Chon, K. K. (1989). *The role of coping resources in moderating the relation between life stress and depression: A control theory approach* (Unpublished doctoral dissertation) University of Massachusetts, Amherst, MA.
2. 이상미(역, 2023). 경이로움의 힘. 온워드.
3. 다양한 원천으로부터 자료가 수집되었으며, 몇 가지를 언급하면 다음과 같다: American Institute of Stress (Workplace stress); American Psychological Association (2022). Stress in America; Borba, M. (2021). *Thrivers*. Putnam; Goeway, D. J. (2014). *The end of stress*. Atria; Lipsky, L. v. D. (2018). *The age of overwhelm*. Atria; NPR/

Robert Wood Johnson Foundation/Harvard School of Public Health (2014). *The burden of stress in America;* Seaward, B. L. (4th Ed. 2004). *Managing stress.* Jones and Bartlett Publishers; 조정진(2012). 일과 건강-직무 스트레스를 중심으로. 스트레스 연구, 20(Suppl. 2), 8-16; 2024년 국민 건강 지식 및 태도 조사 발표. 국립정신건강센터 공식 누리집. 책에서 소개하고 있는 자료는 몇 가지 대표적인 사례와 통계를 소개하고 있으나, 전체적인 양상은 불행하게도 분명해 보인다: 스트레스가 개인, 조직, 국가, 세계를 죽음으로 몰아넣고 있다.

4. Kenny, D. T., Carlson, J. G., McGuigan, F. J., & Sheppard, J. L. (Eds. 2000). *Stress and Health.* Harwood Academic Publishers.
5. Zin, Q., Yang, N., Dai, J., Zhao, Y., Zhang, X., Yin, J., & Yan, Y. (2022). Association of sleep duration with all-cause and cardiovascular mortality: A prospective cohort study. *Frontiers in Public Health, Section Life-Course Epidemiology and Social Inequalities in Health, 10.* https://doi.org/10.3389/fpubh.2022.880276; Simpson, R. J., Campbell, J. P., Gleeson, M., Krüger, K., Nieman, D. C., Pyne, D. B., Turner, J. E., & Walsh, N. P. (2020). Can exercise affect immune function to increase susceptibility to infection? *Exercise Immunology Review, 26*: 8-22; Bhaskaran, K., dos-Santos-Silva, I., Leon, D. A., Douglas, I. J., & Smeeth, L. (2018). Association of BMI with all and cause-specific mortality: a population-based cohort study of 3.6 million adults in the UK. *The Lancet Diabetes & Endocrinology, 6,* P944-953.
6. 전겸구(2024). 3분 안에 스트레스에서 벗어나는 법. 학지사.
7. Cskiszentmihalyi, M. (1990). *Flow.* Harper & Row.
8. 이 책의 자매편인 3분 안에 스트레스에서 벗어나는 법(2024, 학지사)에서는 공식 가운데 가장 핵심이 되는 DS와 AS 간의 불합치에 조점을 두었

다. 하지만 이 책에서는 스트레스 문제를 근원적으로 해결하기 위해서 전체 공식을 소개하고 있다.
9. 장치혁(역, 2014). (불패의 신화 존 우든 감독이 들려주는) 88연승의 비밀. 클라우드나인.

제1부

1. 김한슬기(역, 2023). 가치 있는 삶. 흐름 출판.
2. Maslow, A. (2nd ed. 1968). *Toward a psychology of being*. Van Nostrand Reinhold Company; Rogers, C. R. (1963). Actualizing tendency in relation to "Motives" and to consciousness. In M. R. Jones (Ed.), *Nebraska symposium on motivation* (pp. 1–24). University of Nebraska Press.
3. Chamberlain, M. D. (2000). *Wanting more*. Shadow Mountain.
4. 김윤경(역, 2015). 나는 단순하게 살기로 했다. 비즈니스북스.
5. 법정(2024). 진짜 나를 찾아라. 샘터.
6. 김정(역, 2004). 사소한 것에 목숨 걸지 마라. 도솔.
7. 안정효(역, 2010). 아우렐리우스 명상록. 세경.
8. 염창환(2010). 한국인, 죽기 전에 꼭 해야 할 17가지. 21세기북스.
9. 이애리(역, 2010). 꿈이 나에게 묻는 열 가지 질문. 비즈니스 맵.
10. Wieder, M. (2016). *Dream*. Next Century.
11. 김수영(2010). 멈추지 마, 다시 꿈부터 써봐. 웅진지식하우스; 김수영(2012). 당신의 꿈은 무엇입니까. 웅진지식하우스; 김수영(2017). 마음 스파. 꿈꾸는 지구.
12. https://www.johngoddard.info
13. Frankl, V. E. (2006). *Man's search for meaning*. Beacon Press.
14. 이혁재(2011). 100세 현역 의사의 스트레스 내려놓기 연습. 예인.
15. 김태훈(역, 2022). 딥 워크. 민음사.

16. Atkinson, J. W. (1964). *An introduction to motivation*. D. Van Nostrand Company.
17. 이러한 세 수준에 관해 미시간대학교의 노엘 티치~Noel Tichy~는 (1) 안락 지대, (2) 학습 지대, (3) 공황 지대로 구분한 바 있다. 한편, 이 책에서는 성장의 중요성을 강조하기 위해서 '학습 지대' 대신 '성장 지대'로 바꾸어서 소개하고 있다.
18. Loehr, J. E. (1997). *Stress for success*. Time Books.
19. Keller, G., & Papasan, J. (2012). *The one thing*. Bard Press.
20. Ryan, R. M. & Deci, E. L. (2000). Self-determination theory and the facilitation of intrinsic motivation, social development, and well-being. *American Psychologist. 55*: 68-78. doi:10.1037/0003-066X.55.1.68. hdl:20.500.12749/2107. PMID 11392867. S2CID 1887672.
21. 정명진(역, 2011). 성공의 새로운 심리학. 부글북스.
22. 박순영(역, 2023). 희망의 이유. 김영사; Cope, S. (2012). *The great work of your life*. Random House.
23. 박순영(역, 2023). 희망의 이유. 김영사.
24. Hari, J. (2018). *Lost connections*. Bloomsbury.
25. Hari, J. (2018). *Lost connections*. Bloomsbury.
26. Stulberg, B., & Magness, S. (2019). *The passion paradox*. Rodale.
27. 변인영(역, 208). 감사의 효과. 비전비엔피 · 비전코리아; DeMartini, J. (2013). *The value factor*. Berkley Books.
28. Wolman, B. B. (Ed., 1973). *Dictionary of behavioral science*. Van Nostrand Reinhold Company.
29. 김정아(역, 2022). 나는 단단하게 살기로 했다. 부키.
30. 황숙경(역, 2004). 적게 일하고 많이 놀아라. 물푸레.
31. Goewey, D. J. (2014). *The end of stress*. Atria.

32. 전겸구(2024). 3분 안에 스트레스에서 벗어나는 법. 학지사.
33. 신현철(역, 2009). 어른을 위한 이솝 우화. 문학세계사.
34. 신현철(역, 2009). 어른을 위한 이솝 우화. 문학세계사.
35. 배명자(역, 2022). 엑설런스. 다산북스.
36. 배명자(역, 2022). 엑설런스. 다산북스.
37. 배명자(역, 2022). 엑설런스. 다산북스.
38. 정명진(역, 2011). 성공의 새로운 심리학. 부글북스.

제2부

1. 이창신(역, 2018). 생각에 관한 생각. 김영사.
2. 이은경(역, 2014). 누가 내 생각을 움직이는가. 비즈니스북스.
3. 이은경(역, 2014). 누가 내 생각을 움직이는가. 비즈니스북스
4. Lipsky, L. v. D. (2018). *The age of overwhelm*. Berrett-Koehler Publishers.
5. 이미정(역, 2012). 0.2초 집중의 힘. 지훈.
6. 박선령(역, 2015). 하버드 집중력 혁명. 토네이도.
7. 김무겸(역, 2012). 죽기 전에 한 번은 유대인을 만나라. 북스넛.
8. Borba, M. (2021). *Thrivers*. Putnam.
9. Baumeister, R. F., Bratslavsky, E., Finkenauer, C., & Vohs, K. D. (2001). Bad is stronger than good. *Review of General Psychology, 5*, 323-370.
10. 전겸구(2012). 화, 참을 수 없다면 똑똑하게. 21세기북스.
11. 관련해서 '행복은 선택이다'라는 주제가 다양한 책에서 일관되게 강조되고 있다. Ben-Shahar, T. (2012). *Choose the life you want*. The Experiment, LLC; Leland, J. (2019). *Happiness is a choice you make*. Sarah Crichton Books; Pollan, S. M., & Levine, M. (2005). *It's all in your head*. HarperCollins; Shimoff, M. (2008). *Happy for no*

reason. Free Press.

12. 김효숙(역, 2005). 살면서 꼭 알아야 할 99가지 이야기. 해토.
13. 김효숙(역, 2005). 살면서 꼭 알아야 할 99가지 이야기. 해토.
14. Chödrön, P. (2007). *Don't bite the hook*. Shambhala.
15. 유교문화연구소(역, 2005). 논어. 성균관대학교 출판부.
16. 도솔(역, 2005). 나를 위해 용서하라. 청년사.
17. 윤규상(역, 2007). 감정을 과학한다. 이레.
18. 김한슬기(역, 2023). 가치 있는 삶. 흐름출판.
19. Sacks, J. (2012). *The great partnership*. Penguin Random House.
20. Hargrave, S. J. (2016). *Mind hacking*. Gallery Books.
21. 이미정(역, 2012). 0.1초 집중의 힘. 지훈.
22. 고은미, 김잔디(역, 2023). (공감하는 마음을 만드는) 거울 뉴런 이야기. 바다출판사.
23. 전겸구(2012). 화, 참을 수 없다면 똑똑하게. 21세기 북스.
24. Gray, J. (1992). *Men are from mars, women are from venus*. Harper Perennial.
25. Gray, J. (2008). *Why mars and venus collide*. Harper.
26. 이창식(역, 2008). 위대한 나. 세종서적.
27. 김한슬기(역, 2023). 가치 있는 삶. 흐름출판.
28. 박세연(역, 2017). 더 나은 세상. 예문아카이브.
29. Cope, S. (2012). *The great work of your life*. Random House.
30. 김한슬기(역, 2023). 가치 있는 삶. 흐름출판.

제3부

1. 이은경(역, 2014). 누가 내 생각을 움직이는가. 비즈니스북스; Bayer, M. (2020). *One decision*. Viking.
2. 임말희(역, 2009). 거짓 자기. Nun.

3. 박성원(역, 2022). 보도 섀퍼의 이기는 습관. 토네이도.
4. Frankl, V. E. (2006). *Man's search for meaning*. Beacon Press.
5. 박성원(역, 2022). 보도 섀퍼의 이기는 습관. 토네이도.
6. 홍성화, 김동수(역, 2010). 잠들어 있는 성공시스템을 깨워라. 황금부엉이.
7. 한채호(역, 2017). 신경끄기의 기술. 갤리온.
8. 한채호(역, 2017). 신경끄기의 기술. 갤리온.
9. 박성원(역, 2022). 보도 섀퍼의 이기는 습관. 토네이도.
10. 키와 블란츠(역, 2015). 에픽테토스의 인생을 바라보는 지혜. 소울메이트.
11. 키와 블란츠(역, 2015). 에픽테토스의 인생을 바라보는 지혜. 소울메이트.
12. 전겸구(2012). 화, 참을 수 없다면 똑똑하게. 21세기 북스.
13. 전겸구(2012). 화, 참을 수 없다면 똑똑하게. 21세기 북스.
14. Linehan, M. M. (2015). *DBT skills training handouts and worksheets* (2nd Ed.). Guilford Press.
15. 이미숙(역, 2012). 인생 역전 7분. 한스 미디어.
16. 이미숙(역, 2012). 인생 역전 7분. 한스 미디어.
17. 김미정(역, 2024). 마지막 몰입. 비즈니스북스.
18. 박선령, 정지현(역, 2018). 지금 하지 않으면 언제 하겠는가. 토네이도.
19. 이지민(역, 2024). 결정하는 습관. 북스톤.
20. Hyatt, M. (2020). *The vision driven leader*. Baker Publishing.
21. Hyatt, M. (2020). *The vision driven leader*. Baker Publishing.
22. Hyatt, M. (2020). *The vision driven leader*. Baker Publishing.
23. 이경식(역, 2019). 미래를 꿰뚫어 보는 힘. 더난출판.
24. 김희준(2024. 09. 21.). '완벽' 추구하며 철저한 계획 … 세계 야구의 '유니콘'이 된 오타니. 뉴시스. https://www.newsis.com/view/NISX20240920_0002893681
25. Koch, R. (2020). *80/20 your life*. Nicholas Brealey.
26. Hyatt, M. (2018). *Your best year ever*. Baker Publishing.

27. Hyatt, M. (2018). *Your best year ever*. Baker Publishing.
28. Hyatt, M. (2018). *Your best year ever*. Baker Publishing.
29. 박성원(역, 2022). 보도 섀퍼의 이기는 습관. 토네이도.
30. Hyatt, M. (2020). *The vision driven leader*. Baker Publishing.
31. Pham, L. B., & Taylor, S. E. (1999). From thought to action: Effects of process-versus outcome-based mental simulations on performance. *Personality and Social Psychology Bulletin, 25*, 250-260.
32. Pollan, M. (2009). *Food rules*. Penguin Books.
33. 연평우(2024). 플랜비. 다산북스.
34. 김원중(2020). 손자병법. 휴머니스트.
35. Hyatt, M. (2020). *The vision driven leader*. Baker Publishing.
36. 정명진(역, 2011). 성공의 새로운 심리학. 부글북스.
37. 이민규(2011). 실행이 답이다. 더난출판.
38. Sheeran, P., Listrom, O., & Gollwitzer, P. (2024). The when and how of planning: Meta-analysis of the scope and components of implementation intentions in 642 tests. *European Review of Social Psychology*. https://doi.org/10.1080/10463283.2024.2334563
39. 최호영(역, 2024) 클리어 씽킹. 알에이치코리아; 이민규(2011). 실행이 답이다. 더난출판.
40. 김한슬기(역, 2023). 가치 있는 삶. 흐름출판.
41. Kingsfold, E. (2017). *Brain-powered weight loss*. Rodale.
42. 박돈규(2024. 10. 08.). "해외 나온 북한 요원들은 '국정원이 나 좀 안 건드려 주나' 한다". 뉴시스. https://www.chosun.com/national/weekend/2024/10/05/BEOZEK75UNDMRKJOPJQJMQZDZ4/
43. 황농문(2024). 몰입: 인생을 바꾸는 자기 혁명(확장판). 알에이치코리아.

제4부

1. 전영애(2021). 꿈꾸고 사랑했네 해처럼 맑게. 문학동네.
2. 전영애(2021). 꿈꾸고 사랑했네 해처럼 맑게. 문학동네.
3. 김고명(역, 2012). 사람은 무엇으로 성장하는가. 비즈니스북스.
4. 김고명(역, 2012). 사람은 무엇으로 성장하는가. 비즈니스북스.
5. 구세희(역, 201). 습관의 재발견. 비즈니스북스; 이한이(역, 2019). 아주 작은 습관의 힘. 비즈니스북스; 장원철(역, 2023). 아주 작은 반복의 힘. 스몰빅미디어; Fogg, B. J. (2020). *Tiny habits*. Mariner Books.
6. Hardy, D. (2010). *The compound effect*. Da Capo Press.
7. 김미정(역, 2016). 그릿. 비즈니스북스.
8. 박지선(역, 2024). 퀴팅. 다산북스.
9. 박지선(역, 2024). 퀴팅. 다산북스.
10. 김고명(역, 2012). 사람은 무엇으로 성장하는가. 비즈니스북스.
11. Rose, T. (2016). *The end of average*. HarperOne.
12. Buckingham, M., & Clifton, D. O. (2001). *Now, discover your strengths*. The Free Press.
13. 김미정(역, 2024). 마지막 몰입. 비즈니스북스.
14. Coyle, D. (2009). *The talent code*. Bantam Books.
15. Vanderkam, L. (2013). *What the most successful people do before breakfast*. Portfolio/Penguin.
16. Koch, R. (2020). *80/20 your life*. Nicholas Brealey.
17. Pagliarini, R. (2010). *The other 8 hours*. St. Martin's Press.
18. Loehr, J., & Schwartz, T. (2003). *The Power of full engagement*. The Free Press; 김은지(역, 2022). 수면의 과학. 시그마북스.
19. Goewey, D. J. (2014). *The end of stress*. Atria.
20. 김하연(역, 2023). 도둑맞은 집중력. 어크로스.
21. 권은현(역, 2020). 백만장자의 아주 작은 성공 습관. 웅진씽크빅.

22. 김효숙(역, 2005). 살면서 꼭 알아야 할 99가지 이야기. 해토.
23. 이상원, 조금선(역, 2004). 시간을 정복한 남자 류비셰프. 황소자리.
24. 이상원, 조금선(역, 2004). 시간을 정복한 남자 류비셰프. 황소자리.
25. Eyre, R., & Eyre, L. (1999). *Spiritual Serendipity*. A Fire Book.
26. 김고명(역, 2012). 사람은 무엇으로 성장하는가. 비즈니스북스.
27. Gawande, A. (2010). *The checklist manifesto*. Macmillan.
28. 안정효(역, 2010). 아우렐리우스 명상록. 세경.
29. Powell, T. J., & Enright, S. J. (1990). *Anxiety and stress management*. Routledge.
30. 이충호(역, 2009). 59초. 웅진씽크빅.
31. Keller, G., & Papasan, J. (2012). *The one thing*. Bard Press Book.
32. Newberry, T. (1999). *Success is not an accident*. Tyndale House Publishers.
33. 김승호(2015). 생각의 비밀. 황금사자.
34. Hay, L. L. (1984). *You can heal your life*. Hay House.
35. 켈리 최(2023). 100일 아침 습관의 기적. 다산북스.
36. Kingsfold, E. (2017). *Brain-powered weight loss*. Rodale.
37. 전겸구(2024). 3분 안에 스트레스에서 벗어나는 법. 학지사.
38. 켈리 최(2023). 100일 아침 습관의 기적. 다산북스.
39. 이가영(2024. 9. 26.). "좋은 책은 100번씩 반복" 18세에 美 검사 된 한인 청년의 공부법. 조선일보. https://www.chosun.com/international/international_general/2024/09/26/SFMYJ77JSNEBPIJACQTQCHYXTM/?kakao_from=mainnews
40. 사실 대처 가운데 '신체적 대처 자원'도 중요하다. 신체가 건강하지 않으면 나머지 대처 자원이 힘을 못 쓴다. 저자가 성장할 때 '체력이 국력'이라는 슬로건이 매우 강조된 바 있다. 이처럼 개인 수준에서 '체력'이 가장 기초가 되는 중요한 '대처 자원'이 된다. 이런 까닭에 원래

개인적 대처 자원 가운데 신체적 대처 자원을 포함시켜서 준비했지만, 최종적으로 나머지 3가지 수준으로 국한해서 소개하기로 결정했다.

41. 전겸구(2012). 화, 참을 수 없다면 똑똑하게. 21세기 북스.
42. Maynard, K. (2006). *No excuses*. Simon & Schuster.
43. 정명진(역, 2011). 성공의 새로운 심리학. 부글북스.
44. 정명진(역, 2011). 성공의 새로운 심리학. 부글북스.
45. 이러한 구분은 지금까지 제안된 다양한 구분(예: Cohen & Hoberman, 1983; Shaefer et al., 1981; Wills, 1985)을 참조하고 제어 이론에 기초해서 종합적으로 접근한 결과이다. 사실 사회적 대처 자원은 이곳에서 다루고 있는 '사회적 지원'과 함께 보다 객관적인 지표가 되는 '사회적 관계망social network'으로 접근할 수 있다. 하지만 일반적으로 사회적 지원이 더 중요한 요인으로 나타나고 있다는 점에서 책에서는 사회적 지원에 초점을 맞추어서 소개하고 있다. 보다 자세한 논의는 다음의 자료를 살펴보길 바란다. Chon, K. K. (1989). *The role of coping resources in moderating the relation between life stress and depression: A control theory approach.* Unpublished doctoral dissertation, University of Massachusetts, Amherst, MA.
46. 국내에서는 유사한 이야기로 맹사성과 무명 선사의 이야기가 전해진다: 김용호(2022. 8. 18.). 고개를 숙이면. 전북일보. https://www.jjan.kr/article/20220818580123
47. Myss, C. (2009). *Defy gravity*. Hay House.
48. Church, D. (2008). *The genie in your genes*. Energy Psychology Press.
49. 김하중(2010). 하나님의 대사 1. 규장.
50. Dossey, L. (1993). *Healing words*. HarperCollins.

에필로그

1. 김정아(역, 2022). 나는 단단하게 살기로 했다. 부키.
2. 장치혁(역, 2014). (불패의 신화 존 우든 감독이 들려주는) 88연승의 비밀. 클라우드나인.
3. 켈리 최(2021). 웰씽킹. 다산북스.
4. 신현철(역, 2009). 어른을 위한 이솝 우화. 문학세계사.

부록

1. Chon, K. K. (1989). *The role of coping resources in moderating the relation between life stress and depression: A control theory approach.* Unpublished doctoral dissertation, University of Massachusetts, Amherst, MA.

저자소개

전겸구(Chon Kyum Koo)

성균관대학교 심리학 석사

University of Massachusetts at Amherst 심리학 박사

전 대구대학교 심리치료학과/재활심리학과 전임 교수
　　Brigham Young University 심리학과 전임 교수
　　University of Utah 건강증진학과 전임 교수
　　한국건강심리학회 회장/아시아심리학회 부회장
　　대한스트레스학회 부회장
　　한국스트레스연구소 소장/스트레스관리센터 대표

현 (주)국제스트레스관리협회 대표
　　전인치유 Academy 원장

〈주요 저서〉

『3분 안에 스트레스에서 벗어나는 법』(학지사, 2024)

『화, 참을 수 없다면 똑똑하게: 분노하지 않고 이기는 22가지 습관』
　　(21세기북스, 2012)

『今天你可以不生氣』(Xiron, 2010)

『스트레스 과학의 이해』(공저, 신광출판사, 1997)

『Rules of Hope』(공저, Springer-Verlag, 1990)

스트레스를 근원적으로 해결하며 사는 법:
Optimal 스트레스 관리가 답이다!

How to Declutter Unnecessary Stress at the Root:
Optimal Stress Management

2025년 4월 20일 1판 1쇄 인쇄
2025년 4월 30일 1판 1쇄 발행

지은이 • 전겸구
펴낸이 • 김진환
펴낸곳 • ㈜ 학지사

04031 서울특별시 마포구 양화로 15길 20 마인드월드빌딩
대표전화 • 02-330-5114   팩스 • 02-324-2345
등록번호 • 제313-2006-000265호

홈페이지 • http://www.hakjisa.co.kr
인스타그램 • https://www.instagram.com/hakjisabook/

ISBN 978-89-997-3405-2 03180

정가 17,000원

저자와의 협약으로 인지는 생략합니다.
파본은 구입처에서 교환해 드립니다.

이 책을 무단으로 전재하거나 복제할 경우 저작권법에 따라 처벌을 받게 됩니다.

출판미디어기업 학지사

간호보건의학출판 **학지사메디컬** www.hakjisamd.co.kr
심리검사연구소 **인싸이트** www.inpsyt.co.kr
학술논문서비스 **뉴논문** www.newnonmun.com
교육연수원 **카운피아** www.counpia.com
대학교재전자책플랫폼 **캠퍼스북** www.campusbook.co.kr